Jonas Wegerer

DER NAHE FREMDE. Der amerikanische Western in den Kinos der Bundesrepublik Deutschland (1948-1960) Eine rezeptionshistorische Analyse

FILM- UND MEDIENWISSENSCHAFT

Herausgegeben von Irmbert Schenk und Hans Jürgen Wulff

ISSN 1866-3397

11 *Anja-Magali Bitter*
Die Inszenierung des Realen
Entwicklung und Perzeption des neueren französischen Dokumentarfilms
ISBN 978-3-8382-0066-8

12 *Martin Hennig*
Warum die Welt Superman nicht braucht
Die Konzeption des Superhelden und ihre Funktion für den Gesellschaftsentwurf in US-amerikanischen Filmproduktionen
ISBN 978-3-8382-0046-0

13 *Esther Lulaj*
Nimm (nicht) ab!
Zur Funktion des Telefons im Spielfilm – Von Metropolis bis Matrix
ISBN 978-3-8382-0125-2

14 *Boris Rozanski*
Das ungleiche Liebespaar in der 'Screwball Comedy'
Paarbildung und Selbstfindung von Frank Capras *It Happened One Night* bis zu Jonathan Demmes *Something Wild*
ISBN 978-3-8382-0145-0

15 *Carolin Lano*
Die Inszenierung des Verdachts
Überlegungen zu den Funktionen von TV-mockumentaries
ISBN 978-3-8382-0214-3

16 *Christine Piepiorka*
LOST in Narration
Narrativ komplexe Serienformate in einem transmedialen Umfeld
ISBN 978-3-8382-0181-8

17 *Daniela Olek*
LOST und die Zukunft des Fernsehens
Die Veränderung des seriellen Erzählens im Zeitalter von *Media Convergence*
ISBN 978-3-8382-0174-0

18 *Eleonóra Szemerey*
Die Botschaft der grauen Wand
Über die Vermittlung von Hoffnung und Hoffnungslosigkeit in Aki Kaurismäkis Verlierer-Filmen
ISBN 978-3-8382-0222-8

20 *Jonas Wegerer*
Der nahe Fremde: Der amerikanische Western in den Kinos der Bundesrepublik Deutschland (1948-1960)
Eine rezeptionshistorische Analyse
ISBN 978-3-8382-0307-2

Jonas Wegerer

DER NAHE FREMDE: DER AMERIKANISCHE WESTERN IN DEN KINOS DER BUNDESREPUBLIK DEUTSCHLAND (1948-1960)

Eine rezeptionshistorische Analyse

ibidem-Verlag
Stuttgart

Bibliografische Information der Deutschen Nationalbibliothek
Die Deutsche Nationalbibliothek verzeichnet diese Publikation in der Deutschen Nationalbibliografie; detaillierte bibliografische Daten sind im Internet über http://dnb.d-nb.de abrufbar.

Bibliographic information published by the Deutsche Nationalbibliothek
Die Deutsche Nationalbibliothek lists this publication in the Deutsche Nationalbibliografie; detailed bibliographic data are available in the Internet at http://dnb.d-nb.de.

Coverbild: Vor dem Kreuzkino in der Wiener Wollzeile, 26.09.1947. Filmankündigung "Der geheimnisvolle Bandit". Fotograf: Rübelt, Lothar. Quelle: Österreichisches Bildarchiv, Inventarnummer RÜ 8. © ÖNB/Rübelt. Abdruck mit freundlicher Genehmigung

∞

Gedruckt auf alterungsbeständigem, säurefreien Papier
Printed on acid-free paper

ISSN: 1866-3397

ISBN-13: 978-3-8382-0307-2

Printed in Germany

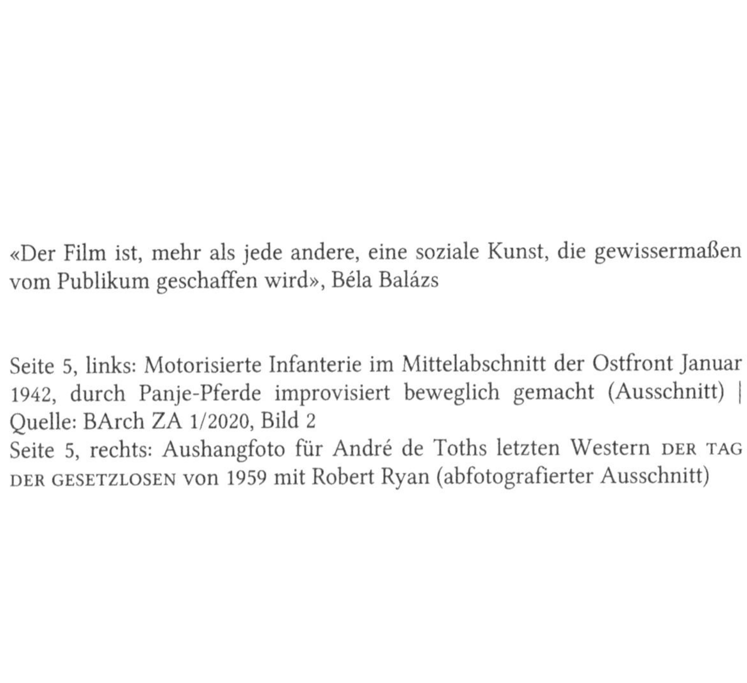

«Der Film ist, mehr als jede andere, eine soziale Kunst, die gewissermaßen vom Publikum geschaffen wird», Béla Balázs

Seite 5, links: Motorisierte Infanterie im Mittelabschnitt der Ostfront Januar 1942, durch Panje-Pferde improvisiert beweglich gemacht (Ausschnitt) | Quelle: BArch ZA 1/2020, Bild 2
Seite 5, rechts: Aushangfoto für André de Toths letzten Western DER TAG DER GESETZLOSEN von 1959 mit Robert Ryan (abfotografierter Ausschnitt)

INHALTSVERZEICHNIS

EINLEITUNG

Im Kino ist es dunkel. Das Phänomen des Kinos im Deutschland der Nachkriegszeit wird in der Forschung thematisch und methodisch häufig auf den Film verkürzt. Diejenigen Studien, die sich nicht ausschließlich filmhistorisch, sondern anhand eines sozial-, kultur- oder mentalitätsgeschichtlichen Zugangs mit der Situation des Kinos auseinandersetzen, nehmen sich zumeist der deutschen Filmproduktion an.[1] Der Fokus liegt dabei fast ausschließlich auf den innerhalb der spezifischen Situation hergestellten Produkten oder allgemeiner auf der kulturellen Produktion der frühen Bundesrepublik. Die «herrschende Filmgeschichtsschreibung orientiert sich vor allem an den Filmen selbst, an technologischen Entwicklungen und ökonomischen Bedingungen der Entstehung von Filmen.»[2] Die Analyse der Produktionsbedingungen und der Filminhalte ermöglicht Rückschlüsse auf die Konstitution der Gesellschaft, die relevanten Themen der Zeit und auf kollektive Mentalitäten. Die Filme, so der Tenor, geben «fast seismologisch darüber Aufschluss, welchen Tagträumen, Wünschen und Ängsten die Zuschauer im Kino anhingen.»[3] Diese Studien haben die lang verbreitete Ansicht von der Belanglosigkeit und dem damit einhergehenden Desinteresse an der Untersuchung

1 Die produktions- bzw. filmnahen Zugänge zum Kino der Nachkriegsjahre interessieren sich für «die Spielfilme weniger als einzelne Kunstwerke denn als sozialhistorische Quellen», Greffrath, Bettina: *Gesellschaftsbilder der Nachkriegszeit. Deutsche Spielfilme 1945-49*, Pfaffenweiler 1995, S. 1; sie untersuchen Filme, die «einen moralischen Appell, eine Botschaft» entfalten, Becker, Wolfgang/Norbert Schöll: *In jenen Tagen... Wie der deutsche Nachkriegsfilm die Vergangenheit bewältigte*, Opladen 1995, S. 13; sie verbinden Genredarstellungen mit einem «aus der Produktionsperspektive angelegte[n] Überblick», Uka, Walter: «Modernisierung im Wiederaufbau oder Restauration? Der bundesdeutsche Film der fünfziger Jahre», in: Werner Faulstich (Hg.): *Die Kultur der fünfziger Jahre*, München 2002, S. 71-90, S. 80; oder sie fassen den Film als die «genaueste Widerspiegelung der gesellschaftlichen Befindlichkeiten beziehungsweise Wunschvorstellungen Nachkriegsdeutschlands», Trimborn, Jürgen: *Der deutsche Heimatfilm der fünfziger Jahre. Motive, Symbole und Handlungsmuster*, Köln 1998, S. 7.

2 Mikos, Lothar: «Der erinnerte Film. Perspektiven einer Filmgeschichte als Rezeptionsgeschichte», in: Knut Hickethier/Eggo Müller/Rainer Rother (Hg.): *Der Film in der Geschichte. Dokumentation der GFF-Tagung*, Berlin 1997, S. 143-153, S. 144.

3 Schobert, Walter: «Vorwort», in: Hilmar Hoffmann/Walter Schobert (Hg.): *Zwischen gestern und morgen. Westdeutscher Nachkriegsfilm 1946-1962*, Frankfurt a.M. 1989, S. 5.

von Filmen als kulturelle Erzeugnisse beendet[4] und zu fruchtbaren Ergebnissen geführt. Aber auch wenn das Interesse über eine reine Filmgeschichte hinausgeht, wird doch zumeist noch immer – wenn auch anders perspektivierte – Filmgeschichte geschrieben. Filmgeschichte wird nicht zur Kinogeschichte. Die größte Schwierigkeit für eine Geschichte des Kinos der deutschen Nachkriegszeit besteht weiterhin «in der vorläufigen Beibehaltung des Werk-Bezugs (Film bzw. mediales Kommunikat) und der zwangsläufigen Vernachlässigung des Subjekts, des Ortes und den Bedingungen der Rezeption (z.B. Zuschauer im Kino).»[5] Für die fünfziger Jahre liegt keine Kinogeschichte vor; also eine Geschichte, die sich mit dem Kino als Ort, mit der Situation und Rezeption seiner Zuschauer und nicht ausschließlich mit den deutschen Filmen als dessen Produkten beschäftigt.[6]

> Wer sah Filme, wie und warum? Was wurde gesehen, wie und warum? Wer sagte was über die Filme und mit welcher Absicht? Wie sah die Beziehung zwischen dem Kino als einer sozialen Institution und anderen sozialen Institutionen aus?[7]

Diese Fragen sollen hier in den Vordergrund gerückt werden. Der oft vollständige Verzicht auf eine Analyse des Kinoprogramms bildet dabei zunächst eine Leerstelle.[8] Was war zu sehen in den Kinos der deutschen Nachkriegszeit, was wurde gezeigt, was wollte man sehen? Eine solche Fragestellung führt notwendigerweise zu einer genau-

4 Für das Kino der fünfziger Jahre beginnt dieser Prozess des Ernst-Nehmens von Filmen bei einer differenzierten, aber noch deutlich negativen Bewertung des Films als «Ökonomie der Verlustkompensation», Kreimeier, Klaus: «Die Ökonomie der Gefühle. Aspekte des westdeutschen Nachkriegsfilms», in: Hilmar Hoffmann/Walter Schobert: *Zwischen gestern und morgen*, S. 8-32, S. 23. Er führt zur Bewertung von Filmen als «kulturelle Mittel», Seeßlen, Georg: «Durch die Heimat und so weiter. Heimatfilme, Schlagerfilme und Ferienfilme der fünfziger Jahre», in: Hilmar Hoffmann/Walter Schobert: *Zwischen gestern und morgen*, S. 136-161, S. 141.

5 Schenk, Irmbert: «‹Derealisierung› oder ‹aufregende Modernisierung›? Film und Kino der 50er Jahre in der Bundesrepublik», in: Ders. (Hg.): *Erlebnisort Kino*, Marburg 2000, S. 112-129, S. 113.

6 Für das Kino im Nationalsozialismus liegen zwei Kinogeschichten vor, die sich nicht nur mit dem Inhalt, sondern auch der Form und Formierung des Kinos auseinandersetzen, vgl. Stahr, Gerhard: *Volksgemeinschaft vor der Leinwand? Der nationalsozialistische Film und sein Publikum*, Berlin 2001; Kleinhans, Bernd: *Ein Volk, ein Reich, ein Kino. Lichtspiel in der braunen Provinz*, Köln 2003. Auch ist eine Studie vorhanden, die sich ganz explizit mit den amerikanischen Filmen in den Kinos des Dritten Reichs beschäftigt, vgl. Spieker, Markus: *Hollywood unterm Hakenkreuz. Der amerikanische Spielfilm im Dritten Reich*, Trier 1999.

7 Robert C. Allen und Douglas Gomery, zitiert nach Zimmermann, Clemens: «Landkino im Nationalsozialismus», in: *Archiv für Sozialgeschichte* 41 (2001), S. 231-244, S. 231.

8 Schenk: «‹Derealisierung› oder ‹aufregende Modernisierung›», S. 112; Gleber, Peter: «Kino als Überlebensmittel. Anfänge und Bedeutung dieses Mediums in der französischen Zone unter besonderer Berücksichtigung der Großstadt Ludwigshafen am Rhein 1945-1949», in: *Zeitschrift für die Geschichte des Oberrheins* 145 (1997), S. 403-429, S. 417.

en Betrachtung der ausländischen Filme in deutschen Kinos. Ein sozial- oder kulturgeschichtlicher Zugang zur deutschen Gesellschaft über das Kino kann nicht allein über deutsche Produktionen erfolgen, sondern sollte das gesamte Kinoangebot berücksichtigen, denn Nachkriegskino in Deutschland ist vor allem Hollywoodkino.[9] Und Hollywoodkino ist auch Westernkino.

Der Western war nach dem Zweiten Weltkrieg zurück nach Westdeutschland gekommen. Während in der Deutschen Demokratischen Republik erst 1963 mit DIE GLORREICHEN SIEBEN der erste amerikanische Western in den Kinos zu sehen sein wird, läuft der Western in den Kinos der Bundesrepublik. Er läuft, weil die Amerikaner den Krieg gewonnen haben. Er läuft erfolgreich, und er läuft massenhaft. Über 650 erstaufgeführte Western sind für die Jahre 1949 bis 1960 nachgewiesen[10]; der Western hat seine Zuschauer in Deutschland[11] fasziniert.

In der Sekundärliteratur unterliegt der Western einerseits einer genauen Ortung, wenn er als «das amerikanische Genre par excellence» (André Bazin) bezeichnet wird. Andererseits wird er zugleich universal-anthropologisch gedeutet. Der Western wird universalisiert und mythologisiert. Als das Universale des Genres werden dabei die Themen Männlichkeit[12], Grenzerfahrung und Gewalt und das Schreiben an einem Mythos bezeichnet. Diese universal-anthropologische Argumentation erscheint für eine empirische Studie ungenügend. Nicht beachtet wird dabei, was man Kulturtransfer nennen könnte: die Transformationen, die stattfinden, wenn ein kulturelles Produkt aus einem spezifischen Umfeld in ein anderes exportiert wird. Der Western soll deshalb verortet werden; genauer: das Sehen des Western soll kontextgebunden gedacht und historisiert werden. Es soll im Hinblick auf eine bestimmte Zeit und einen bestimmten Ort betrachtet werden.

9 Vgl. Paech, Anne/Joachim Paech: *Menschen im Kino. Film und Literatur erzählen*, Stuttgart 2000, S. 166.

10 Siehe ANHANG, Tab. 1.

11 Zu den Begrifflichkeiten: (1) Der Komplex einer Definition des *Western* als Genre wird im Kapitel DISKURS UND GENRE diskutiert. Bei der Einordnung von Filmen in das Genre folge ich dem Western-Lexikon von Joe Hembus, Hembus, Joe: *Western Lexikon. 1324 Filme von 1894 bis 1978*, München 1978. (2) Ich verwende den männlichen Begriff ‹Zuschauer› als geschlechtsneutralen Begriff für das gesamte Publikum des Western, das auch Zuschauerinnen umfasste. (3) Auch wenn von ‹Deutschland› gesprochen wird, Untersuchungsort ist immer nur die Bundesrepublik. Der Begriff ‹deutsch› wird deshalb verwendet, da bestimmte Voraussetzungen für das Sehen des Western sich schon vor der Gründung der Bundesrepublik entwickelt haben.

12 Vor allem Jane Tompkins und Lee Clark Mitchell machen das Thema Männlichkeit im Western stark. Vgl. Tompkins, Jane: *West of Everything. The Inner Life of The Westerns*, New York 1992; Mitchell, Lee Clark: *Western. Making the Man in Fiction and Film*, Chicago 1996. Zur Kritik dazu, vgl. Kites, Jim: *Horizons West. Directing The Western from John Ford to Clint Eastwood*, London 2004, S. 17.

Wann beginnt eine Kinogeschichte der deutschen Nachkriegszeit mit Blick auf den Western? In der Literatur wird die Frage der Periodisierung unterschiedlich beantwortet. Dies geht einher mit der fehlenden Differenzierung von Kino und Film. Die Forschung lässt sich entweder von politischen, allgemein historischen Brüchen leiten oder sie begründet den Schnitt mit industriepolitischen und politikgeschichtlichen Argumenten. Im ersten Fall wird die Zeit von 1945 bis 1962, also bis zum Oberhausener Manifest, als Kino beziehungsweise Film der Nachkriegszeit zusammengefasst[13], die Stunde Null wird zur Stunde Null des Kinos, der weitgreifende historische Bruch von 1945 wird dann für das Kino mitvollzogen. An anderer Stelle wird 1949 eingesetzt[14], was politikgeschichtlich mit der Gründung der Bundesrepublik, industriepolitisch und filmhistorisch mit der Wiederbelebung der deutschen Filmindustrie begründet werden kann. Da die hier entwickelte Fragestellung den Zuschauer in den Mittelpunkt rückt, fungiert als Ausgangspunkt der Wandel der Kinonutzung, der sich um 1948 vollzieht. Die fünfziger Jahre bilden dann den Untersuchungszeitraum mit Schwerpunkt auf den Jahren 1949 bis 1953, da sich hier die alten und neuen Erfahrungen am deutlichsten gegenüberstehen. Um 1956 festigt sich der Umgang mit dem Western und die kommerzielle Kinonutzung setzt sich langsam durch. Gegen Ende des Jahrzehnt, spätestens zu Beginn der sechziger Jahre hat sie sich etabliert, und auch der Diskurs des Western wird sich dann wandeln.

Amerikanische Western in der frühen Bundesrepublik zu sehen, ist nicht voraussetzungslos. Kulturhistorische und -theoretische Ansätze betonen die Offenheit der Bilder, das Vorhandensein mehrerer möglicher Sehangebote.[15] Die Intentionen, die die Produzenten während der Bildproduktion verfolgen, entsprechen nicht zwingend den Interpretationen des Zuschauers, der «eigene Lesarten gemäß eigener Bedürfnisse, Wünsche und Ideologien entwickelt.»[16] Die Filme machen Angebote, mehr zunächst

13 Vgl. beispielsweise Hake, Sabine: *Film in Deutschland. Geschichte und Geschichten seit 1985*, Reinbeck 2004; Jacobsen, Wolfgang/Anton Kaes/Hans Helmut Prinzler (Hg.): *Geschichte des deutschen Films*, Stuttgart 1993; Jary, Micaela: *Traumfabriken made in Germany. Die Geschichte des deutschen Nachkriegsfilms 1945-1960*, Berlin 1993.

14 Vgl. beispielsweise Gregor, Ulrich/Enno Patalas: *Geschichte des Films*, München 1973; Kreimeier, Klaus: *Kino und Filmindustrie in der BRD. Ideologieproduktion und Klassenwirklichkeit nach 1946*, Kronberg/Ts. 1973.

15 Zur polysemen Struktur medialer Angebote vgl. Winter, Rainer: *Der produktive Zuschauer. Medienaneignung als kultureller und ästhetischer Prozess*, München 1995, S. 85ff.

16 Winter, Rainer: «Die Filmtheorie und die Herausforderung durch den ‹perversen Zuschauer›. Kontexte, Dekonstruktionen und Interpretationen», in: Mai Manfred/Rainer Winter (Hg.): *Das Kino der Gesellschaft – die Gesellschaft des Kinos. Interdisziplinäre Positionen, Analysen und Zugänge*,

nicht. Geht man davon aus, dass der deutsche Zuschauer nicht allen Vorgaben des amerikanischen Western folgt, diese teilweise noch nicht einmal erkennt, kommt man notwendig zu der Frage, wie der Western gesehen wurde, wie die Interaktion von Zuschauer und Film vonstatten ging. Der Western ist nicht als bloßes Phänomen der ‹Amerikanisierung› zu verstehen. Vielmehr geht es darum, die Ähnlichkeiten herauszuarbeiten, die der deutsche Zuschauer im Western zur eigenen Situation finden konnten und zu fragen, welche Transformationen er am Film durchführte? Aber um das Sehen des Western zu erfassen, wird auch in die andere Richtung zu fragen sein: Welche Transformationen führte der Film am Zuschauer durch?[17]

Das Sehen des Western lässt sich im Forschungskontext einer Kultur-, Mentalitäts- und Männlichkeit(en)geschichte der frühen Bundesrepublik, im historischen Kontext von kultureller Amerikanisierung und ‹coming to terms› mit der NS-Vergangenheit situieren. Zugleich werden dabei, die bei einer «Mediengeschichte, die nach Emotionen fragt» notwendig auftretenden methodologischen Probleme berührt und verhandelt,[18] und dabei das Erkenntnispotential einer Rezeptionsgeschichte ausgeleuchtet und methodisch fruchtbar gemacht.

> Zugespitzt formuliert stellt sich der theoretisch hinreichend begründete Versuch einer praktischen rezeptionshistorischen Analyse als wissenschaftliche Gratwanderung dar, zwischen nachweisbaren, objektiven Daten, weitgehend nachvollziehbaren Interpretationen und der Gefahr tendenzieller Spekulation.[19]

Der Beschreibung des Sehens des Western geht dabei eine genauere Untersuchung der Fragen – Wie sah die Beziehung zwischen dem Kino als einer sozialen Institution und anderen sozialen Institutionen aus? Wer sagte was über die Filme und mit welcher Absicht? – voraus. Die Auseinandersetzung mit diesen Fragen bildet die Basis für die Annäherung an das Sehen des Western; in ihr wird der Kontext dieses Sehens entwickelt. Methodisch bedeutet dies, dass bei einer Untersuchung von Kinofilmen

Köln 2006, S.79-94, S. 81.

17 Wenn «Kinoanalyse immer auch Gesellschaftsanalyse sein sollte, um der Komplexität ihres Gegenstands gerecht zu werden» (Mai, Manfred/Rainer Winter: «Kino, Gesellschaft und soziale Wirklichkeit. Zum Verhältnis von Soziologie und Film», in: Dies.: *Das Kino der Gesellschaft*, S. 9), dann sollte wenn der Schwerpunkt auf den Zuschauern liegt auch der umgekehrte Weg gegangen werden: Gesellschaftsanalyse sollte auch Kinoanalyse sein.

18 Vgl. Brink, Cornelia: «Bildeffekte. Überlegungen zum Zusammenhang von Fotografie und Emotionen», in: *Geschichte und Gesellschaft* 1 (2011), S. 104-129, hier: S. 104.

19 Korte, Helmut: «Historische Wahrnehmung und Wirkung von Filmen. Ein Arbeitsmodell», in: Knut Hickethier/Eggo Müller/Rainer Rother: *Der Film in der Geschichte*, S. 154-166, S. 164.

> zwei Bereiche viel stärker zu berücksichtigen sind: die soziale Funktion des Kinos und die in Inhalt, Form und Kino-Erlebnis eingelassene Polysemie der Filme als widerspruchsvolle Vorlage für die (Re-)konstruktion durch die Zuschauer. Erst das Kinoerleben befördert die vielberufene mediale Dimension des kollektiven historischen Gedächtnisses der Zeit.[20]

Nach dem Zweiten Weltkrieg entfaltet sich in Deutschland diese soziale Funktion des Kinos und das Kinoerlebnis – ich werde den Begriff der *Kinosituation* benutzen – in einer gesellschaftlichen Situation, die stark von der Notwendigkeit eines Umbaus der Identität auf gesellschaftlicher und individueller Ebene geprägt ist. Der Western verhandelte in einer Zeit, in der die Suche nach einer neuen Identität in Deutschland auf der Tagesordnung stand, Fragen zur Identität von Einzelnem und Gemeinschaft. André Bazin bemerkt, dass der Western mehr sein muss, als nur seine Form und beschreibt den Mythos, die mythologische Funktion als sein Spezifikum.[21] Aber für die deutsche Westernrezeption ist dieses ‹Mehr› eben auch der spezifisch historische Moment, in dem die Western gesehen wurden. Die Rolle des Kinos in diesem historischen Moment wird im Kapitel DER ORT DES WESTERN verhandelt. Die Forschung hat die Rolle des Kinos, dem wohl wichtigsten Produzenten von populärer Mythologie dieser Zeit, bei diesen Identifikationsprozessen lange Zeit vernachlässigt.

> Lange ist in Europa, besonders in der Bundesrepublik, nicht erkannt worden, welch brisante Probleme der Western dieser Zeit ansprach [...]; möglicherweise liegt das daran, dass die im Genre behandelten Probleme – Probleme immerhin, die nicht ganz unabhängig von den Erfahrungen des Weltkriegs waren – hierzulande noch heftiger verdrängt wurden als in den Vereinigten Staaten.[22]

Auch der zeitgenössische Umgang mit dem Genre ist von diesem Nicht-Erkennen und Übersehen geprägt. Allerdings zeigt sich in der Analyse dieses Diskurses, dass unterschwellig erkannt und diffus artikuliert wurde, dass in den Western neue Probleme verhandelt wurden. Die diskursive Formation der fünfziger Jahre – Wer sagte was über die Western und mit welcher Absicht? – unterscheidet sich stark von der heutigen Sicht auf den Western, die sich in Deutschland erst in den sechziger Jahren entfaltete. Den Umgang mit dem Westerngenre als Diskurs zu fassen, wie es im Kapitel DISKURS UND GENRE geschieht, hat den Vorteil, sowohl das Sprechen als auch

20 Schenk: «‹Derealisierung› oder ‹aufregende Modernisierung›», S. 129.

21 Vgl. Bazin, André: «Der Western oder: Das amerikanische Kino par excellence», in: Bert Rebhandl (Hg.): *Western. Genre und Geschichte*, Wien 2007, S. 40-50, S. 42.

22 Seeßlen, Georg: *Western Kino. Geschichte und Mythologie des Western-Films*, Reinbeck 1979, S. 120.

das Schweigen über den Western mitdenken zu können. Wo wird vom Western erzählt und wo nicht? Wie wird vom Western erzählt und was wird vom Western erzählt? Wie werden welche seiner Bilder beschrieben? Die Spur der Transformation des Western durch den Zuschauer kann über die Analyse des Diskurses verfolgt werden. Zusätzlich kann der Diskursbegriff die körperlichen Momente und die Performativität abdecken, die mit dem Western verbunden sind. Der Körper als Ort zwischen Materialität und Symbolik, als Ort der «Spannung zwischen Bild und Praxis»,[23] vermittelt zwischen dem Diskurs und dem Sehen des Western und verweist auf Momente von Identitätsbildung. Die Körperlichkeit und die Wiederholung von Mustern können daher inhaltlich und methodisch das Bindeglied zwischen dem Diskurs und der Analyse des Sehens des Westerns bilden. Vom Erzählen über den Western kann auf diejenigen Bilder und Motive des Western geschlossen werden, die für den deutschen Zuschauer besonders faszinierend waren. Diese werden dann im Kapitel DAS SEHEN DES WESTERN analysiert. Der Hauptteil der Analyse wird auf dem Komplex der Figuren des Western und deren Angeboten an die deutsche Männlichkeit liegen.

> Die kulturelle Bedeutung solcher fiktiver Gestalten kann kaum überschätzt werden. Figuren dienen der individuellen und kollektiven Selbstverständigung, der Vermittlung von Menschenbildern, Identitäts- und Rollenkonzepten, sie dienen dem imaginären Probehandeln, der Vergegenwärtigung alternativer Seinsweisen, der Entwicklung empathischer Fähigkeiten, der Unterhaltung und emotionalen Anregung.[24]

Die Analyse der Figuren wird einerseits Anschlusspunkte ausarbeiten, an denen der deutsche Zuschauer anschließen konnte. Andererseits wird die Analyse versuchen zu zeigen, welche Transformationen der Western am Zuschauer ermöglichen konnte. Die Faszination an der Landschaft verbindet sich mit der an den Figuren. Inwiefern die Landschaften des Western, die sich über die Wahrnehmung von Raum mit einem bestimmten Denken verbinden, unterstützend an diesen Transformationen mitgewirkt haben, wird ebenfalls zu untersuchen sein.

Um diese Fragen zu beantworten, wird unterschiedliches Material herangezogen. Einerseits werden Rezensionen aus regionalen Tageszeitungen analysiert. Ich habe

23 Diehl, Paula: «Körperbilder und Körperpraxen im Nationalsozialismus», in: Dies. (Hg.): *Körper im Nationalsozialismus. Bilder und Praxen*, München 2006, S. 9-30, S. 10.
24 Eder, Jens: *Die Figur im Film. Grundlagen der Figurenanalyse*, Marburg 2008, S. 12.

Rezensionen zu 29 Western (zwischen 15 und 50 Rezensionen waren pro Film vorhanden) ausgewertet und dabei den Zeitraum von 1949 bis 1959 abgedeckt, um die Entwicklung im beschreibenden Umgang analysieren zu können. Der Schwerpunkt lag auf dem Jahr 1951.[25]

Andererseits wird selbstverständlich auf die Filme zurückgegriffen. Diese konnten zum großen Teil als Fernsehmitschnitte und Kauf- und Verleihvideos eingesehen werden, in wenigen Fällen im Kino als 35mm-Kopie. In einigen Fällen lag ausschließlich die amerikanische Originalversion vor. Kleinere Unterschiede zwischen den deutschen Kinofassungen der fünfziger Jahre und den von mir gesichteten Filmen sind nicht auszuschließen. Nur teilweise dokumentiert ist, welche Filme untertitelt und welche synchronisiert waren. Eventuelle Veränderungen in Schnitt, Synchronisation und Bild können schwer nachvollzogen werden, da sie ebenfalls kaum dokumentiert sind. Diese Einschränkungen sind leider nicht zu vermeiden gewesen.

Da die hier entwickelte Fragestellung die Bedeutung von Serialität und der Wiederholung von Mustern impliziert, habe ich mich gegen eine Mikroanalyse einer geringen Anzahl von Western entschieden. Eine Auswahl wäre schwer zu begründen gewesen, da genaue Besucherzahlen für die einzelnen Filme nicht vorliegen. Stattdessen habe ich eine große Zahl von Filmen angesehen und analysiert. Auch hier habe ich den Schwerpunkt auf die frühen Jahre gelegt. Die Filme, die im Jahr 1951 in Deutschland erstaufgeführt wurden, sind einer genaueren Analyse unterzogen worden. Bei der Auswahl der Filme wurde das Feld des Western breit abgedeckt. Die Filme wichtiger Regisseure sind ebenso vertreten wie schnell produzierte B-Western. Alle wichtigen Schauspieler, die jeweils bestimmte Heldentypen darstellen, sind gesichtet worden. Erst am Ende dieses Auswahlprozesses spielte dann auch die Verfügbarkeit der Filme eine Rolle.[26]

Über den amerikanischen Western gibt es eine Fülle von Literatur, das Feld der Rezeptionsgeschichte bleibt aber weitestgehend ausgespart. Den Versuch den Western in Deutschland zu verorten, haben bisher zwei Studien unternommen. Beide sparen das Sehen des Western aus. Die Arbeit von Uta Poiger, die sich mit dem Umgang der deutschen Autoritäten mit dem Western beschäftigt, wird zu Beginn des vierten Kapitels besprochen. Jens-Ulrich Davids analysiert gegen Ende der sechziger Jahre die

25 Siehe VERZEICHNIS DER REZENSIONEN.

26 Siehe FILMOGRAFIE.

Western-Hefte. Interessanterweise fragt auch er nach der Beziehung von Produkt und Leser. Als Lesermotivationen werden zunächst Eskapismus und Aggressivität verhandelt, dann die Frage danach gestellt, ob und wieweit der Western als Kosmogonie-Modell verstanden werden kann. Beide Erklärungen reichen Davids nicht aus, er begreift den Western als Politikum. In guter adornitischer Tradition wird der Western als Genre begriffen, dass auf «der unbewussten Rezeptionsebene [den] Leser im Lernprozess daran gewöhnt, dass Gericht Schauprozess ist.»[27] Die Herrschenden sind die Richtenden und immer im Recht. Auch wenn dieser Analyse, zumindest in Bezug auf die Westernfilme inhaltlich widersprochen werden kann, und auch wenn diese Analyse in ihrem kritischen Geist an einem bestimmten Punkt stehen bleibt, so zeigt sie doch den Weg für einen kulturhistorisch sinnvollen Umgang mit der Thematik. Der Western und seine Zuschauer sollen ernstgenommen werden, vorschnelle Erklärungen von Flucht oder Erlösung von den Problemen der Welt sollen vermieden werden. Es soll ein differenzierter Blick geworfen werden auf das Phänomen Western in Deutschland. Nur so können die hier gestellten Fragen beantwortet werden. Fragen zur Verortung des Sehens des Western in den frühen fünfziger Jahren der Bundesrepublik, Fragen nach den Transformationen, die der deutsche Zuschauer am Western vollzieht und Fragen nach den Transformationen, die der Western am deutschen Zuschauer leisten kann.

27 Davids, Jens-Ulrich: *Das Wildwest-Romanheft in der Bundesrepublik. Ursprünge und Strukturen*, Tübingen 1969, S. 253.

DER ORT DES WESTERN
DAS KINO, SEINE NUTZUNG UND SEINE ZUSCHAUER

Wenn die Leinwand dann schwarz wird, gehen das Bild des Films und die Situation der Zuschauer im Dunkel des Kinosaales ineinander über, sie berühren sich für einen Moment. DER SCHWARZE FALKE endet mit folgender Einstellung (Abb. 1&2): Eine Gruppe von Menschen kommt nach Hause. Debbie, eine junge Frau, von Ethan Edwards (John Wayne) getragen, wird abgesetzt. Die Kamera fährt zurück, während die Personen der Gruppe einer nach dem anderen, an der Kamera vorbei, ins Haus gehen. Zur Ruhe gekommen filmt die Kamera aus dem dunklen Haus heraus. Der Zuschauer erblickt, von der Tür gerahmt, das Draußen und Ethan, der als Einziger noch im Freien steht. Er kommt auf die Türe zugelaufen, um dann in einer ikonografischen Geste, verletzt, gebrochen, zögernd, auf der Schwelle sich umzudrehen, zu gehen, gehen wie nur ein Mann aus dem Westen gehen kann, ins Helle, in die Landschaft, die Weite, Ferne, weg. Die Türe fällt währenddessen langsam zu. Wenn auf der Leinwand die Tür geschlossen wird, Ethan aus dem Bild ausgeschlossen wird, eröffnet sich für den Zuschauer die Möglichkeit sich ihm zu nähern, denn auch er wird ausgeschlossen. «Das Verhältnis von Individuum und Gemeinschaft im Film wandelt sich in das der Zuschauer zum Film, in das von real gelebtem und imaginiertem Leben.»[1] Die dunkle Leinwand verbindet den Zuschauer mit der Figur Ethan Edwards, da für beide das weitere Geschehen im Haus unsichtbar und unbekannt bleibt. Paradoxerweise ist der Zuschauer innen, im Haus, im Kino.

Anhand dieser Einstellung lässt sich herausarbeiten, was bei jedem Kinobesuch vor sich geht. Der Zuschauer befindet sich beim Schauen des Films auf einer Schwelle zwischen seiner eigenen Lebenswelt und der Welt des Films. Diese «Schwelle zwischen Film und Zuschauer»[2] ist ein Ort des Dazwischen-Seins, ein liminaler Raum.

1 Früchtl, Josef: *Das unverschämte Ich. Eine Heldengeschichte der Moderne*, Frankfurt a.M. 2004, S. 64.
2 Elsaesser, Thomas/Malte Hagener: *Filmtheorie zur Einführung*, Hamburg 2007, S. 51.

Abb. 1&2: Ethan Edwards (John Wayne) kommt auf die Türe zugelaufen, um dann in einer ikonografischen Geste, verletzt, gebrochen, zögernd, auf der Schwelle sich umzudrehen und zu gehen. Die Türe wird dann langsam zufallen. Die schwarze Leinwand verbindet die Figur mit dem Zuschauer.

Sie bezeichnet ein Pendeln zwischen Objektifizierung und Identifikation.[3] Auf dieser Schwelle begegnen sich der Zuschauer und der Film, hier kommunizieren sie miteinander. Diese Schwelle soll im Weiteren betrachtet und analysiert werden.

Das Kino als Ort

Das Zusammentreffen von amerikanischem Western und deutschem Zuschauer in der Nachkriegszeit ist nicht voraussetzungslos. Sein Ort ist das Kino. Dies heißt zunächst ganz konkret und materiell die Gebäude, in denen Filme gezeigt wurden; provisorische Leinwände in Gasthäusern und Turnhallen, sogar in Baulücken, vor allem aber jene Filmtheater, die ausschließlich zum Zweck der Filmvorführung gebaut wurden. Der Zweite Weltkrieg hatte einen großen Teil der deutschen Filmtheater zerstört, von den rund 7000 Kinos des Dritten Reichs existierten im Mai 1945 in den drei Westzonen noch 1150.[4] Vier Jahre später, 1949, waren es bereits 3000 Kinos, im Jahr 1955 dann 6239 und 1959 wurde das Vorkriegsniveau wieder erreicht.[5] Für neun Zehntel der Bevölkerung war im Jahr 1953 ein Kino in erreichbarer Nähe.[6]

3 Vgl. Morin, Edgar: *Der Mensch und das Kino. Eine anthropologische Untersuchung*, Stuttgart 1958, S. 98ff.

4 Vgl. Paech/Paech: *Menschen im Kino*, S. 163. Im Folgenden ist, wenn von Nachkriegsdeutschland die Rede ist, immer nur von den drei Westzonen (und Westberlin) die Rede.

5 Vgl. Hake: *Film in Deutschland*, S. 189; Prommer, Elizabeth: *Kinobesuch im Lebenslauf. Eine historische und medienbiographische Studie*, Konstanz 1999, S. 93. Ähnliche Zahlen liefert Uka: «Modernisierung», S. 79.

6 Vgl. Schildt, Axel: *Moderne Zeiten. Freizeit, Massenmedien und ‹Zeitgeist› in der Bundesrepublik der 50er Jahre*, Hamburg 1995, S.141.

Das Kino als Ort, an dem Zuschauer und Film aufeinandertreffen, meint jedoch mehr. Das Kino ist ein Ort, der bestimmte Voraussetzungen der Rezeption schafft. Die Rezeption von Film ist immer mit dem Raum und der Situation, in der Film vorgeführt wird – mit dem Schwarz, der relativen Stillstellung des Zuschauers – verbunden.[7] Zugleich ist das Kino ein Ort, der diese Rezeptionsvoraussetzungen seinerseits erst unter bestimmten gesellschaftlichen Bedingungen hervorbringt. Zwar stellt die technisch-mediale Anordnung ‹Kino› einen bestimmten Rahmen, aber dieser wird vom Zuschauer gesellschaftlich-historisch ausgefüllt und verschoben.[8] Die gesellschaftliche Institution Kino wandelt sich, sie wird zu unterschiedlichen historischen Momenten verschieden genutzt. Sie macht zu unterschiedlichen Zeitpunkten unterschiedlichen Zuschauern unterschiedliche Angebote. Kino ist keine Konstante. Die Rezeption ist verbunden mit einer spezifisch historischen Art und Weise des ‹Ins-Kino-gehen› und des ‹Im-Kino-sein›; zugleich ist sie verbunden mit historisch sich wandelnden Erwartungen und Wünschen an das Kino, bewussten und unbewussten. Als Teil sozialer Alltagspraxis ist das Kino ein Ort sowohl von individueller, als auch von kollektiver, gesellschaftlicher Erfahrung und des Zusammenspiels beider.[9]

Die gesellschaftlichen Gegebenheiten, die Rolle, die dem Kino in der historisch-gesellschaftlichen Situation jeweils zugeschrieben wird und das Angebot von und in den Kinos führen zu einer bestimmten Kinonutzung. Diese dynamische Konstitution des Kinos, dessen gesellschaftliche Einbindung und die dadurch hergestellte *Kinosituation*, also die Art der Nutzung und Rezeption des Kinos, gilt es zu rekonstruieren um sich der Interaktion von Zuschauer und Film annähern zu können; denn diese findet hier statt, «in the space between the audience and the screen, in the transient act of consumption of the shadow images of cinema's Great Dark Room.»[10]

Hinterlegt man diese Auffassung von dynamischer Kinokonstitution einer Problemstellung, die sich mit dem Kino der Nachkriegszeit auseinandersetzt, dann erscheint die Setzung eines Einschnitts um 1948/49 angebracht. Es handelt sich hierbei, um in

7 Vgl. hierzu die Diskussion über das Kino-Dispositiv. Baudry, Jean-Louis: «The Apparatus. Metapsychological Approaches to the Impression of Reality in Cinema», in: Philip Rosen (Hg.): *Narrative, Apparatus, Ideology. A Film Theory Reader*, New York: Columbia University Press 1986, S. 299-318.

8 Vielleicht liegt in diesem Verhältnis die medienspezifische Qualität des Kinos. «Cinema proposes its image of reality to a spectator who wishes to resolve an enigma, who is concerned to gain the answer to particular questions, the resolution to specific problems», Ellis, John: *Visible Fictions. Cinema, Television, Video*, London 1992, S. 77.

9 Vgl. Hake, Sabine: *Popular Cinema of the Third Reich*, Austin 2001, S. 68.

10 Maltby, Richard: «Introduction. ‹The Americanisation of the World›», in: Melvin Stokes/Richard Maltby (Hg.): *Hollywood Abroad. Audiences and Cultural Exchange*, London 2004, S. 1-20, S. 16.

der Sprache des Films zu sprechen, wohl weniger um einen harten Schnitt als vielmehr um eine Überblendung. Die Kinosituation verändert sich um 1948/49, der Zugang zum Kino wird ein anderer, das Kino anders genutzt. Die Kinonutzung, die sich seit 1939/40, im Zuge des Zweiten Weltkrieges in Deutschland entwickelt hatte (die *eskapistische* Kinosituation), ist im Jahr 1949 merklich verändert (*identitätssuchende* Kinosituation) und sie wird sich gegen Mitte, spätestens gegen Ende der fünfziger Jahre nochmals verändert haben (*konsumierende* Kinosituation). Im Folgenden soll diese Entwicklung, innerhalb derer sich das Sehen des Western verortet, skizziert werden. Zuerst wird aber ein kurzer Blick auf den Western und seine Präsenz im Kino vor 1945 zu werfen sein.

Der amerikanische Film im Dritten Reich

Mit Beginn der Krieges wurden diejenigen Stimmen im nationalsozialistischen Deutschland immer lauter, die ein allgemeines Verbot ausländischer und vor allem amerikanischer Filme verlangten.[11] Bis dahin gehörten amerikanische Filme selbstverständlich ins Programm, die «amerikanische Pop-Kultur war im Hitler-Staat präsent, nicht ganz so massiv wie in den Weimarer Jahren, dafür weniger umstritten.»[12] Joseph Goebbels wollte zunächst, auch mit Blick auf die USA als Exportmarkt[13], vor allem aber, da er um deren Beliebtheit wusste, die Vorführungen amerikanischer Filme nicht zu sehr einschränken. Viele dieser Filme waren Publikumserfolge.[14] Der Diskurs über das amerikanische Kino war weniger kulturkämpferisch geprägt als zu Zeiten der Weimarer Republik (was natürlich auch auf die vorgeschaltete Zensur zurückgeführt werden kann), wenn auch weiterhin die ‹Oberflächlichkeit› der Produktionen bemängelt wurde. Die Hollywoodfilme wurden weitestgehend wohlwollend aufgenommen. Im Western erkannten die National-

11 Vgl. Stahr: *Volksgemeinschaft vor der Leinwand*, S. 203ff. Vor allem der SD forderte ein Verbot. Wie tief die Furcht sich einnistete, zeigt der groteske Text einer Autorin, die ihrer Angst vor Mickey Mouse 1939 in der Reichs-Elternwarte Ausdruck verschafft: «Und eines Tages könnte es sein, dass nicht der Löwe mehr das Sinnbild der Stärke, dass nicht der Adler mehr Sinnbild der erhabenen Kraft ist, sondern dass die Maus zum Sinnbild des hohen und edlen Menschentums erhoben wird», zitiert in Ebd., S.203.

12 Spieker: *Hollywood unterm Hakenkreuz*, S. 106. Für eine Geschichte des Hollywoodkinos in der Weimarer Republik siehe Saunders, Thomas J.: *Hollywood in Berlin. American Cinema and Weimar Germany*, Berkeley 1994.

13 Vgl. Stahr: *Volksgemeinschaft vor der Leinwand*, S. 202; Kleinhans: *Ein Volk, ein Reich, ein Kino*, S. 103.

14 Für die Jahre 1933 bis 1938, vgl. Spieker: *Hollywood unterm Hakenkreuz*, S. 340f.

sozialisten stellenweise sogar Parallelen zu ihrer eigenen Ideologie. Aufgrund seiner «Darstellung viriler Härte» wurde er von den Redakteuren des *Völkischen Beobachters* anfangs als ideologisch wasserdicht eingestuft, «von männlichem Charakter und echtem soldatischen Geist, unsentimental, unpathetisch und so sauber und natürlich, dass man an ihm seine reine Freude haben kann, zumal die Liebesepisoden mit vorbildlicher Zurückhaltung behandelt sind.»[15] Die Konsequenz und Direktheit der Western wurde geschätzt, «[e]s wird nicht lange palavert, es wird gehandelt, es wird, auf frischer Tat ertappt, ebensofort gehenkt.»[16] Ideologisch schien «die hart zupackende Gesinnung dieser Wildwestleute», «ihre unendlich einfache Weltanschauung» nicht quer zu den eigenen nationalsozialistischen Vorstellungen zu liegen; und die «Opferbereitschaft im Dienste eines Ideals zum Wohle der Allgemeinheit»[17], die die Schreiber des *Völkischen Beobachters* im Western sahen, war auch die in Friedenszeiten gewünschte Haltung.

Jedoch sollte die alltagsweltliche Präsenz amerikanischer Produktionen in den dreißiger Jahren nicht überschätzt werden, denn auch wenn 20 Prozent aller Filme im Verleih amerikanischer Herkunft waren, so umfasst das Volumen der im Reich vorgeführten Filme ungefähr zehn Prozent amerikanische Produktionen.[18] Es lässt sich eine Diskrepanz zwischen medial-diskursiver Präsenz einerseits und alltagsnaher Präsenz andererseits konstatieren, die auch auf eine Doppelstrategie des Propagandaministeriums zurückzuführen ist. Dieses befürwortete eine spektakuläre Präsenz von US-Filmen in der Hauptstadt und wusste gleichzeitig die Bedeutung dieser Filme im gesamten Reich klein zu halten.[19] Das Interesse der ländlichen Bevölkerung an amerikanischen Filmen war gering[20], und die fehlende Vergabe von steuermindernden Prädikaten erlaubte es den finanzschwächeren Kinos der Provinz häufig nicht, ameri-

15 *Völkischer Beobachter*, 21.8.35 (Helden von Heute). Auch Joe Hembus sieht die Nähe der 30er Jahre Westernerotik zum NS-Frauenbild, wenn er über IN DER MASKE DES BRUDERS schreibt: «Ruth Rogers trägt ihr Blondhaar in einer Zopf-Knoten-Kombination, die im Herstellungsjahr des Films den großen Skalp-Preis der NS-Frauenschaft hätte erringen können», Hembus: *Western*, S. 373.

16 *Völkischer Beobachter*, 21.8.35 (Helden von Heute).

17 *Völkischer Beobachter*, 19.5.37 (Grenzpolizei Texas).

18 Vgl. Kleinhans: *Ein Volk, ein Reich, ein Kino*, S. 103.

19 Vgl. Spieker: *Hollywood unterm Hakenkreuz*, S. 109f.; Kleinhans: *Ein Volk, ein Reich, ein Kino*, S. 103. Diese Diskrepanz spiegelt sich auch in der Tatsache wider, dass zwar amerikanische Großproduktionen erfolgreich liefen, bei den kleineren B-Produktionen aber die deutschen Filme deutlich beliebter waren, vgl. Spieker: *Hollywood unterm Hakenkreuz*, S. 117f.

20 Vgl. Stahr: *Volksgemeinschaft vor der Leinwand*, S. 217. Zur Zusammensetzung des Publikums vor 1940 ist nur wenig bekannt, vgl. Prommer: *Kinobesuch*, S. 84f.

kanische Filme ins Programm zu nehmen.[21] Auch die Möglichkeit, durch Einfuhr- und Zulassungsquoten den US-Film zu beschränken, wurde vom Ministerium genutzt: waren es 1933 noch 64 zugelassene Filme, sank die Zahl 1940 auf fünf.[22] In diesen acht Jahren wurde im Deutschen Reich die Erstaufführung von 20 Western zugelassen, darunter einige Westernromanzen.[23]

Mit dem erfolgreich beendeten ‹Westfeldzug›, einem politisch günstigen Zeitpunkt, erfolgte dann das konkrete Vorführungsverbot für amerikanische Filme. Am 25. Juli 1940 war in Berlin der letzte US-Film zu sehen, wenn auch die ein oder andere Vorführung einer amerikanischen Produktion in der Provinz nicht auszuschließen ist[24]; der letzte im Deutschen Reich gezeigte Western dürfte IN DER MASKE DES BRUDERS gewesen sein, der im Juni 1940 in Berlin zu sehen war. Ein Jahr später ließ Goebbels dann auch das Sprechen über den amerikanischen Film verbieten: «Alle Debatten über amerikanische Filme sind ab sofort abzustoppen. Das deutsche Publikum interessiert nur der deutsche Film.»[25]

Die eskapistische Nutzung des Kinos im Krieg

War der amerikanische Film im Dritten Reich alltagsweltlich schon länger von untergeordneter Bedeutung, so verschwand er mit Beginn des Krieges praktisch von den deutschen Leinwänden. Zur gleichen Zeit veränderte sich auch die Funktion des Kinos, im Krieg wurde es vermehrt zum Informationsmittel. Auch jene Teile und Schichten der Bevölkerung, die bisher das Kino nicht besucht hatten, nutzen es nun, vorerst um sich mit Hilfe der Wochenschauen zu informieren. Zwischen 1938 und 1939 nahmen die Gesamtbesuche von 441,6 Millionen Besucher auf 623,7 Millionen zu, was einem Zuwachs von 41,24 Prozent entspricht.[26] Man kann also von einer quanti-

21 Vgl. Kleinhans: *Ein Volk, ein Reich, ein Kino*, S. 104. Amerikanische Filme erhielten das steuermindernde Prädikat 15mal seltener als es deutsche Produktionen bekamen.

22 Vgl. Ebd., S. 104f.; Spieker verzeichnet 6 Filme, einen jedoch ohne Angaben, vgl. Spieker: *Hollywood unterm Hakenkreuz*, S. 360.

23 Siehe ANHANG, Tab. 2.

24 Vgl. Stahr: *Volksgemeinschaft vor der Leinwand*, S. 207.

25 Presseanweisung von Joseph Goebbels, zitiert nach Wulf, Joseph: *Theater und Film im Dritten Reich. Eine Dokumentation*, Frankfurt a.M. 1989, S. 312.

26 Vgl. Stahr: *Volksgemeinschaft vor der Leinwand*, S. 175. Im Jahr 1940 erfolgt dann nochmal eine 33 prozentige Steigerung auf 834,1 Millionen Zuschauer. Rechnet man diese Zahlen auf die Besuche je Einwohner um, ergibt sich durch den Einbezug neuer Reichsgebiete (Österreich, Sudetenland) eine prozentuale Zunahme von 25 beziehungsweise 26,67 Prozent. Alle weiteren Publikumszahlen während des Nationalsozialismus entnehme ich Stahr: *Volksgemeinschaft vor der Leinwand*.

tativen und qualitativen Veränderung des Besuchsverhaltens und der Publikumsstruktur sprechen[27], die zu einer neuen Kinonutzung führen wird.

«Nicht das Kino mobilisierte die Bevölkerung für den Krieg, sondern der Krieg mobilisierte die Bevölkerung für das Kino.»[28] Durch seine Informationsfunktion während des Kriegs verlor das Kino das Stigma eines überflüssigen Vergnügens. Die Nationalsozialisten unterstützten den massenhaften Kinogang, sollte sich doch mit Hilfe des Kinosaals «schichtübergreifend eine einzige große Volksgemeinschaft verwirklichen.»[29] Die Versuche, den Spielfilm als Propagandainstrument zu nutzen, gestalteten sich schwierig, weswegen das Propagandakonzept auf das gesamte Kinoprogramm, also die vorgeschaltete Wochenschau und den Kulturfilm ausgeweitet wurde.[30]

Das Ins-Kino-Gehen wurde in den Jahren 1939-41 habitualisiert und blieb bestehen, auch wenn der Informationswunsch bald zurückgedrängt wurde. Die Wochenschauen wurden seit 1942 verstärkt misstrauisch gesehen[31], was aber nicht zwingend eine Abnahme von Loyalität dem NS-Regime gegenüber bedeutete. Es kann konstatiert werden, dass die Unterhaltungsfunktion des Kinos wieder in den Vordergrund trat, jedoch in einer veränderten Situation. Mehr Menschen als zuvor – 1942 nahmen die Besuche nochmals um 19 Prozent zu und überstiegen die Milliardengrenze – und zudem neue soziale Gruppen strömten in die Filmtheater. Das Kino begann seit 1941/42 vermehrt eine eskapistische Funktion zu übernehmen, heitere Filme wurden vom Publikum bevorzugt. «Wenn die Wochenschau vorüber war, verlangte ein großer Teil des Publikums, vom Hauptfilm unterhalten und von einem Alltag abgelenkt zu werden, der immer stärker vom Krieg bestimmt wurde.»[32] Die Nationalsozialisten erkannten diesen grundlegenden Wandel in der Rezeptionshaltung großer Teile des Publikums und kamen ihm schließlich, wenn auch verspätet, entgegen. Direkte Propaganda und einfache Durchhalteparolen wurden seit Ende 1942 stark reduziert. Der Anteil politischer Filme an der Produktion, der sich zwischen 1933 und 1940 zwischen

27 Vgl. auch Kleinhans: *Ein Volk, ein Reich, ein Kino*, S. 86.

28 Stahr: *Volksgemeinschaft vor der Leinwand*, S. 284.

29 Kleinhans: *Ein Volk, ein Reich, ein Kino*, S. 9.

30 Vgl. Ebd., S. 95ff.; Stahr: *Volksgemeinschaft vor der Leinwand*, S. 178ff.

31 Vgl. Hoffmann, Kay: «Der Mythos der perfekten Propaganda. Zur Kriegsberichterstattung der ‹Deutschen Wochenschau› im Zweiten Weltkrieg», in: Ute Daniel (Hg.): *Augenzeugen. Kriegsberichterstattung vom 18. zum 21. Jahrhundert*, Göttingen 2006, S. 169-192, S. 182f.; Hippler, Fritz: «Fragen und Probleme der deutschen Wochenschau im Kriege» [1943], in: Wilfried von Bredow/Rolf Zurek (Hg.): *Film und Gesellschaft in Deutschland. Dokumente und Materialien*, Hamburg 1975, S. 230-235, S. 231f.

32 Stahr: *Volksgemeinschaft vor der Leinwand*, S. 183.

zehn und 15 Prozent bewegt hatte, stieg in den Jahren 1941 und 1942 auf 33,8 beziehungsweise 25 Prozent an, fiel dann aber 1943 bis 1945 auf ungefähr acht Prozent ab.[33] Spätestens seit 1943 übernahm das Kino hauptsächlich die Funktion, den Wunsch der Bevölkerung nach Unterhaltung abzudecken. Der

> kulturelle Rahmen, in dessen Grenzen die filmischen Angebote interpretiert werden konnten, war zwar einem Vereinheitlichungsprozess unterworfen, der es der Bevölkerung tendenziell erschwerte, die filmischen Angebote anders als vom Regime gewünscht zu interpretieren.[34]

Staat und Kino begannen jedoch sich zu entkoppeln. Als am 1. September 1944 die Theater geschlossen wurden, blieb das Kino als einzige Unterhaltungs- und Ablenkungsmöglichkeit bestehen. Im Jahr 1943 ging statistisch jeder Einwohner 14,4 mal ins Kino, 1944 ebenso oft.

Die hohe Kinobesuchfrequenz seit 1939 ist «kein Kennzeichen einer entwickelten Konsum- und Freizeitgesellschaft amerikanischer Prägung, sondern ein Ausdruck des Mangels.»[35] Das Kino wird zum Ort der Unterhaltung und Ablenkung, die sonst nirgendwo mehr zu erhalten ist; in dieser spezifischen Situation bildete sich aus dem Mangel und aus dem Wunsch den Alltag zu vergessen, eine bestimmte Art der Nutzung des Orts Kino heraus, eine *eskapistische Kinosituation*. Diese entfernte sich von der anfangs vom Reichspropagandaministerium gewünschten Kinonutzung, entzog sich jeder Kinopolitik. Der Kinobesuch verschob sich in den Bereich der Privatssphäre. Von der Geschlossenheit der ‹Volksgemeinschaft›, die sich die Nationalsozialisten von der Kinonutzung erhofften, war man weit entfernt. Es kam innerhalb der Bevölkerung zu regelrechten Verteilungskämpfen um einen Platz im Kino.[36]

Der Mangel des Alltags machte das Kino zum umkämpften Ort der Ablenkung, an dem jede staatspolitische Äußerung ignoriert oder ‹vergessen› wurde. Inwiefern propagandistische und weltanschauliche Motive dennoch subtil auf die Zuschauer

33 Vgl. Kleinhans: *Ein Volk, ein Reich, ein Kino*, S. 108f. Zwar sagen diese Zahlen nichts über die Vorführpräsenz der Filme aus, aber es wird klar ersichtlich, dass die Nationalsozialisten ein stark verändertes Zuschauerinteresse feststellten. Dies spiegelte sich auch in den SD-Berichten wider, vgl. Stahr: *Volksgemeinschaft vor der Leinwand*, S. 264. Kochenrath spricht sogar davon, dass «etwa 90% der Filme der NS-Zeit Unterhaltungsfilme waren, deren Inhalt nicht aktuell politisch war», Kochenrath, Hans-Peter: «Kontinuität im deutschen Film», in: Wilfried von Bredow/Rolf Zurek: *Film und Gesellschaft*, S. 286-292, S. 287.

34 Stahr: *Volksgemeinschaft vor der Leinwand*, S. 277.

35 Ebd., S. 290.

36 Vgl. Ebd., S. 261f.

Einfluss nahmen, ist eine offene Frage, die zum Bereich der Kinonutzung durch das Publikum aber nicht quer steht.

> Ein kollektiver Prozess psychischer Verdrängung scheint [...] wirkungsvoll gewesen zu sein, der die Ausblendung von nun als unpassend empfundenen Propagandaforderungen erlaubte. Die Reduktion des Kinos auf seine eskapistischen Funktionen ließ es nicht nur während des aktuellen Besuchs, sondern dauerhaft als herrschaftsfreien Raum erscheinen.[37]

Das Kino wurde zum politikfreien Raum, der den Mangel des Alltags für zwei Stunden auszuschließen verstand.

Kontinuität der Kinonutzung nach 1945

In der direkten Nachkriegszeit mangelte es den Filmtheatern nicht an Zuschauern. Hermann Kadow stellt 1946 «mit beruhigtem Erschrecken und freundlichem Ingrimm fest, dass die Leute wieder ins Kino gehen. Sie stehen sogar vor den verbliebenen Kinoeingängen Schlange und balgen sich dort mit allen Mitteln der modernen, öffentlichen Gemeinheit um die Kinoplätze.»[38]

Trotz der deutlich geringeren Kinokapazität (70 Prozent der Kinos waren zerstört oder beschädigt worden) besuchten im Jahr 1946 über 450 Millionen und im folgenden Jahr dann sogar über 600 Millionen Menschen die Kinos.[39] Noch fehlte eine funktionierende deutsche Filmindustrie. Die Öffnung des Marktes für ausländische Produkte und der Einsatz von alten, noch vorhandenen Kopien ‹unbedenklicher› deutscher Filme, füllte demnach das Programm der Kinos.[40] Welche Filme wann gezeigt wurden, ist für die Jahre 1945 bis 1948/49 schwer zu ermitteln. Besonders die Situation in den ländlichen Gebieten ist nur unzureichend zu rekonstruieren. Hinzu

37 Ebd., S. 292.

38 Zitiert nach Bessen, Ursula: *Trümmer und Träume. Nachkriegszeit und fünfziger Jahre auf Zelluloid. Deutsche Spielfilme als Zeugnisse ihrer Zeit. Eine Dokumentation*, Bochum 1989, S. 86.

39 Vgl. Bathrick, David: «Kino in Ruinen. Gegenwarts- und Vergangenheitsbewältigung im Berliner Kino 1945-48», in: Irmbert Schenk: *Erlebnisort Kino*, S. 81-94, S. 81. Zieht man schon 1946 und 1947 die Trennungslinie zwischen dem späteren Gebiet der Bundesrepublik und der DDR, dann kommt man 1946 auf 300 Mio. Besucher und im Jahr 1947 auf 459 Mio. im westlichen Teil Deutschlands, vgl. Prommer: *Kinobesuch*, S. 350.

40 Vgl. de Grazia, Victoria: «Mass Culture and Sovereignity. The American Challenge to European Cinemas», 1920-1960, in: *Journal of Modern History* 1 (1989), S. 53-87, S. 81ff.; Paech/Paech: *Menschen im Kino*, S. 165; Kreimeier: *Kino und Filmindustrie*, S. 28.

kommen die unterschiedlichen Politiken innerhalb der verschiedenen Besatzungszonen.[41]

Das in der Forschung häufig gezeichnete Bild eines von amerikanischen (Schund-)Produktionen ‹überschwemmten› Marktes[42] ist jedoch in dieser Deutlichkeit nicht aufrechtzuerhalten und muss differenziert werden. Für die ersten Nachkriegsmonate ist diese Beschreibung eventuell noch tragbar, dann aber waren es bis in den Sommer 1948 hinein nicht nur US-amerikanische, sondern auch französische und britische Produktionen, die das ausländische Filmprogramm ausmachten. Von der Überzahl der deutschen und österreichischen Produktionen im Gesamtprogramm einmal abgesehen.[43] Die veränderte Situation des Kinos, das neue Angebot an Filmen wurde in den ersten Jahren der Nachkriegszeit vom Publikum kaum wertgeschätzt oder verlangt. In der direkten Nachkriegszeit fanden amerikanische (und auch andere ausländische) Filme bei den Kinogängern zunächst wenig Anschluss. Die Zuschauer wollten das Kino weiterhin wie gewohnt nutzen. Die direkte Nachkriegszeit ist von einer Kontinuität der eskapistischen Kinonutzung, wie sie sich seit 1939 herausbildete, geprägt.

41 Vgl. Bessen: *Trümmer und Träume*, S. 88; Clemens, Gabriele: «Umerziehung durch Film. Britische und amerikanische Filmpolitik in Deutschland 1945-49», in: Harro Segeberg (Hg.): *Mediale Mobilmachung* II. *Hollywood, Exil und Nachkrieg*, München 2006, S. 243-271, S 255f.

42 «Seit Beginn der Besatzungszeit überschwemmte eine Flut zweit- und drittklassiger amerikanischer Western, Gangsterfilme und Komödien die Leinwände in den deutschen Kinos», Kreimeier: «Ökonomie der Gefühle», S. 12. Und fast wortgleich: «Während der westdeutsche Filmmarkt nach 1945 von einer Flut amerikanischer B- und C-Pictures (Western, Kriminalfilme, Komödien) und damit den Botschaften des ‹American way of life› überschwemmt wurde, gab es für deutsche Filmemacher infolge der Lizensierungspflicht durch die Alliierten nur begrenzte Produktionsmöglichkeiten», Uka: «Modernisierung», S.74.

Die Autoren greifen mit dem Bild der ‹Überschwemmung› die zeitgenössische Rhetorik auf. Vor allem die deutsche Filmwirtschaft benutzt den Begriff, um sich eine bessere Position zu erkämpfen, vgl. Loiperdinger, Martin: «Amerikanisierung im Kino? Hollywood und das westdeutsche Publikum der Fünfziger Jahre», in: *Theaterzeitschrift. Beiträge zu Theater, Medien, Kulturpolitik* 28 (1998), S. 50-60, S. 51f. Die Filmfachpresse greift den Begriff dann auf: «Das Publikum, seit langer Zeit von Wildwestfilmen überflutet, nimmt diese Art von Filmen – Gott sei Dank – nicht mehr so ernst», *Erlanger Nachrichten*, 24.6.50 (Vogelfrei). Auch Siegfried Kracauer nutzt 1947 den Begriff für die Beschreibung des Marktes von 1912, vgl. Kracauer, Siegfried: *Von Caligari zu Hitler. Eine psychologische Geschichte des deutschen Films*, Frankfurt a.M. 1979, S. 26. Der Begriff spiegelt dabei eine kollektive Angst in Deutschland wider, vgl. Theweleit, Klaus: *Männerphantasien* 1. *Frauen, Fluten, Körper, Geschichte*, Reinbek 1980, S. 236ff.

43 Vgl. Kahlenberg, Friedrich P.: «Film», in: Wolfgang Benz (Hg.): *Die Bundesrepublik Deutschland. Geschichte in drei Bänden,* Band 3: *Kultur*, Frankfurt a.M. 1983, S. 358-396, S. 361; Gleber: «Kino als Überlebensmittel», S. 425; Clemens: «Umerziehung durch Film», S. 253f.

Eine ‹Stunde Null› hat es für das Kino in Deutschland so nicht gegeben[44], es ist für die Menschen der Nachkriegszeit ein «Überlebensmittel» geblieben. Das Kino war weiterhin ein «begehrter Ort», der außerhalb des Alltags und damit außerhalb des Mangels lag und der für Ablenkung sorgen konnte.[45] Die alliierten Besatzungsmächte wollten das Kino zunächst als Erziehungsinstrument einsetzen, und da das Publikum politische Filme mehrheitlich ablehnte, sollte dies vor allem über das Vorprogramm mit Wochenschau und Dokumentarfilm bewerkstelligt werden.[46] Die Zuschauerforschung der amerikanischen und britischen Militärregierung in den Besatzungszonen konstatierte 1946 ein eindeutiges und unzweifelhaftes Interesse der Zuschauer an bekannten älteren deutschen Spielfilmen, vor allem Produktionen der Zeit zwischen 1940 und 1944, und weniger an aktuellen angloamerikanischen Spielfilmen.[47] Für die französische Besatzungszone kann ähnliches festgestellt werden.[48] Auch das Kinoprogramm bildete diese Kinonutzung ab. In den Jahren 1945/46 liefen mangels Alternativen vor allem deutsche Reprisen, in der amerikanischen Besatzungszone vermehrt amerikanische Produktionen.[49] 1946/47 entwickelte sich dann in den westlichen Besatzungszonen ein Gleichgewicht von alten deutschen Filmen und Produktionen der jeweiligen Besatzungsmacht. Die Kontinuität der Wahrnehmung und Nutzung des Kinos als unbelasteter, politikfreier Raum zeigte sich in der offenherzigen

44 Die Frage nach Bruch oder Kontinuität des deutschen Kinos nach 1945 ist häufig gestellt worden, selten jedoch aus der Perspektive der Kinogänger. Zu einem unveränderten filmischen Bewusstsein, vgl. Kochenrath: «Kontinuität im deutschen Film», S. 287; zur politisch-personellen Kontinuität der Filmschaffenden nach 1945, vgl. Kreimeier: *Kino und Industrie*, S. 36f.; zu einer ästhetischen Kontinuität der Produktionen von der UFA zu den Trümmerfilmen, vgl. Bathrick: «Kino in Ruinen», S. 85f.

45 Bathrick: «Kino in Ruinen», S.81. Das mehrfache schallende Gelächter, das 1946 während Vorführungen eines tragischen Liebesfilms LES VISITEURS DU SOIR von Marcel Carné beobachtet wurde, und das auf das Missverstehen der unsynchronisierten Filme zurückgeführt werden kann, zeigt wie groß das Bedürfnis war, ins Kino zu gehen. Vgl. Gleber: «Kino als Überlebensmittel», S. 403.

46 Vgl. Hauser, Johannes: «US-amerikanische Filmpolitik im Nachkriegsdeutschland 1945-1955», in: Knut Hickethier (Hg.): *Filmgeschichte schreiben, Ansätze, Entwürfe und Methoden*, Berlin 1989, S. 103-122, S. 106. Für die französische Besatzungszone vgl. Gleber: «Kino als Überlebensmittel», S. 409. Für die amerikanische Besatzungszone vgl. «OMGUS Survey no. 20, Preliminary Studies of Motion Picture Attendance and Attitudes» (27. August 1946), in: Michael Hoenisch/Klaus Kämpfe/Karl-Heinz Pütz (Hg.): *USA und Deutschland. Amerikanische Kulturpolitik 1942-1949. Bibliographie – Materialien – Dokumente*, Berlin 1980, S. 275-299, S. 294.

47 Vgl. «OMGUS Survey no. 20», S. 280f.; Greffrath: *Gesellschaftsbilder der Nachkriegszeit*, S. 121ff.; Prommer: *Kinobesuch*, S. 93; Stahr: *Volksgemeinschaft vor der Leinwand*, S. 267.

48 Vgl. Gleber: «Kino als Überlebensmittel», S. 419.

49 Jedoch kann das Lexikon des Internationalen Films, das alle in deutschen Kinos aufgeführten internationalen Filme mit Uraufführungsdatum verzeichnet, für die Jahre 1945 bis 1948 nur drei erstaufgeführte Western nachweisen, vgl. *Knoll, Horst Peter (Hg.): Lexikon des internationalen Films. Kino, Fernsehen, Video, DVD*, Frankfurt a.M. 2002 und ANHANG, Tab. 1.

Wertschätzung der nationalsozialistischen Unterhaltungsfilme, die von den Zuschauern als weltanschauungsfrei gedeutet wurden.[50] Diese Tendenz wird bestätigt vom Erfolg der sogenannten ‹Überläufer›, Filme, die noch unter der nationalsozialistischen Filmindustrie konzipiert worden waren und die dann nach dem Krieg fertiggestellt und uraufgeführt wurden. «Was für das Kinopublikum als Ablenkung und Unterhaltung in der voraussehbar letzten Kriegsphase kalkuliert war, konnte ohne Schwierigkeiten auch in der Nachkriegszeit dem Kinobesucher zugemutet werden.»[51]

Kinonutzung im Wandel. Die identitätssuchende Kinosituation

Mit der Währungsreform im Juni 1948 wird ein Wandel der Kinosituation deutlich. Die Einführung der D-Mark hatte für einen schlagartigen, kurzfristigen Rückgang der Kinobesuche gesorgt, die seit 1946 kontinuierlich angestiegen waren.[52] Zwar stiegen die Besucherzahlen ab 1949 wieder an, aber die Kinos waren auch noch 1949 krisenanfällig. In Nordrhein-Westfalen und Hessen beispielsweise kam es im späten Herbst dieses Jahres zu einem Einbruch der Besucherzahlen, der auf die wegen der Vergnügungssteuer relativ hohen Eintrittspreise zurückgeführt wurde.

> Als weitere Gründe werden genannt: das Fehlen guter deutscher Filme, die mangelnde Kaufkraft der Bevölkerung, ein Ansteigen der Vergnügungsbetriebe aller Art und auch – man höre und staune – die Totobegeisterung der Bevölkerung. Man argumentiert dabei, dass die Kinos in der Vergangenheit das ‹Vergnügen der letzten übrigen Groschen gewesen seien›, die aber jetzt meistens verwettet würden.[53]

Mit der neuen D-Mark wurde zunächst sparsamer umgegangen, aber auch ein Wandel im Umgang mit Geld im Allgemeinen ist festzustellen. Das wenige Zuviele, das vorhanden war, wurde nicht mehr an den *begehrten Ort* Kino getragen, sondern um einer *begehrten Zukunft* willen zu vermehren gesucht. Das Kino als Ort des Rückzugs und der Realitätsflucht wandelte sich mit der sich langsam verbessernden Situation des Alltags. Der außerhalb der realen Zeit befindliche Traumort Kino konnte allmäh-

50 So gaben 1946 die meisten Zuschauer den 1942 von Veit Harlan gedrehten Film DIE GOLDENE STADT als ihren Lieblingsfilm an, vgl. «OMGUS Survey no. 20», S. 296. Auch in der französischen Zone war dieser Film, obwohl auf der Liste der verbotenen deutschen Spielfilme, erfolgreich im Programm, vgl. Gleber: «Kino als Überlebensmittel», S. 420.

51 Kahlenberg: «Film», S. 365. Vgl. auch Clemens: «Umerziehung durch Film», S. 256.

52 Vgl. Gleber: «Kino als Überlebensmittel», S. 411. Der Rückgang beläuft sich von 459 Mio. Besuchern 1947 auf 443 Mio. Besucher 1948. Ein Jahr später werden 467 Mio. Besucher gezählt, vgl. Prommer: *Kinobesuch*, S. 350.

53 *Westdeutsche Allgemeine Zeitung*, 17.11.49 (Kinobesuchern fehlen ‹letzte Groschen›).

lich durch den Tagtraum einer nahen und guten Zukunft ersetzt werden. Es wurde weiterhin ins Kino gegangen, die Besucherzahlen sollten bis 1956 stetig zunehmen[54], aber es wurde nun anders ins Kino gegangen. Langsam entfaltete sich der «Übergang vom moralischen zum kommerziellen Code»[55] im Umgang mit dem Kino. Die Entwicklung weg vom Kino als Ort um den Mangel des Alltags zu vergessen, und hin zum Kino als einem Konsum- und Freizeitgut ist mit dem forcierten ‹Wiederaufbau› zu beobachten. Der um 1948/49 einsetzende Wandel der Kinonutzung bezeichnete einen Wandel in der sozialen Funktion des Kinos. Da das Kino zu einem Ort der Freizeitgestaltung wurde, zunehmend zu einem Ort des Überflusses, begann seine bisherige soziale Funktion zu bröckeln. Bevor sich das Kino aber endgültig in einer Reihe mit Kühlschränken, Autos und Urlaubsreisen in der Warenwelt wiederfinden wird[56] (und letztlich wird es dann auch gegen den Fernseher verzweifelte Kämpfe führen müssen), wird zumindest die erste Hälfte der fünfziger Jahre noch vergehen müssen. In dieser Zeit, zwischen der eskapistischen und der kommerziellen Kinosituation, liegt die identitätssuchende Kinosituation.

Der Wandel der Kinonutzung ab 1948 manifestierte sich besonders deutlich in einer Veränderung des Verhaltens der Kinogänger. Stärker als zuvor wurde darauf geachtet, was man sich im Kino anschauen wollte[57], der Film wurde verstärkt zum Grund für den Kinobesuch. Dies hatte Auswirkungen auf das Angebot. Gleichzeitig kam es durch den freien trizonalen Filmaustausch ab Oktober 1948 zu einer Diversifikation der Filmangebote. Jedoch bahnte sich schon mit Beginn des Falls der Zonengrenzen für den Filmverleih eine «Bipolarität der Angebotsstruktur»[58] an. Das Filmangebot der Kinos seit 1948/49 wurde von deutschen und amerikanischen Produktionen beherrscht, wohingegen französische und britische Produktionen zahlenmäßig stark an

54 Vgl. Prommer: *Kinobesuch*, S. 350.

55 Rolf Lindner, zitiert nach Maase, Kaspar: «Happy Endings? Massenkultur und Demokratie in Deutschland im 20. Jahrhundert», in: Angelika Linke/Jakob Tanner (Hg.): *Attraktion und Abwehr. Die Amerikanisierung der Alltagskultur in Europa*, Köln 2006, S. 137-160, S. 154.

56 Die Geschichte des Capitols in Osnabrück kann diese Bewegung veranschaulichen: das Kino wurde 1929 eröffnet, dann von den Nazis umgebaut. Im Krieg wurde das Gebäude zerstört und die (Bau-)Lücke wurde im Lauf der fünfziger Jahre durch ein großes Warenhaus geschlossen. «An einem derart exemplarischen Ort einer Stadt lässt sich also die Geschichte vom Kino, dem Traumpalast der zwanziger Jahre, zum Warenhaus als Symbol des Wirtschaftswunders der fünfziger Jahre erzählen», Paech, Anne: «Von der Filmgeschichte vergessen. Die Geschichte des Kinos», in: Knut Hickethier: *Filmgeschichte schreiben*, S. 41-49, S. 43f.

57 Vgl. Gleber: «Kino als Überlebensmittel», S. 426.

58 Ebd., S. 428.

Einfluss verloren.[59] Diese Tatsache, vor allem aber die Präsenz amerikanischer Filme im deutschen Angebot, hat zu einer weitläufigen Diskussion um die Reichweite des Einflusses dieser Produktionen geführt. Denn allein die Präsenz der Filme im Angebot liefert noch keine Aussagen zu Rezeption oder Wirkung beim Publikum.

Konstatiert werden kann zunächst ein gesteigertes Interesse an amerikanischen Filmen.[60] Unter den Schlagworten Amerikanisierung und Amerikanismus wird in der Forschung die Diskussion um die Wirkung und den Einfluss der Hollywoodprodukte geführt.[61] Für eine rezeptionshistorische Studie, die sich für den Zuschauer im Kino interessiert, bietet es sich an, mit dem Begriff der Amerikanisierung im Sinne einer kulturellen Transferleistung zu operieren.[62] Kaspar Maase beschreibt Amerikanisierung greifbar als einen Prozess der Aneignung von materiellen und symbolischen Gebrauchswerten.

> Güter und Verhaltensweisen werden eingebaut in die Lebensweise der Aufnehmenden und damit in ein kulturelles Feld von Traditionen, Wahrnehmungs- und Bedeutungsmustern, Zeichen und Distinktionsbezügen.[63]

59 Vgl. Loiperdinger: «Amerikanisierung im Kino?», S. 52.

60 Ob es sich dabei um ein «Nachholbedürfnis» handelte, müsste diskutiert werden, vgl. Schildt: *Moderne Zeiten*, S.142; Garncarz, Joseph: «Hollywood in Germany. Die Rolle des amerikanischen Films in Deutschland: 1925-1990», in: Uli Jung (Hg.): *Der deutsche Film. Aspekte seiner Geschichte von den Anfängen bis zur Gegenwart*, Trier 1993, S. 167-214, S. 175.

61 Zur Diskussion um die Amerikanisierung vgl. Gassert, Philipp: «Amerikanismus, Antiamerikanismus, Amerikanisierung. Neue Literatur zur Sozial-, Wirtschafts- und Kulturgeschichte des amerikanischen Einflusses in Deutschland und Europa», in: *Archiv für Sozialgeschicht*e 39 (1999), S. 531-561. Unter Amerikanisierung wird an dieser Stelle nicht die offizielle Amerikanisierung, also die verschiedenen Ansätze im Zuge der Reeducation, verstanden, sondern der Transfer und die Aneignung von kommerziellen Produkten. Wie schwer eine solch strikte Trennung durchzuführen ist, zeigt sich im Verständnis von ‹democracy-as-culture› und der sich daraus ergebenden Einbindung von kulturellen Produkten in die Reeducation, vgl. Fay, Jennifer: *Theaters of Occupation. Hollywood and the Reeducation of Postwar Germany*, Minnesota 2008, S. xvi. Die Herausbildung einer gemeinsamen ‹westlichen› Werteordnung fällt ebenfalls nicht unter die Amerikanisierung, sie wird mit dem Begriff der Westernisierung beschrieben, vgl. Doering-Manteuffel, Anselm: «Westernisierung. Politisch-ideeller und gesellschaftlicher Wandel in der Bundesrepublik bis zum Ende der 60er Jahre», in: Axel Schildt/Detlef Siegfried/Karl Christian Lammers (Hg.): *Dynamische Zeiten. Die 60er Jahre in den beiden deutschen Gesellschaften*, Hamburg 2000, S. 311-341, S. 312ff.

62 In diesem Zusammenhang verstehe ich Kultur als «tätig-widersprüchliche Aneignung, als Veränderung vorgefundener Lebensformen, die mit Momenten der Selbstbestimmung durchdrungen ist und subjektiv geleitet wird von der Logik persönlichen Sinns», Maase, Kaspar: *Bravo Amerika. Erkundungen zur Jugendkultur der Bundesrepublik in den fünfziger Jahren*, Hamburg 1992, S. 32.

63 Maase, Kaspar: «Amerikanisierung von unten. Demonstrative Vulgarität und kulturelle Hegemonie in der Bundesrepublik der 50er Jahre», in: Alf Lüdtke (Hg.): *Amerikanisierung. Traum und Alptraum im Deutschland des 20. Jahrhunderts*, Stuttgart 1996, S. 291-313, S. 292.

Amerikanisierung stellt hier kein analytisches Konzept vor, sondern wird als erkenntnisleitendes, heuristisches Modell verstanden, das komplexe Interaktions- und Aneigungsprozesse beleuchten soll. Dabei steht weniger die Frage nach dem Grad der Amerikanisierung im Vordergrund[64], das Erkenntnisinteresse richtet sich vielmehr auf das *Wie* der Aneignung, auf die dynamische Komponente dieser Prozesse; auf welche Art und Weise haben sich diese Interaktionen und Transformationen vollzogen?[65]

Vom Ende her gedacht kann man den Wandel der Kinosituation hin zu einer kommerziellen Kinonutzung wie auch den Wandel im Umgang mit Populärkultur im weiteren Sinne gut mit dem Begriff der Amerikanisierung beschreiben. Der Begriff hilft, den Prozess der kreativen Aneignung von Angeboten zu benennen. Allein durch ihn sich den genutzten Sehangeboten anzunähern, ist jedoch nicht ausreichend, da der Begriff der Amerikanisierung eng mit einem Generationenkonzept und damit mit einem bewusst geführten Konflikt verbunden ist.[66] Um die Transformationsleistung bei der Aneignung der kulturellen Güter (an dieser Stelle der amerikanischen Western) in ihren historischen Kontext einzubetten, wird auf eine zweite Tendenz und wissenschaftliche Diskussion zurückgegriffen, die ‹Modernisierung›.

Mit der Währungsreform und der Gründung der Bundesrepublik begann ein Komplex von ‹Wiederaufbau› und ‹Modernisierung› zu entstehen. ‹Modernisierung› meint dabei strukturelle Veränderungsprozesse und Veränderungen auf mehreren Ebenen. Ökonomische und technologische Entwicklungen, politische und institutionelle Neuerungen, soziokulturelle Wandlungsprozesse. Die Entfaltung der Warenwelt, das Anwachsen des Industriesektors, die sogenannte Freß- und Luxuswelle, ein veränderter Umgang mit dem neuen Wohnraum, verstärkte Mobilisierung durch

64 Der hier gewählt Ansatz steht methodisch, jedoch keinesfalls inhaltlich im Gegensatz zu den Analysen von Axel Schildt und Martin Loiperdinger, die im Rückgriff auf den Anteil der amerikanischen Produktionen in den deutschen Kinos (40 Prozent für das Filmprogramm zwischen 1949 und 1964) und dessen Hitlisten, konstatieren, dass man nicht von einer zunehmenden Amerikanisierung auf dem Feld des Kinos sprechen könne, vgl. Schildt: *Moderne Zeiten*, S. 143; Loiperdinger: «Amerikanisierung im Kino?».

65 Vgl. Maase, Kaspar: «‹Amerikanisierung der Gesellschaft›. Nationalisierende Deutungen von Globalisierungsprozessen?», in: Konrad Jarausch/Hannes Stiegrist (Hg.): *Amerikanisierung und Sowjetisierung in Deutschland 1945-1970*, Frankfurt a.M. 1997, S. 219-242, S. 219ff.; Gassert: «Amerikanismus, Antiamerikanismus, Amerikanisierung», S. 560f.

66 Vgl. Maase: «‹Amerikanisierung der Gesellschaft›», S. 222. Maase sieht mit Blick auf die junge Generation ab 1956 verstärkt einen semiotischen Krieg im Alltag am Werk. Die Kämpfe der Jugendlichen, die das kulturelle Feld Nachkriegsdeutschlands verändern, stehen im Zentrum seines Amerikanisierungsmodells.

Motorisierung im materiellen Bereich; im symbolischen Bereich der Warenwelt sind vor allem das Aufladen der Waren mit Zeichen und Bedeutung, die Ausdifferenzierung von Märkten und Lebensstilen und die Stärkung der populären Kultur für die fünfziger Jahre anzuführen. Alle diese gesellschaftlichen Prozesse fanden ihren Niederschlag in der alltagsweltlichen Praxis und damit auch in der Praxis der Aneignung kultureller Produkte im Kino. Das Neue musste in den Alltag integriert werden, diesem war nach dem Krieg ein westlicher Rahmen gesetzt, der jedoch von den Deutschen ausgefüllt wurde. In diesem Zusammenhang weist die Forschung auf ein Spannungsfeld von ‹Modernisierung› und Restauration hin.[67] Der lebensweltliche Alltag war von Widersprüchlichkeit geprägt, gefasst im «Grundproblem jener Zeit: die Gleichzeitigkeit von Kontinuität und Diskontinuität, das verborgene Wirken des Alten im Neuen, und ein noch Neueres in diesem Neuen.»[68]

In den fünfziger Jahren, einer Zeit der gewünschten und aufregenden Modernisierung, verlor das Kino seine Funktion als Fluchtperspektive und es kann nicht einfach als rückwärtsgewandt angesehen werden.[69] Der Komplex der ‹Modernisierung› kann als «dauernde, widersprüchliche Bewegung von Alt und Neu im Konflikt miteinander, von Kontinuität und Diskontinuität im Widerstreit»[70], der die gesamte Zeit des ‹Wiederaufbaus› der fünfziger Jahre der Bundesrepublik prägte, beschrieben werden. In dieser Situation, in der sich der «Abgrund von Entfremdung zwischen Alltag und Geschichte»[71] auftut, war das Kino nicht mehr nur Ort der Flucht; und es war noch nicht Ort der reinen Freizeitgestaltung; es war vielmehr «embedded in the politics of culture and identity.»[72]

> Zum einen muß das Kino als Institution und als Ort der Versammlung und intimöffentlicher Raum (mit weitgehenden Funktionen der Vergesellschaftung gerade in

67 Zur Modernisierung vgl. beispielsweise Schenk: «‹Derealisierung› oder ‹aufregende Modernisierung›», S. 116ff.; Doering-Manteuffel, Anselm: «Die Kultur der 50er Jahre im Spannungsfeld von ‹Wiederaufbau› und ‹Modernisierung›», in: Axel Schildt/Arnold Sywottek (Hg.): *Modernisierung im Wiederaufbau. Die Westdeutsche Gesellschaft der 50er Jahre*, Bonn 1998, S. 533-540, S. 540; Uka: «Modernisierung».

68 Seeßlen: «Heimat und so weiter», S. 141.

69 Die gegenteilige Ansicht vertreten Peter Gleber, der auch noch in den fünfziger Jahren «escapistische Bedürfnisse» als vorherrschend ansieht, vgl. Gleber: «Kino als Überlebensmittel», S. 429, und Klaus Kreimeier, der den Kinogang der fünfziger Jahre als «Synonym für Ablenkung» betrachtet, vgl. Kreimeier: «Ökonomie der Gefühle», S. 19.

70 Schenk: «‹Derealisierung› oder ‹aufregende Modernisierung›», S. 114.

71 Maase: *Bravo Amerika*, S. 64.

72 Fehrenbach, Heide: *Cinema in Democratizing Germany. Reconstructing National Identity after Hitler*, Chapel Hill 1995, S. 2.

> den 50ern), zum anderen müssen die filmischen Texte Angebote gemacht haben – beide nicht immer notwendig parallel –, die die ‹Modernisierung des Individuums›, seine psychosoziale Verarbeitung der gesellschaftlichen Modernisierung, mehr als bloß durch Ablenkung unterstützt haben.[73]

Die ‹Modernisierung› brachte mit der Notwendigkeit des Umbaus der Gesellschaft auch die Notwendigkeit des ‹Umbaus› der Identität des Individuums. Zumeist sogar den ‹Umbau› von schon erwachsenen und festen Identitäten. Dieser Umbau vollzog sich hauptsächlich am Arbeitsplatz und in der Familie, und er wurde begleitet durch etwas, das man *populäre Mythologie* nennen könnte. Zu deren Aufgaben zählten die Verdrängung der NS-Verbrechen, die Einebnung sozialer Widersprüche, symbolische Wunscherfüllung, die Restauration von Machtstrukturen, Konsumvermittlung, Ausblendung von Trümmern und Flüchtlingen. Und es war «eine noch weitaus größere Aufgabe zu bewältigen: den Umbau der Identitäten und damit die Modernisierung der Gesellschaft zu begleiten und zu mythisieren.»[74]

Der Wandel der Kinonutzung vom Ort der Alltagsflucht zum Ort von Konsum und Freizeit während einer Phase der gesellschaftlichen Modernisierung führte über eine Identitätssuche, die auf der symbolischen Ebene populärer Kultur, und damit im Kino, einen ihrer Schauplätze fand. Der «Film als widersprüchliche Vorlage für Widerspruchsauflösung wird vom Zuschauer benützt in Strategien der eigenen Bewältigung aktueller und lebensgeschichtlicher Konflikte.»[75] Das Kino, in einer Zeit der ‹Modernisierung› und gesellschaftlichem und individuellem Umbau, arbeitete an diesem Umbau selbst mit. Das Kino als wichtiger sozialer Ort für den individuellen Umgang mit dem Mangel, übte sich nun ein Ort für den individuellen Umgang mit den gesellschaftlichen Wandlungsprozessen und den damit einhergehenden identitären Fragen zu sein.[76] Die eskapistische Kinonutzung trat hinter eine *identitätssuchende Kinosituation* zurück.

Das Individuum zwischen Restauration und ‹Modernisierung›, der Umbau gelingt und doch bleibt alles beim Alten; diese beiden Bewegungsmuster gingen in die Rezeption des Kinos in den fünfziger Jahren ein. Um sich diesem Prozess anzunähern,

73 Schenk: «‹Derealisierung› oder ‹aufregende Modernisierung›», S. 119.

74 Vgl. Seeßlen: «Heimat und so weiter», S. 136ff., hier: S. 137. Seeßlen fasst an anderer Stelle den Begriff ‹populäre Mythologie› als eine «Methode, Widersprüche, die sich in der Praxis nicht lösen lassen, auf geträumte, vorgestellte, angestrebte Weise zu harmonisieren», Seeßlen: *Western*, S. 28.

75 Schenk: «‹Derealisierung› oder ‹aufregende Modernisierung›», S. 122.

76 Vgl. Moeller, Robert G.: «Heimkehr ins Vaterland. Die Remaskulinisierung Westdeutschlands in den fünfziger Jahren», in: *Militärgeschichtliche Zeitschrift* 2 (2001), S. 403-436, S. 406f.

ist neben den situationalen Elementen der Einbezug der sozialen und biografischen Rezeptionsbedingungen der Zuschauer unerlässlich.

Annäherung an das Westernpublikum

Die Besucherzahlen sind für die fünfziger Jahre gut dokumentiert. 490 Millionen Zuschauer wurden im Jahr 1950 gezählt, das sind 9,7 Filmbesuche pro Kopf. Diese Zuschauerzahl hat sich dann bis zum Rekordjahr 1956 kontinuierlich gesteigert und 818 Millionen Zuschauer oder 15,1 Filmbesuche pro Kopf erreicht.[77] Schildt bezeichnet für das Jahr 1950 ein Drittel der Bevölkerung als regelmäßige Kinogänger, während Prommer von einem Viertel spricht.[78] Diese Zahlen können aber die wichtige, leider kaum zu beantwortende Frage nach dem Kinogang als «social activity»[79] empirisch nicht unterfüttern. Wie wurde in den fünfziger Jahren ins Kino gegangen: alleine, zu zweit oder in einer größeren Gruppe?

Die Zuschauerstruktur des Kinos genau zu bestimmen ist ein nahezu unmögliches Unterfangen. Generation, Geschlecht und Klasse der Publikumszusammensetzung sind nur schwer zu ermitteln. Genaue Untersuchungen und Zahlen existieren für die Bundesrepublik der fünfziger Jahre nicht.

«Sicherlich erreichte das Kino breitere Publikumsschichten als heute, aber auch in den 50er Jahren waren die Kinogänger hauptsächlich Kinder, Jugendliche und junge Erwachsene.»[80] Gestützt wird diese in der Forschung verbreitete Aussage hauptsächlich mit dem vagen Argument, dass sich pädagogische Studien zur Filmwirkung vor allem auf Kinder und Jugendliche bezogen. Zugleich wird herausgestellt, dass die deutschen Kinogänger «sentimental-reaktionäre Heimatfilme»[81] sehen wollten, was sich nur bedingt mit jugendlichen Interessen in Übereinstimmung bringen lässt. Ein

77 Vgl. Prommer: *Kinobesuch*, S. 350. Ähnliche Zahlen bei Schildt: *Moderne Zeiten*, S. 141. Von 1956 an beginnt die Zuschauerzahl kontinuierlich abnehmen, 1960 sind noch 605 Millionen Besuch zu verzeichnen.

78 Vgl. Schildt: *Moderne Zeiten*, S. 141; Prommer: *Kinobesuch*, S. 93. Die teilweise unterschiedlichen Zahlen sind neben den wenigen und ungenauen Befragungen, auch auf die von den jeweiligen Besatzungsmächten verschiedene Art und Weise der Erhebung zurückzuführen. «Vor den 70er Jahren gibt es keine institutionalisierte Untersuchung der Kinobesucher», Ebd., S. 92.

79 Jancovic, Mark/Lucy Faire/Sarah Stubbings: *The Place of the Audience. Cultural Geographies of Film Consumption*, London 2003, S. 8.

80 Prommer: *Kinobesuch*, S. 94.

81 Ebd.

primär jugendliches Publikum ist nicht so einfach anzunehmen.[82] Auch über Geschlecht und soziale Herkunft der Kinogänger ist wenig gesichertes Wissen vorhanden.

Differenziert man dann nochmals und untersucht nur ein Genre, in diesem Fall den Western, wird die Situation noch diffuser. Zahlen hierfür existieren nicht.[83] Auch über die Häufigkeit der Besuche von Westernfilmen liegen keine Zahlen vor. Wie erfolgreich der jeweils einzelne Film war, ist nicht nachzuvollziehen, da die Filmverleihe die Unterlagen nach einigen Jahren, zumeist aus Platzgründen, vernichtet haben.[84] Nur aus der Fülle von Western, die auf den Markt kamen, können – aus quantitativer Perspektive und ergänzt durch qualitative Einzelzeugnisse – erste Überlegungen zu deren Beliebtheit abgeleitet werden.

In den Jahren 1949 und 1950 waren jeweils 65 Prozent der erstaufgeführten Western noch vor Ende des Zweiten Weltkriegs produziert worden. Auch wenn diese Zahlen nichts über die reale Vorführpräsenz aussagen, zeigen sie doch, dass das Angebot an zeitnah produzierten Western nicht groß genug gewesen zu sein scheint. Um die Nachfrage zu decken, griffen die Verleihe auf ältere Filme zurück. Da in den Jahren 1949 bis 1952 viele ältere Western gezeigt wurden, kann auf die verstärkte Beliebtheit des Genres geschlossen werden.[85]

In den fünfziger Jahren wurde der Western klassifiziert als ein Genre für junge Männer, aus den unteren Schichten, vorwiegend der Arbeiterklasse.[86] Der Soziologe Karl Bednarik sah 1953 in den jungen Arbeitern einen neuen Typ, der vorzugsweise amerikanische Importe konsumierte[87]. Ganz neu war diese Aussage jedoch nicht. Auch im Dritten Reich hatte man vor allem ungelernte Arbeiter und männliche Jugendliche

82 Vgl. auch Garncarz: «Hollywood in Germany», S. 177.

83 Nachdem er sich durch alle vorhandenen Zahlen und Listen gekämpft hat, erklärt Joseph Garncarz: «Ich möchte zusammenfassend festhalten, daß die Zahlen über die in Deutschland aufgeführten deutschen bzw. amerikanischen Filme kaum etwas über die Präferenzen des Publikums sagen», Garncarz: «Hollywood in Germany», S. 189.

84 Vgl. Loiperdinger: «Amerikanisierung im Kino?», S. 53.

85 Deutlich wird dies am Beispiel von DREI MÄNNER AUS TEXAS, der 1940 produziert und 1950 in Deutschland erstaufgeführt wurde: «Trotz polizeilicher Absperrung war selbst kein Stehplatz mehr zu haben, um die ‹3 Männer aus Texas› in neuen Heldentaten zu sehen», *Lübecker Nachrichten*, Januar 1950 (Drei Männer aus Texas). In München sollen Karten für die Vorführung von DREI MÄNNER AUS TEXAS schwarzgehandelt worden sein, vgl. *Der Neue Film*, 9.1.50 (Drei Männer aus Texas). Der Film sorgte schon nachmittags für vollbesetzte Häuser, vgl. *Die Film-Woche*, 21.1.50 (Drei Männer aus Texas).

86 Vgl. Poiger, Uta G.: «A new ‹western› hero? Reconstructing German masculinity in the 1950s», in: *Signs* 24 (1998), S. 147-162, S. 152f.

87 Zur Bedeutung des Kinos für diesen ‹neuen Typ›, vgl. Bednarik, Karl: *Der junge Arbeiter von heute. Ein neuer Typ*, Stuttgart 1953, S. 37ff.

zu den häufigen Kinogängern und zu den Besuchern amerikanischer Filme gezählt. Die Ergebnisse wurden jedoch nicht durch Selbstaussagen der jungen Kinogänger, sondern durch Annahmen und Beurteilungen von Lehrern gewonnen[88] und sind daher nur sehr eingeschränkt zu verwerten. Die Verbindung von Arbeiterjugend und Western ist, neben ihrer Plausibilität, auch eine gewollte, weil bezeichnende Beziehung.

Da zuverlässige Zahlen fehlen, soll versucht werden, sich der Zuschauerstruktur des Western anderweitig zu nähern. Zunächst einmal sind objektive Gegebenheiten zu betrachten. Die Bewertungen der Freiwillige Selbstkontrolle der Filmwirtschaft (FSK) und die damit verbundenen Freigaben der Filme können erste Hinweise zum Alter der Zuschauer geben.[89] Über mögliche Kontinuitäten der Publikumszusammensetzung aus der NS-Zeit findet eine zweite Annäherung statt. Drittens soll die genauere Betrachtung des Schreibens über den Western Auskunft geben: über wen wird geschrieben, an wen richten sich die Rezensionen, an wen die Presse- und Werbematerialien?

Die meisten Filme sind mit der FSK ‹ab 12, nf› ausgezeichnet, also freigegeben ab 12 Jahren und nicht feiertagsfrei. Kinder werden damit von den Western ausgeschlossen und durch das Feiertagsverbot wird es auch den jüngeren Jugendlichen erschwert, diese Filme zu sehen. Dass ein Film wie MEIN GROẞER FREUND SHANE (‹ab 12, feiertagsfrei›) groß mit «Jugendliche haben Zutritt»[90] beworben wird, zeigt beides: einerseits das Interesse der Jugendlichen an den Western, andererseits deren Schwierigkeiten in die Kinos zu kommen. Eine größere Anzahl an Western hat auch das FSK-Prädikat ‹ab 16›. Für junge Jugendliche allein konnten die Filmtheater Anfang der fünfziger Jahre die Western wohl nicht zeigen, auch wenn diese sich öfters in die Kinos schlichen.[91] Die zahlenden Zuschauer mussten älter sein. Die Generation der im Krieg Geborenen kann nicht alleine für die vielen gezeigten Western verantwortlich sein. Die Tatsache, dass sich in den frühen fünfziger Jahren der Western über die Erstaufführung älterer Filme in den Programmen festsetzte, lässt auf eine zumindest im Krieg, eventuell auch schon früher, also während des Nationalsozialismus sozialisierte Zuschauerschaft schließen. Die Jahrgänge um 1930 müssen zum für die Kinobetreiber lohnenden Geschäft mit dem Western erheblich beigetragen haben.

88 Vgl. Prommer: *Kinobesuch*, S. 85f.

89 Zur FSK vgl. Kniep, Jürgen: *„Keine Jugendfreigabe!“ Filmzensur in Westdeutschland 1949–1990*, Göttingen 2010.

90 Vgl. die Fotografie des Aushangs eines Hamburger Kinos in Christ, Manfred (Hg.): *Filmstars im Schaukasten – Schaukasten der Filmstars*, Erkrath 2002, S. 192.

91 Vgl. Seeßlen, Georg: *Tanz den Adolf Hitler. Faschismus in der populären Kultur*, Berlin 1994. S. 8.

Zieht man eine Kontinuitätslinie von der Besucherstruktur der nationalsozialistischen Jahre in die fünfziger Jahre, kann diese These verstärkt werden. Mit Beginn des Krieges nämlich drängen männliche Jugendliche vor allem aus ländlichen Gebieten mit militärischem Interesse in die Kinos.[92] Diese Entwicklung führte bei den Nationalsozialisten zunächst zu einem verstärkten kulturkonservativen Diskurs über die jugendgefährdende Kraft des Kinos. Da es sich um Männer kurz vor dem Kriegsdienst handelte, nahm der SD an, «das stark gestiegene Interesse der männlichen Jugendlichen an militärischen Vorgängen erwecke bei diesen den Wunsch, die Wochenschau nicht zu versäumen.»[93] In der Forschung wird diese Interpretation vor dem Hintergrund der Wirkung des Soldatenbildes und der Frontkameradschaft auf die Jugendlichen als durchaus glaubwürdig angesehen.[94] Anzunehmen ist, dass diese Generation dem Kino trotz der langsam sich verbreitenden Zweifeln an der Wochenschau treu bleibt, und auch nach dem Krieg diesen Ort regelmäßig, unter veränderten Vorzeichen, besucht. Da es sich bei den häufigen (jede Woche) und extrem häufigen (mehrmals die Woche) Kinogängern der fünfziger Jahre verstärkt um Besucher männlichen Geschlechts gehandelt haben soll[95], erscheinen besonders die männlichen, ungefähr Zwanzigjährigen als potentielle Westernbesucher der fünfziger Jahre.

Aus der Filmberichterstattung der regionalen Zeitungen kann das Bild des Westernpublikums erweitert werden. Innerhalb dieser Texte kann unterschieden werden zwischen einer deskriptiven Ebene, die das Publikum der Western beschreibt und andererseits der Art, wie geschrieben wurde, also einer normativen Stoßrichtung, die sich an das lesende Publikum wendet.

> Vor allem das männliche Publikum von sechs bis sechzig folgt diesem Wildwest-Film mit sichtlichem Vergnügen und anhaltenden Lachsalven bei Seriensalven aus rauchenden Pistolen.[96]

Zwar ist davon auszugehen, dass es sich bei der Beschreibung ‹sechs bis sechzig› um ein stilistisches Mittel handelt, das nicht ganz wörtlich zu nehmen ist. Dennoch kann ihr ein wichtiger Hinweis auf ein generationsübergreifendes Interesse entnommen werden. Die Rezension weist auch darauf hin, dass «der Hauptheld und Führer der

92 Vgl. Stahr: *Volksgemeinschaft vor der Leinwand*, S. 208ff.

93 Meldungen aus dem Reich, 10. April 1940, zitiert nach Stahr: *Volksgemeinschaft vor der Leinwand*, S. 210.

94 Vgl. Ebd.

95 Vgl. Prommer: *Kinobesuch*, S. 98.

96 *Der Neue Film*, 9.1.50 (Drei Männer aus Texas).

Texasmänner» Hopalong Cassidy, gespielt von William Boyd «schon früher das Herz des deutschen Publikums eroberte», es handelt sich quasi um ein «Wiedersehen mit alten Bekannten.» Tatsächlich ist der letzte in Deutschland vor dem Krieg gezeigte Western IN DER MASKE DES BRUDERS, ebenfalls aus der Hopalong Cassidy Reihe. Zehn Jahre ohne Western liegen dazwischen. Für ein ‹Wiedersehen› müssen die Zuschauer zumindest Anfang Zwanzig sein, eher noch älter. Der Western fand, glaubt man den wenigen Beschreibungen der Filmberichterstattung des Kinopublikums, sein Publikum auch innerhalb der älteren Generation. «Die Jugend im Parkett fiebert vor Aufregung, und auch die älteren Freunde handfester Filme kommen auf ihre Kosten.»[97]

Dennoch ist es das jugendliche Publikum, das am häufigsten in den Rezensionen auftaucht. Dies geschieht jedoch nicht über eine Beschreibung des realen Publikums, sondern vielmehr über einen normativen Schreibton, der jugendliche Zuschauer als Publikum setzt und den Einfluss der Filme auf diese abwägt. Die Katholische Filmkommision, die bis März 1951 zweihundert Western zählte, bezeichnete 153 dieser Filme, also 77 Prozent, als abträglich für Jugendliche unter 16 Jahren.[98] Das Thema Jugendgefährdung durch Kinobesuch mischt sich in das Schreiben über den Western. So begrüßt ein Rezensent, dass die «Diskussionen über das Thema ‹Kriminalität und Kino› [...] Früchte zu tragen» scheinen, da ein ‹Räuberfilm› wie FLUCHT VOR DEM TODE unter Jugendverbot gestellt wurde. Der Film lief in Frankfurt nur im Abendprogramm, am Nachmittag, quasi als Ersatz wurde DICK UND DOOF IM WILDEN WESTEN gezeigt.[99]

Dieser normative Diskurs, der nicht das jugendliche Publikum der Western beschreibt, sondern den Western als für jugendliches Publikum gemacht bezeichnet, liegt quer zu dem Leser, an den sich die Filmbesprechungen richten. Die Rezensionen wenden sich an den erwachsenen Zeitungsleser, den sie als potentiellen, zu informierenden Kinobesucher ansprechen. Nicht Jugendliche sind Zielgruppe der Kurzbeschreibungen, sie sind nur normativ-pädagogisches Objekt der Texte. Da die

97 *Esslinger Allgemeine*, 16.2.52 (Winchester '73). Mal sitzt eine Dame neben dem Rezensenten, *Der Neue Film*, 9.1.50 (Drei Männer aus Texas); mal ein Herr mit seiner Begleitung, *Miesbacher Merkur*, 20.6.51 (Der wilde und der ‹zahme› Westen); mal ist es «die nächste Generation», also die Zwanzig- bis Dreißigjährigen, die staunt, vgl. *Badische Zeitung*, 22.1.57 (Der schwarze Falke). «Ein Film für Jung und Alt», *Filmwoche*, Februar 51 (Winchester '73); «die jugendlichen Freunde solcher Geschichten von 10 und 70 Jahren werden sich nicht minder freuen», *Saarbrücker Zeitung*, 24.2.55 (Steppe in Flammen).

98 Vgl. *Die Rheinpfalz*, Ludwigshafen, 9.5.53 (Zwölf Uhr mittags). Die von mir erstellte Liste der in deutschen Kinos gezeigten Western kommt auf fast die identische Zahl, hier sind es zu jenem Zeitpunkt 199 Western, vgl. ANHANG, Tab. 1.

99 Vgl. *Frankfurter Neue Presse*, 27.12.52 (Flucht vor dem Tode).

Rezensionen zumeist und über Umwege positiv über die Filme schreiben, sehen sie in den erwachsenen Lesern mögliche Westernbesucher. Methodisch würde dies bedeuten, die Schreiber der Rezensionen auch als Zuschauer der Western zu fassen; zumindest eine Ähnlichkeitsstruktur lässt sich feststellen: es schreiben also diejenigen über die Western, die sie sich dann möglicherweise auch anschauen. Das Sehen eines Western im Kino in den fünfziger Jahren kann als generationsübergreifendes Phänomen verstanden werden, wenn auch der Anteil an 12- bis 25-jährigen männlichen Zuschauern am Höchsten sein dürfte. Aber Zuschauer fanden sich in allen Altersstufen. Besonders für die frühen fünfziger Jahre ist von einer stark nationalsozialistisch sozialisierten Publikumsstruktur auszugehen, die den Grundstein für die weitere Beliebtheit des Western legte.

Neben der Generationenfrage sind es vor allem Geschlechter- und Klassekategorien, die auf das Publikum anzuwenden wären. Zum sozialen Status der Zuschauer sind nur schwer objektive Fakten zu ermitteln. Die These vom Western als Genre für die Arbeiterschaft ist nur schwer zu widerlegen, da in den bürgerlichen Medien über den Western geschwiegen wurde. Jedoch sind für die fünfziger Jahre auch keine vollkommen überzeugenden Argumente zur Bestätigung dieser These vorhanden. (Hier sollte über einzelne regionale Studien ein erster Zugang zu gewinnen sein, wie überhaupt die Kinogeschichte vermehrt regionaler Studien bedarf.) Ähnliches lässt sich zum Thema Geschlecht sagen, ob das ‹männliche› Genre Western vorzugsweise von Männern besucht wurde, lässt sich nur schwer ermitteln.[100] Anzunehmen ist es.

Dennoch sind dem Schreiben über die Filme in den fünfziger Jahren Hinweise zu entnehmen, die auch auf weibliches Publikum, reale und gewollte Zuschauerinnen, schließen lassen. Die *unwissende Frau* ist eine erste Figur, die in Rezensionen und Pressemitteilungen auftaucht und der man den Western erklären muss[101], ein Motiv, dass sich auch im Western selbst wiederfindet.

100 Für das amerikanische Publikum vgl. Esders-Angermund, Karin: *Weiblichkeit und sexuelle Differenz im amerikanischen Genrekino. Funktionen der Frau im frühen Westernfilm*, Trier 1997, S. 9 FN 2.

101 «Um es gleich vorweg zu nehmen, es handelt sich hierbei nicht – wie eine Dame aus Frankfurt annahm – um die bekannte englische Soße! Wenn Sie von der ‹Winchester-Büchse› hören, liebe Hausfrauen, so betrifft dies auch nicht ein neues Patent für die Einkochzeit oder eine Konkurrenz für die beliebten Weck-Gläser». So zu finden im Werbe- und Pressematerial des Universal International Filmverleihs für WINCHESTER '73. Wie fast alle Pressematerialien im Archiv des DFI, Frankfurt leider undatiert; Zustand und Art der Herstellung lassen aber auf die fünfziger Jahre, auf Material zur Erstaufführung schließen; vgl. auch *Miesbacher Merkur*, 20.6.51 (Der wilde und der ‹zahme› Westen).

> Dem amerikanischen Empfinden nach sind Kultur, Tugend, Zivilisation, sogar das Christentum etwas Weibliches; daher werden Frauen oft so dargestellt, als besäßen sie eine Art tieferer Weisheit, während die Männer bei aller zur Schau getragenen Selbstsicherheit im Grunde Kinder seien. Aber im Westen, wo man die Segnungen der Zivilisation nicht kennt, sind ‹Männer noch Männer› (‹where men are men›); in den Wildwestfilmen haben die Männer die tiefere Weisheit, während die Frauen kindlich sind.[102]

Auch die *ängstliche Frau*, die sich «Schutz suchend am Arme»[103] des Rezensenten festhält, findet sich in den Rezensionen. Interessanterweise scheint sie alleine ins Kino gegangen zu sein, da sie bei einem fremden Mann (der Rezensent beschreibt sie als eine neben ihm sitzende Dame) nach Schutz sucht, vielleicht ist diese Episode aber auch der Phantasie des Rezensenten entsprungen. Solche Hinweise zu weiblichen Zuschauerinnen sind spärlich gesät, quantitativ wohl von geringer Aussagekraft, aber sie weisen auf die imaginäre Präsenz des weiblichen Geschlechts hin, ohne die die Produktion von Männlichkeit auch für den Zuschauer im Kinosaal nicht funktioniert. (Wie auch die Produktion von Männlichkeit(en) im Westernfilm ohne die imaginäre Präsenz von Weiblichkeit nicht funktioniert).

Dennoch würde es zu kurz greifen, nur die imaginäre Präsenz zu beschwören. Die Verleihe und Kinobesitzer mussten Interesse an allen Kinogängern haben und Kinobesuche waren, wenn sie nicht alleine erfolgten, auch schon während der fünfziger Jahre Entscheidungen, die einem Aushandlungsprozess folgten. Dass dabei die im Krieg zu verstärktem Selbstbewusstsein gekommenen Frauen mitzureden hatten, ist anzunehmen.

Für BIS ZUM LETZTEN ATEMZUG liegen zwei Filmberichte mit Fotos aus dem Film vor. Beide Bilder zeigen Gregory Peck und Barbara Payton, beide Bilder sind vom Verleih gestellte Werbefotos.

Das Foto der Gelsenkirchener Morgenpost (Abb. 3) zeigt einen männlich beschützenden und entschlossenen Gregory Peck, mit vorgezogener Pistole in der einen Hand, Barbara Payton, die ihren Kopf an seine Brust drückt, mit der anderen Hand seitlich umschließend. Auch die Fürther Nachrichten präsentieren das Bild (Abb. 4) eines männlich beschützenden und entschlossenen Gregory Peck, der mit beiden Armen Barbara Payton von hinten umarmt. Auf Abb. 3 blicken die beiden Figuren an der

102 Warshow, Robert: «Helden aus dem Goldenen Westen. Gangster und Cowboys auf der Leinwand», in: *Der Monat* 66 (1954), S. 639-647, S. 640.

103 *Film-Woche*, 21.1.50 (Drei Männer aus Texas).

allen anerkannt, wegen seiner eisernen Strenge aber von seinen Untergebenen gehaßt. Ein Regisseur wie Gordon Douglas ließ sich die Möglichkeiten, die ihm diese Drehbuchstory bot, nicht entgehen.

„Bis zum letzten Atemzug" verteidigt Gregory Peck Barbara Payton

Mit einer Truppe von Feiglingen, Deserteuren und Verbrechern läßt er den Captain das Fort verteidigen. Realistisch inszenierte er die großen Schlachten um das Felsenfort und die hinterhältigen Kämpfe und menschlichen Leidenschaften, die sich innerhalb der Reihen der Verteidiger abspielen. Für die Hauptrolle gewann Douglas Gregory Peck, hart bis zur Brutalität und doch männlich sympathisch. Der Freund guter Abenteuerfilme weiß diesen Streifen zu schätzen. **(Capitol)** **v. D.**

Apollo: „Heidi"
Roland: „Zwei Menschen"

Abb. 3: *Gelsenkirchener Morgenpost*, 20.2.1953

würden), sollte er einen Paß in der Wüste von Neu-Mexiko gegen die aufständischen Rothäute verteidigen — bis zum letzten Atemzug. Und beinahe wäre es auch schief gegangen. Denn als die Verstärkung endlich anrückt, sind nur noch drei (inzwischen bekehrte) Männer aus dem Kampfgetümmel übriggeblieben. Doch dann erfahren die Rothäute die Wirkung des Maschinengewehrs, das ein weißer Mann soeben erfunden hat ...

Aber wie das alles inszeniert und gespielt ist und wie das im turbulentem Hell-Dunkel über die Leinwand rollt — das hebt diesem Film doch über die übliche Wildwest-Manier hinaus. Da freut sich alles, daß es doch nur bis zum vorletzten Atemzug ging — einschließlich der blonden Cathy, die ihrem Hauptmann doch zuerst so böse war. —x.

„Bis zum letzten Atemzug" kämpft Gregory Peck nicht nur als Soldat ... Photo: WB

Abb. 4: *Fürther Nachrichten*, 31.1.1953

Kamera vorbei, hin zu jenem Ort an dem Gefahr lauert, auch die Pistole ist auf diesen Punkt gerichtet. Gregory Peck trägt einen Hut, die Situation findet im öffentlichen Raum statt (alleine mit einer Frau hätte er den Hut abgenommen) und sein entschlossener, konzentrierter Blick verrät, dass er der Gefahr trotzen wird. Barbara Payton drückt sich angsterfüllt an Gregory Peck, ihre Körperhaltung lässt sich mit dem Begriff ‹weiche Knie› fassen (der Ausschnitt zeigt Barbara Payton nur bis zur Schulter), sie sucht Halt. Ihr Blick verrät Angst, und neben der Körperhaltung ist er es, der die Hierarchie zwischen Beschützer und Beschützte herstellt. Auf Abb. 4 fehlen

Revolver und Hut, weniger Gefahr, mehr Intimität. Gregory Peck steht hinter Barbara Payton, sein linker Arm umfasst ihre Taille, die rechte Hand berührt ganz leicht eine Stelle zwischen Brust und rechter Schulter, sie wird vom blonden Haar Paytons umspielt. Die andere Schulter Paytons ist unbedeckt und gibt sich ganz preis; die entblößte Schulter bildet fast eine Fläche mit Pecks Gesicht, nur eine kleine anständige Lücke trennt beide noch. Die Körperhaltung Paytons ist hingebungsvoll, aber da sie ihren Kopf dreht, um Peck anzusehen, ist eine Spannung auszumachen; sie gibt sich hin, aber sie begehrt auch selbst, auch sie will sehen. Er muss seinen Kopf nur leicht neigen, um sie ansehen zu können. Sie blicken sich in die Augen, Gregory Peck schaut überlegen, fast schon spitzbübisch, Payton etwas überwältigt, aber nicht gänzlich passiv. Die Hierarchie ist in diesem Bild nicht so deutlich wie sie in Abb. 3 ist. Die Bildunterschriften verfestigen die Differenz. In Abb. 3 ‹verteidigt› Peck Payton, während er in Abb. 4 ‹nicht nur als Soldat kämpft›, er kämpft hier also auch um Payton, um ihre Liebe.

Sowohl die Gegensatzpaare Gefahr/Begierde und Öffentlich/Intim als auch die Stellung der Figuren zueinander verweisen auf unterschiedliche Zugänge zum Film. Beide Bilder entwickeln Männlichkeit, sie unterscheiden sich aber durch ihr Setting. Soll Abb. 3 vor allem männliche Zuschauer ansprechen, zielt Abb. 4 wohl eher auf die Zuschauerinnen. Hier wird nicht ausschließlich das Erobern des Mannes, sondern ebenfalls das aktive Begehren der Zuschauerinnen angesprochen. Frauen können in den Western ‹männliche› Helden erleben; und dass «die Zurschaustellung kraftvoller männlicher Körper in Aktion nebst melodramatischer Elemente auch für ein weibliches Publikum attraktiv»[104] sein können, darauf weisen Verleihe und Kinobesitzer schon früh hin. In den Rezensionen dagegen taucht die *begehrende Frau* erst sehr viel später auf.[105] Frauen als potentielles Westernpublikum gänzlich zu unterschlagen, würde ein falsches Bild vermitteln.

Die verbreitete Annahme, beim Western handelt es sich um ein Genre für Jugendliche aus den unteren sozialen Klassen, muss differenziert werden. Zwar kann aufgrund fehlender harter Fakten keine völlig gesättigte Analyse der Publikumsstruktur erfolgen, aber sowohl generationen- als auch geechlechterübergreifende Interessen am

104 Göktürk, Deniz: *Künstler, Cowboys, Ingenieure. Kultur- und mediengeschichtliche Studien zu deutschen Amerika-Texten 1912-1920*, München 1998, S. 201.

105 Vgl. *Der neue Film*, 17.10.57 (Zähl bis drei und bete).

Western lassen sich feststellen. Das Genre fand wohl ein «breites Publikum.»[106] Besonders in den frühen fünfziger Jahren wurde der Western, der stark nachgefragt war, auch von einem Publikum besucht, das schon mit dem Genre vertraut war. Dennoch war es das Neue, das am Western interessierte und ihm den Zulauf verschaffte. Der Western musste zu dieser Zeit beim Publikum auf etwas stoßen, auf ein Interesse und auf ein Vorwissen.

Das Bild des wilden Westen in Deutschland vor 1945

> Western sind Filme über Konflikte an der Grenze Amerikas. Die Staatsgrenze ist nicht gemeint. Vielmehr the frontier, die Grenze als der Raum, in dem Amerika sich schafft und wiedererschafft.[107]

«Der gattungspoetische Ort des Western ist also die frontier»[108], hier spielt sich die Mythenbildung des Western ab. Jedoch läuft man bei dieser Definition Gefahr für die frühen Jahre des Western, Vorgänger des Genres wegzudefinieren oder frühe Filmproduktionen in Kategorien und Genremuster einzupassen, die zu dieser Zeit noch nicht existierten und dem frühen Kino damit seine Eigenständigkeit zu nehmen. Das Genre sollte deshalb als dynamische Konstruktion in seiner Historizität und in Kategorien der Intermedialität gefasst werden.[109]

Der amerikanische Westen, der Ort des Western, hatte schon immer mehrere Gesichter. «Americans as much as Europeans have been engaged in producing these various faces of the American West.»[110] In Deutschland ist es zunächst – und bis in die sechziger Jahre hinein – nicht die Thematik der ‹frontier›, die die Vorstellungswelt des wilden Westen prägt.

106 *Aktuelle Bilder Zeitung*, Düsseldorf, 1.2.53 (Zwölf Uhr mittags).

107 Hembus, Joe: «Fronting It», in: Ders.: *Western*, S. 8-26, S. 8.

108 Bayertz, Kurt: «Zur Ästhetik des Western», in: Kurt Bayertz/Margrit Fröhlich/Kurt W. Schmidt (Hg.): *I'm the Law! Recht, Ethik und Ästhetik im Western*, Frankfurt a.M. 2004, S. 9-26., S. 11.

109 Vgl. Hickethier, Knut: «Genretheorie und Genreanalyse», in: Jürgen Felix (Hg.): *Moderne Film Theorie*, Mainz 2003, S. 62-96, S. 63; Esders, Karin: «Attraktion, Doku-Drama, Western-Romanze. Zur Entstehung eines amerikanischen Genres», in: Corinna Müller/Harro Segeberg (Hg.): *Die Modellierung des Kinofilms. Zur Geschichte des Kinoprogramms zwischen Kurzfilm und Langfilm (1905/6-1918)*, München 1998, S. 97-124, S. 98f.

110 Kroes, Rob: «Introduction. The Many Faces of the American West», in: Ders. (Hg.): *The American West: As seen by Europeans and Americans*, Amsterdam 1989, S. ix-x, S. ix.

Seit 1824 fanden die Abenteuererzählungen von James Fenimore Cooper in deutscher Übersetzung große Verbreitung und Nachahmer[111]. Seine Protagonisten waren Jäger, Waldläufer, Siedler und Pioniere; keine Cowboys. Der Cowboy löste auch in Amerika erst um 1890 die älteren Heldenfiguren ab, also nachdem die frontier offiziell für aufgehoben erklärt worden war; der Western ist immer schon nostalgisch.[112] Das in Deutschland verbreitetste und wirkmächtigste Gesicht des Westens findet sich aber in den zahlreichen Abenteuererzählungen Karl Mays, der die Vorlagen seiner Vorgänger zum «Urschleim der Western-Mythologie»[113], man müsste hinzufügen, zum Urschleim der deutschen Western-Mythologie, vereinigt hatte. Die männliche Körperlichkeit Old Shatterhands, «eine faszinierende Mischung aus Jung-Siegfried und Tom Mix»[114], hatte schon «vor der Ritualisierung männlicher Auftrittsmuster durch die Westernfilme»[115] ein Bild von stählerner Männlichkeit etabliert. Karl Mays wilder Westen ist ein exotischer Wunschraum, eine Projektionsfläche, angefüllt durch eine imaginäre Männergesellschaft.[116]

111 Vgl. Rossbacher, Karlheinz: *Lederstrumpf in Deutschland. Zur Rezeption James Fenimore Coopers beim Leser der Restaurationszeit*, München 1972, S. 18ff. Zu den Nachahmern vgl. auch Davids, *Wildwest-Romanheft*, S. 42ff.

112 «Western sind Filme über Postmortem-Effekte der Grenze Amerikas. Mehr noch: sie sind selbst Postmortem-Effekte», Hembus: «Fronting It», S. 26. Vgl. auch Erhart, Walter: «Männlichkeit, Mythos, Gemeinschaft. Nachruf auf den Western-Heldern», in: Christian Hißnauer/Thomas Klein (Hg.): *Männer – Machos – Memmen. Männlichkeit im Film*, Mainz 2002, S. 75-110, S. 77; Göktürk: *Künstler, Cowboys, Ingenieure*, S. 159, S. 174.

113 Göktürk: *Künstler, Cowboys, Ingenieure*, S. 159.

114 Mann, Klaus: «Cowboy-Mentor des Führers», in: Helmut Schmiedt (Hg.): *Karl May*, Frankfurt a.M. 1988, S. 32-34, S. 32. Tom Mix sollte erst im zweiten Jahrzehnt des Zwanzigsten Jahrhunderts in Deutschland zu einer bekannten Figur werden. Karl May konnte ihn bei der Niederschrift seiner Romane nicht kennen. Dass aber Klaus Mann Tom Mix in seine Beschreibung Old Shatterhands einführt, zeigt die Vermischung von deutschen und amerikanischen Western-Mythologien, deren Rezeption wohl auch bei «Jung-Adolf» schon in Vermischung anzufinden ist, Ebd., S. 33. Die Ambivalenz gegenüber diesen Vermischungen wird deutlich in dem Versuch diese zu entwirren und Lederstrumpf einzudeutschen, vgl. Suesser, Carl: «War Lederstrumpf ein Deutscher?» in: *Westermanns Monatshefte. Illustrierte Deutsche Zeitschrift* 5 (1934), S. 245-249.

115 Göktürk: *Künstler, Cowboys, Ingenieure*, S. 160.

116 «Obwohl Karl May nie tat, was er von sich erzählt, nie dort war, wo er jeden Strauch zu kennen vorgibt, findet ihn doch jeder Junge richtig. Also muß an der Lüge etwas dran sein, nämlich der echte Wunsch nach Ferne, den sie erfüllt», Bloch, Ernst: *Erbschaft dieser* Zeit, Frankfurt a.M. 1962, S. 169. Den Einfluss Karl Mays auf das deutsche soldatische Männlichkeitsideal arbeitet Klaus Theweleit am Beispiel des Freikorpsmitglieds Manfred von Killinger heraus, vgl. Theweleit: *Männerphantasien* 1, S. 56f., 118. Zur Bedeutung der Homoerotik im Werk Karl Mays, vgl. Schmidt, Arno: *Sitara und der Weg dorthin. Eine Studie über Wesen, Werk & Wirkung Karl Mays*, Frankfurt a.M. 1976; Göktürk: *Künstler, Cowboys, Ingenieure*, S. 160.

In den Jahren vor und nach dem Ersten Weltkrieg war das Kino vermehrt der Ort der Rezeption und Aneignung des Western.

> Die besseren Kinotheater führten meistens amerikanische Filme vor. Wir liebten die ersten Vitagraph-Cowboyfilme, wie lachten wir über den lustigen, dicken John Bunny und seine Schnurren.[117]

Zwischen 1905 und 1910 nahmen die ortsfesten Kinos in Deutschland schlagartig zu. Damit änderte sich auch das Kinoprogramm und die Kürzestfilme der Varietés wurden zu Kurzfilmen, das Kino der Attraktionen wurde zum ‹cinema of narrative integration›.[118] An der Schwelle zum Kino, das das Erzählen dem Zeigen vorzieht, steht DER GROßE EISENBAHNRAUB, der häufig als der erste Western bezeichnet wird. Die berühmte Sequenz, in der einer der Banditen mit seinem Revolver direkt in die Kamera (und damit das Publikum) schießt, konnte vom Filmvorführer wahlweise zu Beginn oder am Ende des Films gezeigt werden[119], sie diente nicht der linearen Narration, sondern war noch ganz dem Exhibitionismus des Kinos der Attraktionen geschuldet. Und auch wenn die amerikanischen Westernfilmimporte seit ungefähr 1908 über einen Genrecode, der Schauplätze, Handlungen und Charaktere festlegte, verfügten, so blieb der Anteil an spektakulären Szenen im sich ausbildenden Westernkino hoch[120]. Gilbert M. Anderson, dem, da er nicht reiten konnte, eine Hauptrolle in DER GROßE EISENBAHNRAUB versagt blieb, entwarf 1908 den ersten Cowboy-Star: Broncho Billy. Eine wiederkehrende Westernfigur, zumeist der ‹good-bad-man›, der ‹outlaw›, der in einer extremen Situation durch eine aufopfernde Tat wieder in die Gesellschaft aufgenommen wird. Anderson schuf die «erste Identifikationsfigur des

117 Grosz, George: *Ein kleines Ja und ein großes Nein*, Hamburg 1955, S. 220f.

118 Vgl. Müller, Corinna: «Variationen des Kinoprogramms. Filmform und Filmgeschichte», in: Dies./Harro Segeberg: *Die Modellierung des Kinofilms*, S. 43-76, S. 48ff. «Den Unterschied zwischen diesen frühen Filminszenierungen und der späteren Linie des Filmens hat Tom Gunning damit charakterisiert, dass ‹das Kino der Attraktionen wenig Energie darauf verwendet, Figuren mit psychologischen Motivationen oder individuellen Persönlichkeiten zu entwickeln. [...] Seine Energie ist nach außen auf einen imaginären Zuschauer gerichtet, nicht nach innen auf die von Figuren getragenen Situationen, die grundlegend für das klassische Erzählkino sind.› Anders als der spätere Spielfilm wollte das *Kino der Attraktionen* die Zuschauer noch nicht *illusionieren*, sie nicht in eine abgeschlossene erzählte Welt hineinziehen und sie ihre tatsächliche Realität und die Tatsache, dass sie einen Film sehen, vergessen lassen», Ebd., S. 49.

119 Vgl. Hembus: *Western*, S. 267. Der Film von Edwin S. Porter war ab 1904 unter dem Titel DER GROßE ZUGÜBERFALL oder DER ÜBERFALL AUF EINEN AMERIKANISCHEN EXPRESSZUG auch in deutschen Filmtheatern zu sehen.

120 Vgl. Göktürk: *Künstler, Cowboys, Ingenieure*, S. 167; Esders: «Attraktion, Doku-Drama, Western-Romanze», S. 107.

Genres»[121], ein Actionstar vor dem Hintergrund des Melodrams. Sein reduzierter Western, der ohne den frontier-Mythos auskommt, besetzt die Figuren noch ganz anders, als sie später im Western besetzt werden sollten, so sind beispielsweise die Indianer hier zumeist, an Cooper geschult, die ‹edlen Wilden›. Gesichert ist, dass viele der unzähligen Broncho Billy-Filme in Deutschland zu sehen waren.[122]

Andersons Produktionsfirma ‹Essanay›, die seit 1911 auch in Berlin vertreten war, wählte ganz bewusst Kalifornien zum Drehort der Broncho Billy-Western, um sich mit ‹Western Westerns› von europäischen Westerninszenierungen abzugrenzen. Denn unter anderem fand eine Aneignung des Westerngenres durch deutsche Filmproduzenten statt, die den wilden Westen als exotischen Schauplatz nutzten.[123] Vor dem Ersten Weltkrieg ist der Westen in deutschen Filmproduktionen häufig eine Etappe in teilweise weltumspannenden Verfolgungsjagden.[124] Nach dem Krieg und mit dem sich vollzogenen Wandel des Kinos vom Kurzfilm der Attraktionen zum narrativen Langfilm[125] wurden auch andere Genremomente aufgegriffen. Da es durch die Abschottung des nationalen Marktes während des Ersten Weltkriegs bis in die zwanziger Jahre zu Importschwierigkeiten amerikanischer Filme kam, wurden in München sogenannte Isar-Western gedreht und in Heidelberg drehte Hermann Basler 1919 den Film BULL ARIZONA, DER WÜSTENADLER. Dieser Film, an dessen Ende der Held durch den deutschen Mischwald reitet, zeigt deutlich wie amerikanische und deutsche Vorstellungen vom Westen und Western in Deutschland ineinandergehen.[126]

121 Seeßlen: *Western*, S. 41.

122 Vgl. Göktürk: *Künstler, Cowboys, Ingenieure*, S. 169f. Man nimmt an, dass zwischen 1908 und 1915 bis zu 500 Broncho Billy-Western produziert worden sind.

123 Deutsche Westernfilmproduktionen gab es zur Zeit des Stummfilms und dann erst wieder in den 1960er Jahren. Bis dahin, und für den hier relevaten Untersuchungszeitraum, kamen die Tonfilmwestern nahezu ausschließlich aus Hollywood, vgl. Weidinger, Martin: *Nationale Mythen, männliche Helden. Politik und Geschlecht im amerikanischen Western*, Frankfurt a.M. 2006, S. 18.

124 So beispielsweise in EVINRUDE. DIE GESCHICHTE EINES ABENTEURERS von 1913, den Stellan Rye, Guido Seeber und Hans Heinz Ewers einen Monat nach ihrem berühmten Film DER STUDENT VON PRAG fertigstellten.

125 Vgl. Schlüpmann, Heide: *Unheimlichkeit des Blicks. Das Drama des frühen deutschen Kinos*, Frankfurt a.M. 1990, S. 16. Interessanterweise wird der Western im Zuge der neuen, langen Form maskulinisiert. Der kurzzeitig entfesselte weibliche Blick wird eingefangen und weitestgehend zum männlichen Blick domestiziert, vgl. dazu auch Göktürk: *Künstler, Cowboys, Ingenieure*, S. 177ff.

126 Zum Film vgl. Göktürk: *Künstler, Cowboys, Ingenieure*, S. 188ff. Ein Rezensent hatte den Film sogar als amerikanisches Produkt klassifiziert: «Bull Arizona – der Wüstenadler – der gewaltigste und tollkühnste Wildwest-Schlager. [...] Der Titel sagt alles. Wildwestiaden im Film sind keine erfreuliche Erscheinung. [...] Die Hauptrolle spielt Hermann Basler (Chicago). [...] Das eine muß entschieden betont werden, nach der Einfuhr von derartigen ausländischen Films besteht kein Bedürfnis; es ist bedauerlich, dass sie abgenommen werden», *Münchner Neueste Nachrichten*, 4.5.20 (Bull Arizona).

Wenig untersucht ist der Einfluss dieser europäischen Westernfilme auf die amerikanische Produktion. Er dürfte, da hauptsächlich für den jeweils nationalen Markt produziert wurde, unbedeutend sein.

> Der ‹Zug nach Westen›, den die amerikanische Filmindustrie um 1910 unternahm, begünstigte die Formulierung eines funktionierenden Genrecodes, der identifizierbare obligatorische Merkmale zitiert (Lokalkolorit, spektakuläre Pferd-und-Reiter-Choreographien) und den Ausschluss nicht-zugehöriger Merkmale bestimmt (inauthentische östliche Schauplätze, ‹Laien-Cowboys› etc.). Damit prädestinierte die markante und nunmehr ‹authentische› Basis-Ikonographie mit ihrem eindeutigen Wiedererkennungseffekt den Westernfilm, sich als ‹uniquely American product› von europäischen Inszenierungen abzugrenzen.[127]

Die Westernaneignung hatte sich fast vollständig ins Kino verschoben.

Broncho Billy wurde in Deutschland bekannt, wohingegen die Vorführungen der Filme von William S. Hart, dem zweiten großen Filmcowboy, wohl an der Abschottung des Marktes scheiterten.[128] Hart brachte in seinen Western, die ab 1916 produziert wurden, mehr ‹Wirklichkeit› in den Western. Das Leben an der Grenze, die Entwicklung einer Moral für eine neue Gesellschaft waren hier Thema. Der Westerner ist hier ein einsamer, harter Mann[129], gefangen in seiner eigenen Sentimentalität und Tragik. «Mit keinem Western-Helden zuvor und kaum einem danach hat das Publikum soviel Mitleid haben müssen»[130]; das deutsche Publikum hat ihn wohl aufgrund des Ersten Weltkrieges, der Import-Schranken und der damit einhergehenden «Western-Flaute»[131] nicht sehen können.

Zum beliebtesten Helden und Cowboy-Star der zwanziger Jahre in Deutschland wurde Tom Mix. Während William S. Hart eine große tragische Zeit, die vieles im Dunkeln und Schweigen zu belassen hatte, beschwor, «zeigte Tom Mix, wie man auf eine einfache, trickreiche, amerikanische Art die Ideale und das Lebensgefühl des Westens in die Gegenwart fortsetzen konnte, indem man sie einer radikalen Veräußerung unterzog.»[132] Tom Mix präsentierte eine Leichtigkeit des Westerner in Serie als Akrobat und Artist in Phantasiekostümen und actionreichen Situationen, der sich

127 Esders: «Attraktion, Doku-Drama, Western-Romanze», S. 108.

128 Vgl. Göktürk: *Künstler, Cowboys, Ingenieure*, S. 170.

129 «Die Filme mit William S. Hart hatten einen ausgesprochen männlichen Zug wie später die Filme von John Ford», Kurosawa, Akira: *So etwas wie eine Autobiographie*, Zürich 1991, S. 49. Vgl. auch Patalas, Enno: *Sozialgeschichte der Stars*, Hamburg 1963, S. 31.

130 Seeßlen: *Western*, S. 45.

131 Göktürk: *Künstler, Cowboys, Ingenieure*, S. 185.

132 Seeßlen: *Western*, S. 47.

an einen einfachen moralischen Kodex hielt.[133] Die Probleme, die Tom Mix zu lösen hat, sind selten seine eigenen Probleme; vielmehr geht es ihm darum, zu zeigen, was er drauf hat.[134] Wenn Tom Mix und andere Cowboys der zwanziger und dreißiger Jahre wie Hoot Gibson, Ken Maynard oder Buck Jones durch klinisch saubere Landschaften reiten, wird deutlich, dass es sich hierbei hauptsächlich um eine physische und nicht eine spirituelle Kontinuität des Western, wie ihn William S. Hart geprägt hatte, handelt.[135] Im Deutschland der Weimarer Zeit, wo die Hart-Western nicht zu sehen waren, existierte der Western weitestgehend als physisch definiertes Genre, dem Kino der Attraktionen noch nahe.

Ende der zwanziger Jahre erreichte die Westernproduktion in den USA einen quantitativen und qualitativen Tiefpunkt. Technikbegeisterung und das Thema der Großstadt (das Milieu des Gangsterfilms) waren ebenso Auslöser wie auch die Einführung des Tonfilms, der aus technischen Gründen in seiner Anfangszeit Studiofilm sein musste. «Der Westen und seine Helden mussten neu erfunden, zumindest neu ausgestattet werden, damit sie den Erfahrungsbereichen des Publikums nicht völlig entfremdet würden.»[136] Der Held musste sprechen. Unklar war zunächst, wovon und mit wem. Der Western suchte eine neue Form. Zwar wurden weiterhin, wenn auch vorsichtiger, die Serienwestern von Tom Mix, Hoot Gibson und anderen gedreht und erfolgreich vorgeführt.[137] Daneben entwickelte sich aber ein neuer Zugang zum Western.

> Der Western begann sich für die Motive seiner Helden zu interessieren, zugleich entstand die Tendenz, die Prinzipien der Protagonisten zu thematisieren. Es beginnt

133 Vgl. Patalas: *Sozialgeschichte der Stars*, S. 32.

134 So passt es nur zu gut, wenn Herr Reithofer in Ödön von Horváths 1930 veröffentlichtem Roman *Der ewige Spießer* als er Anna ins Kino ausführt, sich einen Tom Mix-Western gewünscht hätte. «‹Nur schad, daß der Tom Mix nicht spielt!› meinte er. Nämlich er liebte diesen Wildwestmann, weil dem immer alles gelingt, aber ganz besonders verliebt war er in dessen treues Pferd», von Horváth, Ödön: *Der ewige Spießer*, Frankfurt a.M. 1995, S. 262.

135 Vgl. Seeßlen, Georg: «Weites Land und großer Himmel. Traumlandschaften des Western», in: Ders.: *Liebe, Sehnsucht, Abenteuer. Essays*, Frankfurt a.M. 1988, S. 158-174, S. 167; Seeßlen: *Western*, S. 50.

136 Seeßlen: *Western*, S. 68.

137 Für das deutsche Filmjahr 1929 sind die Aufführungen folgender Filme nachgewiesen. Tom Mix-Western: DIE GOLDMINE VON SANTA PAXI (THE DRIFTER), KÖNIG COWBOY (KING COWBOY), DAS PRÄRIEHOTEL (PAINTED POST), DER SOHN DES GOLDENEN WESTEN (SON OF THE GOLDEN WEST), VOGELFREI (OUTLAWED). Hoot Gibson-Western: DER COWBOY-KÖNIG VON CHICAGO (KING OF RODEO), DER FLIEGENDE COWBOY (THE FLYIN' COWBOY), DER ‹FLIEGENDE TEUFEL› VON TEXAS (THE WINGED HORSEMAN), DAS GEHEIMNIS DER HÖLLENSCHLUCHT (THE LARIAT KID), DER SHERIFF VON ARIZONA (CLEARING THE TRAIL), vgl. Gandert, Gero (Hg.): *Der Film der Weimarer Republik 1929. Ein Handbuch der zeitgenössischen Kritik*, Berlin 1997.

> jener Prozess über drei Jahrzehnte, in dem der Western, einst das einfachste und selbstverständlichste aller Genres, immer komplizierter strukturiert wird, seine Rituale von zunehmend ‹umständlichen› moralischen, psychologischen und politischen Erklärungszusammenhängen vorbereitet und umgeben werden.[138]

Die meisten dieser frühen Versuche den Western neu zu formulieren, sind für deutsche Kinos im Gegensatz zu den Serienproduktionen nicht nachzuweisen.[139]

Für die weitere Entwicklung des Genres sollte Gary Coopers Darstellung des Cowboys in THE VIRGINIAN eine neue Art von Western-Schauspiel etablieren. Aber auch die formal weniger innovativen Filme Anfang der dreißiger Jahre prägten die weiteren, neuen Vorstellungen von Darstellertypen. Das deutsche Publikum, das Gary Cooper nicht sehen konnte, begegnete dieser Art von Held nur in je einem Film mit Joel McCrea, Randolph Scott und John Wayne; die sich neu entwickelnde Figur des Westerner bleibt in deutschen Kinos ein Randphänomen.[140] Neben Tom Mix, der im nationalsozialistischen Deutschland noch in zwei neuen Filmen zu sehen war, fand William Boyds Verkörperung von Hopalong Cassidy, einem Helden, der, ähnlich Tom Mix, weder rauchte noch trank, sich einer sauberen Sprache bediente und immer jugendfrei blieb, viel Zuspruch und Beliebtheit.

Der Westen, in Deutschland vertraut aus zahlreichen Abenteuererzählungen, begann in den Jahren vor dem Ersten Weltkrieg «durch das Kino zur beliebten Projektionsfläche für jugendliche Ausbruchsphantasien»[141] zu werden. Dennoch transformierte sich das Bild des Westens durch sein Auftauchen im Kino in Form des Westernfilms. Der Western, geboren aus «dem Zusammentreffen einer Mythologie und eines Ausdrucksmittels»[142], etablierte einen Genrecode. Schauplatz, Handlung und Figuren

138 Seeßlen: *Western*, S. 71.

139 Die Filme THE COVERED WAGON (James Cruze, 1925), THE VIRGINIAN (Victor Fleming, 1929), IN OLD ARIZONA (Raoul Walsh, 1929), THE BIG TRAIL (Raoul Walsh, 1930), BILLY THE KID (King Vidor, 1930), LAW AND ORDER (Edward Cahn, 1931), SUTTER'S GOLD (James Cruze, 1936), THE PLAINSMAN (Cecil B. DeMille, 1937), die alle bedeutsam für die weitere Entwicklung des Genres waren, sind wohl nicht zeitnah in deutschen Filmtheatern zu sehen gewesen. Vorgeführt wurden TRAIL OF '98 (Clerence Brown, 1928) unter dem Titel DIE GOLDENE HÖLLE (1930), CIMARRON (Wesley Ruggles, 1930) als CIMARRON (1934) und ROBIN HOOD OF EL DORADO (William Wellman, 1936) unter dem deutschen Titel DER RÄCHER (1937).

140 FRISCO-EXPRESS, ÜBER DIE GRENZE ENTKOMMEN und DIE SPIELHÖHLE VON WYOMING sind diese drei der insgesamt 20 Western, die während des Dritten Reichs erstaufgeführt zu sehen waren, siehe ANHANG, Tab. 2.

141 Göktürk: *Künstler, Cowboys, Ingenieure*, S. 157.

142 Bazin: «Western», S. 42.

bekamen ein Bild und wurden zu Objekten der Schaulust, während die mythologische Komponente noch kaum ausgebildet werden konnte. Der Western wurde als Spektakelgenre aufgefasst und nach dem Ersten Weltkrieg vermehrt in die Debatte um Schundfilme eingebunden. Aus der Heftigkeit und Form der Proteste gegen die Filme lassen sich Rückschlüsse auf die Popularität der Western gewinnen und wiederum Rückschlüsse auf ein Publikum, das nicht ausschließlich aus Jugendlichen und jungen Männern bestand.[143] Vermittelt über das Kino und die Zutaten des Genrefilms war es dem amerikanischen Western gelungen, das Bild vom Westen (aber noch nicht seine spezifische Narration) auch in Deutschland zu prägen. Für die Romanhefte lässt sich feststellen, dass «ausgewiesen durch western-typische Requisiten in den Titeln, der Cowboy-Westen in den dreißiger Jahren die Jäger- und Trapper-Zeit an Beliebtheit überflügelt.»[144] Mit dem Zweiten Weltkrieg verschwindet der Cowboy vorerst wieder von der Bildfläche, sowohl im Film als auch im Roman. 1939/40 sind in Deutschland die letzten Western zu sehen, in zwei Filmen reitet Hopalong Cassidy nochmals durch das Bild. Zur selben Zeit wird der Western in Amerika eine bedeutende Veränderung erleben. Er wird erwachsen und in seiner neuen Form wird er dann nach dem Zweiten Weltkrieg zurück nach Deutschland gelangen.

143 Vgl. Göktürk: *Künstler, Cowboys, Ingenieure*, S. 200f.
144 Davids: *Wildwest-Romanheft*, S. 53.

DISKURS UND GENRE

DAS BESCHREIBEN DES WESTERN IN DEN FÜNFZIGER JAHREN DER BUNDESREPUBLIK

Der Western war in Nachkriegsdeutschland präsent. Selbstverständlich ist dies nicht. Und so ist es auch für eine Untersuchung des Umgangs mit dem amerikanischen Western zunächst unerlässlich genau hinzusehen: Wie wurde über ihn gesprochen und geschrieben? Wo sind die Orte des Diskurses über den Western in den frühen Jahren der Bundesrepublik? Wo wird über den Western geschrieben, und wo wird über ihn geschwiegen? Wird über *den* Western oder über *die* Western gesprochen; über einzelne Filme oder über ein ganzes Genre? Diese diskursive Formation des Western gilt es herauszuarbeiten.[1] Zuerst wird dabei der filmhistorische Westerndiskurs, der das heutige Schreiben über den Western bestimmt, vom zeitgenössischen Schreiben der fünfziger Jahre unterschieden. Dann werden die sich einmischenden Diskurse genauer zu betrachten sein, bevor durch eine Analyse von Rezensionen das zuschauernahe Schreiben über den Western herausgearbeitet wird.

Alles Schreiben über Filme, und so auch und in ganz besonders hohem Maße das Schreiben über den Western in den fünfziger Jahren, folgt einem «sozialen Impuls, aus einem Bild ein beschriebenes Bild zu machen.»[2] Die Bilder des Western mussten *beschrieben* werden, nur so war mit ihnen umzugehen. Dabei wird zu zeigen sein, dass gerade in der beschreibenden Beziehung von Genre und einzelnem Film sich das Verständnis vom Western in der frühen Bundesrepublik wiederfinden wird.

1 «Eine diskursive Formation zu analysieren, heißt also, eine Menge von sprachlichen Performanzen auf der Ebene der Aussagen und der Form der Positivität, von der sie charakterisiert werden, zu behandeln; oder kürzer: es heißt den Typ von Positivität eines Diskurses zu definieren. Wenn man an die Stelle der Suche nach den Totalitäten die Analyse der Seltenheiten, an die Stelle des Themas der transzendentalen Begründungen die Beschreibung der Verhältnisse der Äußerlichkeit, an die Stelle der Suche nach dem Ursprung die Analyse der Häufigkeiten stellt, ist man ein Positivist, nun gut, ich bin ein glücklicher Positivist, ich bin sofort damit einverstanden», Foucault, Michel: *Archäologie des Wissens*, Frankfurt a.M. 2007, S. 182.

2 Seeßlen, Georg: «Chaos der Bilder – Ordnung des Textes?», in: Gustav Ernst/Georg Haberl/ Gottfried Schlemmer (Hg.): *Film Kritik Schreiben*, Wien 1993, S. 119-142, S. 132.

Das eigentliche filmhistorische und filmanalytische Genreverständnis, das eine Systematisierung der unterschiedlichen Genres und eine positive Einschätzung von Genrefilmen mit sich brachte, entwickelte sich in Deutschland erst in den sechziger Jahren.[3] Dennoch werden die Westernfilme in ein ordnendes System einsortiert. Der Begriff ‹Genre› taucht im Schreiben über Film in den fünfziger Jahren nicht durchgehend auf; ‹Filme dieser Art›, ‹Filme dieser Gattung› sind die häufig verwendeten Begriffe. Hinter dem Gebrauch dieser Begriffe steht für die Rezensenten keine klare Definition des Western. Der Gattungsbegriff ‹Western› vereinfacht das Schreiben, er stellt ein vages System von Wörtern, Mustern, Erwartungen und Normen zur Verfügung, einen vagen kulturellen Code.[4] Das «System des Western» ist auch in Deutschland erkennbar an seiner «sozio-ästhetischen Information.»[5] Zunächst ist es ein ästhetisches System, das mit einer spezifischen Ikonografie verbunden ist. Dieses, zumal nicht in seinem Ursprungskontext situiert, ist jedoch kein in sich abgeschlossenes und losgelöstes System. Es ist vielmehr ein erst entstehendes und sich schreibend (re-)produzierendes System, das zudem stark mit anderen gesellschaftlichen Diskursen und Diskussionen verknüpft ist. Neben der Ikonografie spielt die diskursiv verhandelte gesellschaftliche Bedeutung und Position eine bedeutende Rolle für die Konstitution des Systems des Western im Deutschland der Nachkriegszeit.

Wenn hier die diskursive Formation, also das Sprechen und Schreiben über den Western untersucht wird, liegt im doppelten Sinn keine klare Definition dessen, was der Western sein soll, vor. Auf einer Ebene hantieren die historischen Akteure des Diskurses mit einem unscharfen und vagen System. Auf einer methodischen Ebene würde eine Analyse, die von einem zu festen Begriff von Western ausgeht, Oberflächenerscheinungen leicht übersehen, die den spezifischen Diskurs in Deutschland kennzeichnen. Nicht was der Western sein soll, sondern was unter Western verstanden wurde, soll herausgearbeitet werden. Die diskursive Formation, die sich um den Western herum spinnt und die ihn als Genre in Deutschland erst konstituiert, steht im Zentrum dieses Kapitels.

Der Begriff ‹Genre› umfasst eine historische Situation, in die sowohl die Produktion als auch die Rezeption der Filme eingehen. Es empfiehlt sich deshalb «dann von Genres zu sprechen, wenn Beziehungen zwischen Filmen, den Kulturen, in denen sie entstehen, und den Kulturen, in denen sie vorgeführt werden, untersucht werden

3 Vgl. Hickethier: «Genretheorie», S. 68.
4 Vgl. Winter: *Der produktive Zuschauer*, S. 84.
5 Metz, Christian: *Sprache und Film*, Frankfurt a.M. 1973, S. 136.

sollen.»[6] Wenn der Begriff Genre in diesem Kapitel benutzt wird, dann ist daran immer ein Diskurs über den Western angeschlossen, der sich unablässig wandelt. Das Genre ist nicht festgestellt. Dass stets eine gewisse «Unschärfe [...] notwendig für das Funktionieren der Genrebegriffe im kommunikativen Gebrauch»[7] ist, soll nicht darüber hinwegtäuschen, dass im Deutschland der frühen fünfziger Jahre diese Unschärfe konstitutiv für das Genre Western war. Man wusste noch nicht genau, wie man mit dem Western umgehen sollte, genauer: wie man schreibend mit dem Western umgehen sollte.

Der filmhistorische Westerndiskurs

Wenn man den Umgang mit dem Western in den fünfziger Jahren in Deutschland betrachten will, ist es wichtig die Differenz dieses Diskurses zum heutigen filmhistorischen Schreiben und Sprechen über den Western zu beachten. Die Filme der fünfziger Jahre, die in der Filmgeschichte als ‹klassisch› eingestuft werden, wurden in den fünfziger Jahren der Bundesrepublik mit anderen Augen gesehen und anderen Worten beschrieben.

Eine Besprechung vom 22. Mai 1950 zur deutschen Erstaufführung des 1936 entstandenen Films DER HELD DER PRÄRIE weist darauf hin, dass der Film schon 1940 in den deutschen Kinos als einer der letzten amerikanischen Filme hätte anlaufen sollen, wozu es letztlich nicht mehr kam. Der Film wurde mit zehn beziehungsweise vierzehn Jahren Verspätung gezeigt. DER HELD DER PRÄRIE sei wichtig im Werden des Regisseurs DeMille, urteilt der Rezensent, er wirke aber über weite Strecken veraltet.[8]

Eine Besprechung vom 9. Januar 1950 zum William Boyd Western DREI MÄNNER AUS TEXAS beschreibt ein freudiges «Wiedersehen mit alten Bekannten.» Die Figur des Hopalong Cassidy war noch nicht vergessen.[9] Auch der letzte im nationalsozialistischen Deutschland gezeigte Western IN DER MASKE DES BRUDERS war ein Film dieser Serie. Er wurde im November 1951 elf Jahre nach der Erstaufführung wiederaufgeführt.

Diese beiden Rezensionen verweisen auf eine Lücke. Eine mit Kontinuität und Bruch gefüllte Lücke. Im Jahr 1939 wurden in Deutschland fünf amerikanische

6 Hickethier: «Genretheorie», S. 91.
7 Ebd., S. 65.
8 Vgl. *Der neue Film*, 22.5.50 (Der Held der Prärie).
9 Vgl. *Der neue Film*, 9.1.50 (Drei Männer aus Texas).

Western erstaufgeführt, einer noch 1940, dann verschwanden die Western für mindestens fünf, vielleicht acht[10], Jahre aus den deutschen Kinos. In der Bundesrepublik spürt man Kontinuität und Bruch. An die alten, bekannten Helden wie Hopalong Cassidy kann man anknüpfen, Gary Cooper in DER HELD DER PRÄRIE wirkt 1950 veraltet.

Legt man eine filmhistorische Folie über diese Einordnung des Western, so entsteht eine merkwürdige Schieflage. Denn mit Gary Cooper, in THE VIRGINIAN und DER HELD DER PRÄRIE entwickelte sich eine

> neue Generation von Western-Darstellern, alle mehr oder minder dem lakonischen Stil Gary Coopers verpflichtet, die stoische Ruhe, das Understatement und die unheroische Attitüde, mit der sie ihren Weg gehen. So war, von den Möglichkeiten der Regie wie vom Darstellungsstil her vorbereitet, was im Jahr darauf endgültig Gestalt annehmen sollte: der Western für Erwachsene, der erwachsene Western.[11]

Um 1938/39 wandelte sich der amerikanische Western, es beginnt seine «Blütezeit»[12], die bis 1962 dauern sollte. Die Gründe für diesen Umbruch sind in der Filmindustrie selbst zu finden, die auf die Gefahr des Faschismus mit einem verstärkten Interesse an Patriotismus zu antworteten versuchte. «The pressure for a revival of the Western was generated from within the industry itself, in anticipation of change in public taste rather than in response to a clear market signal.»[13] Das Amerika des New Deal verspürte ein wieder erstarktes Nationalbewusstsein und versuchte im Western eine Form zu finden. Drei unterschiedliche Wege hin zu dieser Form, die aus dem B-Genre ein A-Genre machten, kann man unterscheiden. Die ‹historical epics›, das Interesse am

10 Es ist stark anzunehmen, dass in den Jahren 1945 bis 1948/49 Western in den Kinos, zumindest der amerikanischen Besatzungszone, zu sehen waren. Nachgewiesen werden können die Western jedoch erst seit 1949. Uta Poiger spricht davon, dass der Western vor allem mit der Währungsreform zugänglich gemacht wurde, vgl. Poiger, Uta G.: «A new ‹western› hero», S. 148.

11 Seeßlen: *Western*, S. 77. «Yet in 1939 the Western began to rebel against its inferior status», Coyne, Michael: *The Crowded Prairie. American National Identity in the Hollywood Western*, New York 1997, S. 17.

12 Rebhandl, Bert: «Alte Rassen. Der Western als kollektives Übergangsobjekt», in: Ders.: *Western*, S. 9-29, S. 9. Georg Seeßlen spricht von 1939 als dem ‹großen Jahr› des Western, vgl. Seeßlen: *Western*, S. 78ff.; vom Aufkommen sublimer, dramatischer und psychologischer Western Ende der dreißiger Jahre sprechen Norbert Grob und Bernd Kiefer, vgl. Grob, Norbert/Bernd Kiefer: «Einleitung», in: Dies. (Hg.): *Western*, Stuttgart 2003, S. 12-40, S. 35; Hanisch spricht von einer Renaissance des Genres, vgl. Hanisch, Michael: *Western. Die Entwicklung eines Filmgenres*, Berlin 1984, S. 166.

13 Vgl. Slotkin, Richard: *Gunfighter Nation. The Myth of the Frontier in Twentieth-Century America*, Norman 1992, S. 278ff., hier: S. 278. Auch Hanisch setzt die ‹Patriotismus-Welle› an den Beginn der Renaissance des Genres, vgl. Hanisch: *Western*, S. 166f.

‹outlaw› und die Apotheose des B-Western. In John Fords HÖLLENFAHRT NACH SANTA FÉ sind die typischen Elemente des B-Western vorhanden, sie werden aber erstmals auf eine neue Art und Weise zusammengefügt.[14] Andere Filme folgten.[15]

Der Western entwickelte sich zum ‹adult-Western›, der sich neuen Themenkomplexen öffnete. Die Krise des Helden, Vater-Sohn-Konflikte, Gewalt, Freundschaft und Feindschaft, die Stadt und der Einzug des Modernen, die sich verändernde Gemeinschaft, in einigen Western auch die stärker werdenden Frauen, die Indianer; diese Momente wurden in den Western ab 1939 ernsthafter verhandelt.[16]

Ein filmhistorischer Diskurs über den Western, der diese Entwicklung reflektiert, beginnt sich in Deutschland erst Anfang der sechziger Jahre zu entfalten. Mit dem Erstarken einer neuen, sich an Frankreich[17] orientierenden Generation der Filmkritik und der Auseinandersetzung mit dem Film in Deutschland, die sich in der Zeitschrift *filmkritik* sammelt, gerät auch der Western erstmals anders in den Blick. «Zur selben Zeit, da Hollywood dem Western ein erneuertes und offenbar gewandeltes Interesse entgegenbringt, bietet sich uns die Gelegenheit zur wiederholten Begegnung mit älteren Filmen dieses Genres.»[18] Über die Autorentheorie – «Der Western und seine Regisseure» heißt der Text von Patalas – wird der Western an dieser Stelle aufgewertet. Erst von hier aus wird eine intellektuelle Auseinandersetzung mit dem Western in Deutschland möglich.[19]

Aus diesem Blickwinkel, wirken die eingangs zitierten Rezensionen seltsam querliegend. Der Film DER HELD DER PRÄRIE wurde in der filmhistorischen Einordnung als wichtiger Vorläufer der Western nach 1938 gesehen und er steht für den heutigen Betrachter deutlich in einer Reihe mit den späteren Western.[20] In den fünfziger Jahren dagegen galt er als veraltet.

14 Vgl. Slotkin: *Gunfighter Nation*, S. 286. Für die feinen Unterschiede zwischen B-Western und A-Western, vgl. Simmon, Scott: *The Invention of the Western Film. A Cultural History of the Genre's First Half-Century*, Cambridge 2003, S. 169ff. Dieser geht auf die Inszenierung des Schauspielers John Wayne ein: Die vermehrte Nutzung von close ups und der Gebrauch von weniger und präziserem Dialog führten zu dessen Aufwertung. Vgl. auch McGee, Patrick: *From Shane to Kill Bill. Rethinking the Western*, Malden 2007, S. 31.

15 Siehe ANHANG, Tab. 3.

16 Vgl. Seeßlen: *Western*, S. 120ff.

17 Schon im Februar 1952 erschien in den *Cahiers du cinéma* eine Neueinschätzung des Western, die zum Programm der Zeitschrift gehörte, vgl. Rieupeyrout, Jean-Louis: «Ein historisches Genre. Der Western», in: Bert Rebhandl: *Western*, S. 24-39, S. 24ff.

18 Patalas, Enno: «Der Western und seine Regisseure», in: *filmkritik* 2 (1965), S. 62-66, S. 62.

19 Vgl. Patalas: «Western», S. 66. Patalas schließt mit Ausführungen zu SACRAMENTO, der den Übergang vom klassischen Western zum Spätwestern markiert, vgl. Hembus: *Western*, S, 506.

20 Vgl. Coyne: *Crowded Prairie*, S. 17; Seeßlen: *Western*, S. 76; Grob/Kiefer: «Einleitung», S. 35.

Anders die alten Serienwestern, in deren Tradition DREI MÄNNER AUS TEXAS steht. Der heutige Betrachter staunt über die sauberen, weißen Phantasiekostüme von Hopalong Cassidy und Tom Mix, über deren Glattheit, da die weitere Entwicklung des Western sich von dieser Richtung abwandte. Für die Rezensenten und Zuschauer der frühen fünfziger Jahre in Deutschland boten sie aber zunächst erkennbare Anschlussmöglichkeiten.

In Deutschland hatte man wichtige Jahre der Westernentwicklung verpasst, die Veränderungen des Genres waren ungesehen geblieben.[21] Dies führte, da die neuen erwachsenen Western nicht ohne Schwierigkeiten in das vorherrschende Wissen und in die vorherrschenden Sehgewohnheiten eingeordnet werden konnten, zu einem diffusen Verständnis von Western. Im Umgang mit dem Western galten zunächst im Schreiben und im Nicht-Schreiben veraltete Vorannahmen und ein veralteter Maßstab wurde angelegt. Zugleich kann man von einem diffusen, unklar artikulierten Gefallen am Western sprechen. Der Western der fünfziger Jahre war für den deutschen Zuschauer etwas Neues; etwas Neues, das attraktiv war. Es benötigte jedoch einige Zeit bis sich gegen Ende der fünfziger Jahre der schreibende Umgang mit dem Western entspannte, und noch mehr Zeit verstrich bis der Western zu gewisser Anerkennung gekommen war.

Das Schweigen und das Schreien. Die sich einmischenden Diskurse

Bevor die zuschauernahen Filmbesprechungen analysiert werden, soll ein Blick auf den gesellschaftlichen Kontext geworfen werden, in dem sich dieses Schreiben bewegt. Das Schreiben über den Western ist Teil der diskursiven Formation um den Western, die auch durch ein Schweigen und ein Schreien konstituiert wird. Die bürgerlichen Schichten lehnen das Genre ab, sie verschweigen die Westernfilme. Andererseits ist der Western präsent in einem gesellschaftlichen Diskurs, der Gewalt und Jugendkriminalität verhandelt und den Western als Gefahr ansieht. Dieser Diskurs wird, wenn auch ohne direkte Verbindung, begleitet von einer Vermarktungsstrategie der Filmverleihe, die den spektakulären Teil der Western heraushebt. Dieses

21 ANHANG, Tab. 3 zeigt eine Liste der für die Entwicklung des Genres wichtigsten Filme der Jahre 1939-41 mit den deutschen Erstaufführungsdaten. Diese Filme, die schon auf die Western der fünfziger Jahre hinweisen, die also den Übergang markieren, waren in Deutschland zeitgleich mit ihren Nachfolgern zu sehen.

Schweigen und Schreien mischt sich immer auch unter die Rezensionen der einzelnen Filme, die weiter unten betrachtet werden sollen.

Der Western in der bürgerlichen Presse

> ‹ZWÖLF UHR MITTAGS haben wir leider nicht bekommen. Das hier ist ein anderer Western. Soll auch sehr gut sein.› Um seine Worte zu unterstreichen, schüttelt Amos mehrmals die rechte Faust, den Daumen nach oben gestreckt. Dann bittet er um Ruhe. Ich kenne den Film. John Wayne auf seinem Pferd, in jeder Hand ein Gewehr. Die Zügel zwischen den Zähnen, galoppiert er durch das Banditenlager. Ich habe keine Lust zu bleiben.[22]

Welcher Film damals gezeigt wurde, schreibt Reiner Schürmann in seinen identitätssuchenden Erinnerungen *Ursprünge* nicht. Es war ein typischer Western: John Wayne, ein Pferd, Gewehre und Banditen.[23] Und es war nicht ZWÖLF UHR MITTAGS.

Fred Zinnemanns Film nimmt in der Geschichte des Western eine interessante Position ein[24], und auch in der deutschen Westernrezeption der fünfziger Jahre ist

22 Schürmann, Reiner: *Ursprünge*, Zürich 2008, S. 61.

23 Die selben Stereotype findet man bei einem wohl kulturbeflissenen, ambitionierten Redakteur aus Nürnberg, der in seiner Besprechung nicht auf den zu besprechenden Film eingeht, sondern die ‹typischen› Bausteine des Western zu einem in klassischem Versmaß gehaltenem lyrischen Erguss bringt: «Dies sieht der Held und Grimm erfaßt die Seele, die rein zu erhalten sich ständig er schickt: Doch greift er nicht gleich nach den Waffen, die glänzend die kräftige Hüfte bewehren, denn List nur kann den Räuber beirren. So nimmt den Stern er vom Busen, dem in heldenmütigen Kämpfen strotzend geweitet, und tarnt sich selbst in der Rolle des Räubers, listig jenen durchforschend nach Namen der mordenden Teufel. Und wieder lenken des Helden Schritte die Götter. In der Stadt vom Golde der schaffenden Gräber erwachsen, trifft er die Mörder in reichen Gewändern und in die Gunst des unkundigen Volkes gebettet. Hier zieht der Held nun die gleißenden Waffen, eh noch die Mörder zum Töten sich schicken, und im Staub der Prärie versinken die ruchlosen Seelen. Den Siegreichen aber trägt das tapfere Roß, das prächtig geschirrt ihm so treulich gedienet, zurück an den Ort, wo neue Taten schon seiner harren.» Vgl. *Nürnberger Nachrichten*, 11.2.56 (Goldräuber von Oklahoma). Auch Gunter Groll, einer der Großen der frühen bundesdeutschen Filmkritik hält sich an diese Stereotype: «‹Als die Rothäute ritten›: – ja, was war da wohl? Da gerieten sie in Fallen, wurden gerettet, ritten, retteten, stellten Fallen, und wenn sie nicht gefallen sind – Bilanz: – reiten sie heute noch», Groll, Gunter: *Magie des Films. Kritische Notizen über Film, Zeit und Welt, 77 Filmkritiken*, München 1953, S. 98.

24 Zwar ist ZWÖLF UHR MITTAGS mit der Ernennung zum besten Film des Jahres 1952 durch die amerikanischen Filmjournalisten und dem Gewinn der Oscars für den besten Hauptdarsteller, die beste Musik und den besten Schnitt ein sehr erfolgreicher Western, er ist aber nicht unumstritten. Howard Hawks und John Wayne, zwei Autoritäten des Genres sahen in ZWÖLF UHR MITTAGS einen ‹unamerikanischen› Film, weswegen sie mit RIO BRAVO einen Gegenfilm drehten, vgl. Erhart: «Männlichkeit, Mythos, Gemeinschaft», S. 88ff.; und auch Joe Hembus bezeichnet ZWÖLF UHR MITTAGS als guten, aber keineswegs überdurchschnittlichen Western, vgl. Hembus: *Western*, S. 737. Der in Deutschland und wohl auch Europa bekannteste aller Western hat also innerhalb seiner

ZWÖLF UHR MITTAGS ein Sonderfall, an dem sich der Umgang der bürgerlichen Presse mit dem Western verdeutlicht.

> Zweifellos wundern wir uns darüber, daß die amerikanischen Filmkritiker ausgerechnet einen Wildwester zum besten Film des Jahres erklärten. Denn über diese Filmgattung pflegen sich ernsthafte Filmfreunde bei uns einfach auszuschweigen, obwohl die Kinos seit Jahren damit überschwemmt sind und sie entgegen allen Prophezeiungen immer noch ein breites Publikum finden.[25]

‹Ernsthafte Filmfreunde› meint hier den bürgerlichen, gebildeten Kinogänger, dessen Printmedien die überregionalen Zeitungen darstellten. In diesen bürgerlichen Tages- und Wochenzeitungen wurden die Western zu Beginn der fünfziger Jahre nicht besprochen.

Eine Sichtung der Ausgaben der Monate März und April der Jahre 1951 und 1956 in der *Frankfurter Allgemeinen Zeitung*, der *Süddeutschen Zeitung* und der *Zeit* hat diesen Befund erbracht. Die *Frankfurter Allgemeine Zeitung* und die *Zeit* schrieben beide, wenn auch nicht in übermäßigem Verhältnis, sowohl über den Film als auch über einzelne Filme, darunter auch amerikanische Gangsterfilme. Beide haben den Western in ihren Ausgaben im März und April 1951 nicht erwähnt. In der *Zeit* ist auch in den Ausgaben von März und April 1956 nichts zu finden. In der *Frankfurter Allgemeinen Zeitung* wird der Film DER MANN AUS KENTUCKY im März 1956 kurz besprochen und «zwischen Wildwestkunst und Monstre-Antike» eingeordnet. In der *Süddeutschen Zeitung* finden sich im März und April 1951 in der Rubrik «Von der Leinwand notiert» zwei ganz kurze Einträge den Western betreffend. Einzelbesprechungen fehlen, in den Ausgaben im März und April 1956 fehlt der Western ganz.

Über den Western wurde sich ausgeschwiegen. Warum man sich nicht mit dem Western auseinandersetzte, musste in der bürgerlichen Presse nicht thematisiert werden. Ein Legitimationszwang existierte aber, wenn über den Western geschrieben wurde. ZWÖLF UHR MITTAGS bot Ansatzpunkte zur Legitimation (neben seiner Wahl zum besten amerikanischen Film des Jahres) als ein «Wildwest-Film, der keiner ist»[26]; als ein schwarzes Schaf unter «unendlich vielen weißen», ein klassisches Drama, ein «Crescendo» mit einem «fast hemingwayschen Atem.»[27] Der Film wurde in allen

eigenen Zunft einen schweren Stand.

25 *Aktuelle Bilder Zeitung*, Düsseldorf, 1.2.53 (Zwölf Uhr mittags).

26 *Badische Neueste Nachrichten*, Karlsruhe, 10.3.53.

27 *Die Neue Zeitung*, 13.2.53 (Wolfgang A. Peters, Zwölf Uhr mittags). *Die Neue Zeitung* erschien von 1945 bis 1955 in München, Frankfurt und Berlin. Herausgegeben wurde sie von der ameri-

wichtigen überregionalen Tages- und Wochenzeitungen besprochen[28], der Verweis auf sein Genre fehlte nie. Entweder wurde der Film außerhalb seines Genres verortet, in eine klassische Form (trotz seines Genres) eingeschrieben oder einfach als der beste Film seines Genres bezeichnet.[29] Das Genre Western, kann man dem Unterton der Rezensionen entnehmen, wurde künstlerisch nicht ernst genommen. Es wurde als seriell und massenmäßig hergestellte Ware aufgefasst, das die Kasse klingeln lassen sollte. Damit hatte es keinen Platz im bürgerlichen Feuilletonbetrieb.

> Zur Pflichterfüllung gehörte das künstlerische Urteil. Darunter brachen vor allem die amerikanischen Genrefilme zusammen. Auf dem Friedhof des deutschen Zeitungsfeuilletons wurden damals – fast namenlos – unter anderem John Ford, Howard Hawks, Fritz Lang, Douglas Sirk, Michael Curtiz, Anthony Mann und Samuel Fuller begraben.[30]

Kino im Verständnis der bürgerlichen Klasse sollte Filmkunst sein. Die amerikanischen Western waren für die Kritiker keine Kunst, sondern einfache Unterhaltung für die Masse. «Nur ‹High Noon› konnte vor den kulturbeflissenen Augen der Medienkritiker und ‹Pädagogen› hierzulande bestehen, und das vielleicht nicht nur wegen seiner ‹klassisch› genannten Gestaltung, sondern auch deswegen, weil er ‹die Masse› zu denunzieren schien.»[31]

Bis in die Mitte der fünfziger Jahre taucht der Western in den bürgerlichen Medien fast gar nicht auf. Dann beginnt sich der Umgang mit dem Western etwas aufzulockern, auch wenn es in Deutschland noch bis in die sechziger Jahre dauern sollte, «bis die Intellektuellen und ihre Gesellschaft anfingen, sich mit dem Western an sich

kanischen Besatzungsmacht, die Autoren setzten sich aus der verbliebenen geistigen Elite zusammen.

28 Vgl. *Frankfurter Allgemeine Zeitung*, 23.3.53 (Die Ballade von der Unerschrockenheit); *Die Neue Zeitung*, 13.2.53 (Wolfgang A. Peters, Zwölf Uhr mittags); *Süddeutsche Zeitung*, 13.2.53 (Gunter Groll, Zwölf Uhr mittags); *Der Spiegel*, 28.1.53 (Zwölf Uhr mittags); *Die Zeit*, 22.1.53 (Zwölf Uhr mittags).

29 So schreibt Gunter Groll: «Aber das Beste vom Besten? Das Beste aus dem wilden Westen», *Süddeutsche Zeitung*, 13.2.53 (Gunter Groll, Zwölf Uhr mittags).

30 Diederichs, Helmut H.: «Filmkritik und Filmtheorie. Analyse, Urteil und utopischer Entwurf», in: Wolfgang Jacobsen/Anton Kaes/Hans Helmut Prinzler: *Geschichte des deutschen Films*, S. 497-510, S. 502. Ford, Hawks, Mann und Fuller sind bedeutende Westernregisseure, die sich selbst in erster Linie als solche verstanden. Auf einem Treffen großer amerikanischer Filmemacher Anfang der 1950er ergriff John Ford das Wort. «He identified himself for the stenographer, ‹My name's John Ford. I am a director of Westerns›», Gallagher, Tag: *John Ford. The Man and his Films*, Berkeley 1986, S. 340.

31 Seeßlen: *Western*, S. 120.

und vielen Werken des Genres zu beschäftigen.»[32] Der Kunstanspruch blieb wesentlicher Maßstab der bürgerlichen Filmpublizistik.

Neben ZWÖLF UHR MITTAGS werden nur zwei weitere der 29 auf Rezensionen hin untersuchten Western in der *Frankfurter Allgemeinen Zeitung* besprochen: Im Juni 1951 wird der Film IN DIE FALLE GELOCKT sehr kritisch besprochen[33], und erst 1954 erfüllt mit NACKTE GEWALT wieder ein Western die Kunstkriterien der bürgerlichen Filmpublizisten. Ein Film dessen Figuren «in ruppiger Manier so etwas wie gequältes Menschsein verkörpern. Und dabei versuchen sie zuweilen, lächelnd über dem Spiel um Leben und Tod zu stehen.» Trotzdem gehe von dem Film keine Gefahr für die Jugend aus, da es sich um Kunst handele, ein Werk, das seinen Wert in sich selbst trage, und «Kunst im Film ist dargestelltes Leben, und das Leben ist, weiß Gott, nicht immer nur moralisch.»[34] Legitimiert über den künstlerischen Anspruch wird dieser Western auch in anderen bürgerlichen Blättern besprochen.[35]

Über den Western im Allgemeinen schwieg die kulturell-bürgerliche Elite sich aus, sie hatte noch keinen Umgang mit dem Genre gefunden. Was Pierre Bourdieu in den achtziger Jahren über den Western schreibt, gilt für die Bundesrepublik der fünfziger Jahre noch nicht:

> [D]er Western ist heute gewissermaßen eine Gattung mit doppeltem Brennpunkt: von einem gewöhnlichen Publikum wird er auf einer ersten Ebene gesehen, von einem gebildeten Publikum auf einer zweiten Ebene ‹gelesen› – unter Bezug auf die Geschichte der Gattung und durch Entschlüsselung der winzig kleinen Veränderungen innerhalb dieser Gattung mit strikt vorgegebenen Regeln. Diese Art der ‹Lektüre› ist übrigens typisch für Klassiker: vor dem Hintergrund einer strengen Regelhaftigkeit zieht der Kenner wesentlich daraus seinen Genuß, daß er herauszufinden sucht, wie der Autor mit den Zwängen gespielt hat.[36]

32 Hembus: *Western*, S. 737.

33 «Die Locke eines Revuestars, die in Wirklichkeit aus dem Nackenhaar einer Farmerstochter stammt, verbindet die heterogensten Elemente zu einem Texas-Drink, der den Kinokassen besser bekommt als den Besuchern», *Frankfurter Allgemeine Zeitung*, 12.6.51 (Texas).

34 *Frankfurter Allgemeine Zeitung*, 20.5.54 (Nackte Gewalt).

35 Der Film gehöre «schon zu den Wildwestern, denen der wilde Westen nur noch als bildlich eindrucksvolle Kulisse zur Statuierung menschlicher Exempel dient», *Die neue Zeitung*, Berlin, 10.1.54 (Nackte Gewalt). Interessanterweise spielte NACKTE GEWALT – und hierin ist er ZWÖLF UHR MITTAGS ganz ähnlich – in der amerikanischen Westernliteratur keine große Rolle. Vor allem in der italienischen und französischen Rezeption war er ein Schlüsselfilm, vgl. Hembus: *Western*, S. 429. Die unterschiedliche Rezeption der Western in Amerika und Europa müsste nochmals genauer untersucht werden.

36 Bourdieu, Pierre: *Satz und Gegensatz. Über die Verantwortung des Intellektuellen*, Berlin 1989, S. 61. Bourdieu reproduziert ganz nebenbei eine gewisse Hierarchie, wenn er zwischen Western *sehen* und Western *lesen* differenziert. Dieser Falle hoffe ich entgehen zu können.

Die Filme des Genres hatten es noch nicht zu Klassikern gebracht, das Genre verunsicherte. «Aus der Flut der Wildwestfilme ragen bisweilen auch Kunstwerke hervor»[37], aber deren Besonderheit war nicht mit deren Spiel mit den Regeln des Genres zu erklären, sondern außerhalb dessen zu suchen. Das Genre als kinematografisches Phänomen in Form einzelner Filme blieb im bürgerlichen Diskurs Unterhaltung für die Masse, für männliche Jugendliche, für «Naive und Pferdeliebhaber.»[38] Dazu gab es wenig zu sagen.

Gewaltdiskurs und Antiamerikanismus

An anderer Stelle wurde um so lauter über den Western gesprochen. Der einflussreiche Pädagoge Fritz Stückrath veröffentlichte 1952 einen Artikel mit dem Titel «Der Überfall der Ogallala auf die Jugend» und formulierte damit eine Kritik am Western, die diesen als ursächlich und förderlich für die Ausbreitung von männlich jugendlicher Kriminalität darstellte.[39] In der frühen Nachkriegszeit, geprägt von schwachen Männern und erstarkten Frauen, wurde in den Jugendlichen eine Gefahr für eine stabile Remaskulinisierung der deutschen Gesellschaft gesehen.[40] Noch hatte sich nicht herausgestellt, wie die Jugendlichen eine kompatible männliche Identität ausbilden sollten und konnten; und dem Western mit seinen Gewaltdarstellungen – «glorifying violence and mixing it with eroticism»[41] – wurde gefährdender Einfluss zugeschrieben. Diese Furcht zeigt neben dem Ausmaß der Schwächung der Autoritäten auch die von diesen befürchtete Einflussmöglichkeit des Western auf die Identitätsfindung und -bildung der Jugendlichen. Ab Mitte der fünfziger Jahre lässt die Furcht – nicht aber der Glaube an den Einfluss – spürbar nach. John Wayne kann nun an mancher Stelle zu einem «männliche[n] Vorbild, das bestimmt noch nie einen jugendlichen Feuergeist verderben konnte»[42], werden. 1956 schreibt Fritz Stückrath den Artikel «Gut und Böse im Wildwester» und formuliert damit die Antithese zu seinem frühen Artikel. Der Western helfe den Jungen Gut und Böse unterscheiden zu

37 *Frankfurter Allgemeine Zeitung*, 20.5.54 (Nackte Gewalt).

38 *Berliner Zeitung*, 15.2.50 (Drei Männer aus Texas).

39 Vgl. Poiger: «A new ‹western› hero», S. 147.

40 Vgl. Poiger, Uta G.: «Krise der Männlichkeit. Remaskulinisierung in beiden deutschen Nachkriegsgesellschaften», in: Klaus Neumann (Hg.): *Nachkrieg in Deutschland*, Hamburg 2001, S. 227-263, S. 227.

41 Poiger: «A new ‹western› hero», S. 152.

42 *Badische Zeitung*, 22.1.57 (Der schwarze Falke).

lernen. Dabei argumentiert Stückrath von einer klaren Unterscheidung von Gut und Böse aus, die hilft, in einer modernen, vom schwindenden Einfluss der Väter geprägten Zeit, den Verlust von Kontrolle zu verhindern und eine starke Männlichkeit zu behaupten.[43] Der pädagogische Diskurs um den Einfluss des Western auf die Jugendkriminalität hatte sich Mitte der fünfziger Jahre beruhigt.

Ein kulturell-antiamerikanischer Blick auf den Western, der in konservativen und kulturhegemonialen Schichten noch bis in die sechziger Jahre vorherrschte[44], mischte sich in den frühen fünfziger Jahren teilweise in die Bewertung des Western. Dass am Ende von GEÄCHTET Tschaikowsky erklingt, passt für einen Rezensenten in die «Welt dieses Films wie ein Kirchenchor im Kuhstall.»[45] Western und Kultur gehen in diesem Verständnis nicht zusammen. Aber auch den Wilden Westen können die Deutschen besser: Der Filmjournalist Hans-Dietrich Weiß schreibt in seiner Rezension zu DREI MÄNNER AUS TEXAS: «Karl May würde seine Bücher beschämt ins Feuer schmeißen, wenn er gesehen hätte, wie dieses Trio unter den Banditen aufräumt.»[46] Neben der übermäßigen Gewalt, missfällt ihm die handwerkliche Routine, die ihm zufolge amerikanische Filme auszeichnet. Diese beiden Diskursstränge, Gewaltdarstellung und serielle Massenware, tauchen am Anfang der fünfziger Jahre im Zusammenhang mit dem Antiamerikanismus auf. Da aber der kulturelle Antiamerikanismus vor allem im bürgerlichen Milieu sein Zuhause hat und dieses sich über den Western ausschweigt, ist es wenig verwunderlich, dass sich ein explizit antiamerikanisch geprägter schreibender Zugang zum Western nur schwach ausbildet und sich Mitte der fünfziger Jahre kaum noch findet.

Die Politik der Verleihe

Das laute Schreien im Umfeld des Western kam auch von Seiten der deutschen Filmverleihe, die für die Übersetzung der Titel und den Vertrieb der Western zuständig waren. Den Kinobetreibern und auch der Presse wurden die Western nicht

43 Vgl. Poiger: «A new ‹western› hero», S. 147, 161.

44 Vgl. dazu Maase: «Amerikanisierung von unten», S. 294ff.; Poiger, Uta G.: «Amerikanisierung oder Internationalisierung? Populärkultur in beiden deutschen Staaten», in: *Aus Politik und Zeitgeschichte* 45 (2003), S. 17-24, S. 19ff.

45 *Badische Neueste Nachrichten*, 26.4.52 (Geächtet).

46 *Film Blätter*, 10.2.50 (Hans-Dietrich Weiß, Karl May wäre beschämt).

selten als ‹Reißer› verkauft.[47] Diese verkauften sie als Reißer an das Publikum weiter. Dabei verfolgten die deutschen Verleihe die Strategie, Serialität über die Titel herzustellen, wo gar keine Serialität vorhanden ist. So hieß beispielsweise der Film MASSACRE RIVER in den deutschen Kinos ZWEIKAMPF AM RED RIVER und suggerierte eine Nähe zu PANIK AM ROTEN FLUß, die in keiner Weise gegeben ist. Besonders aufschlussreich ist aber eine inhaltliche Analyse der deutschen Verleihtitel. Die Filmverleihe nahmen eine deutliche Verschiebung innerhalb der Titel vor. Sie entwickelten dabei einige Motivkomplexe neu, einige in den Originaltiteln vorgefundene Motive wurden aufgegeben.

So finden sich in deutschen Titeln gehäuft Wörter wie ‹Teufel› oder ‹Hölle›: In 42 Titeln finden sich Begriffe aus diesem Motivkreis gegenüber zwölf derartigen Originaltiteln. Der ‹Tod› und die ‹Toten› sind ebenfalls deutlich überrepräsentiert in den deutschen Verleihtiteln: 31 deutsche Titel führen ihn, während die Originale nur ganze drei Mal vom Tod und Sterben sprechen. Sogar die ‹Killer› tauchen häufiger in den deutschen Versionen auf: vier deutsche Titel, während sie nur einmal in den amerikanischen Originalen zu finden sind. Auch die ‹Rache› und die ‹Rächer› sind der Übersetzungslust der Verleihe entsprungen: 33 Titel nehmen das Motiv auf, nur drei Originaltitel sind von diesem Motiv durchdrungen. Von dieser Verschiebung scheinen sich die Verleihe Erfolg für die Filme versprochen zu haben.[48]

Dagegen spielen die in den amerikanischen Originaltiteln viel verwendeten Begriffe ‹gun› und ‹fight›, in den deutschen Verleihtiteln eine kleinere Rolle: 61 amerikanische Originaltitel stehen 22 deutschen Übersetzungen gegenüber. Ortsangaben finden sich sehr häufig in den amerikanischen Titeln. Zahlenmäßig sind die deutschen Verleihtitel bei der Nennung von Ortsnamen kaum hinterher (187 zu 166), jedoch lassen sie es an Vielfältigkeit mangeln. Die deutschen Verleihtitel bedienen sich aus einem beschränkten und überschaubaren Pool von Orten, die dann in den übersetzten Titeln auftauchen. Die Orte verlieren dabei teilweise ihren national-mythologischen Subtext.

47 Materialien für Kinobesitzer und Presse lagen zu folgenden Filmen vor: DREI MÄNNER AUS TEXAS, VOGELFREI, DER HELD DER PRÄRIE, IN DIE FALLE GELOCKT, WINCHESTER '73, DUELL IN DER SONNE, ZWÖLF UHR MITTAGS, NACKTE GEWALT, DIE FARM DER GEHETZTEN, VERRAT IN FORT BRAVO, GOLDRÄUBER VON OKLAHOMA, DER SCHWARZE FALKE, DER SIEBENTE IST DRAN, MIT ROHER GEWALT, ZÄHL BIS DREI UND BETE, SCHIEß ODER STIRB!, VIERZIG GEWEHRE.

48 «Es scheint zumindest in Deutschland die Ansicht vorzuherrschen, dass es in jedem Fall von Vorteil ist, wenn ein Western Begriffe wie Rache, Hölle oder Teufel im Titel führt», Weidinger, Martin: *Nationale Mythen*, S. 33.

Kurt Schmidt und Ulrich Weißgerber sehen in der Verschiebung der Titelmotive die Bevorzugung von religiösen Anspielungen.[49] Ich möchte jedoch vorschlagen, die von den Verleihfirmen vorgenommenen Verschiebungen weniger auf Religion zielend zu verstehen, sondern als Irrationalisierung und Brutalisierung zu begreifen. Der reißerische Charakter der Filme wurde durch die Begriffe ‹Rache›, ‹Tod› und ‹Hölle› unterstrichen. Auch wenn die damit verbundenen Vorstellungswelten religiös belegt sein mögen, so sind es zunächst Begriffe, die Schnelligkeit, Chaos und Bewegung signalisieren; sie verweisen auf Actionfilme. Über die Irrationalität und Brutalität der Begriffe konnten die deutschen Verleihe das Problem der Übersetzung des mythologischen Anteils des Western (den sie vielleicht gar nicht verstanden) in den Griff bekommen. Das komplexe Verhältnis von Geschichte und Geschichten, von Geschichte und Mythos, das das amerikanische Geschichtsdenken prägt und für den Western konstitutiv ist, wird durch die Vermarktungsstrategie auf Spannung und Attraktion reduziert.[50] Der Western wird zum reinen Actionfilm. Damit schließen die Verleihe an den gesellschaftlichen Gewaltdiskurs an.

Das Beschreiben des Western

Die deutsche Filmpublizistik war nach dem Zweiten Weltkrieg von Kontinuität geprägt. Die Nationalsozialisten hatten 1939 eine wirkliche Filmkritik abgeschafft und in der Nachkriegszeit knüpften filmwirtschaftliche Zeitschriften wie das *Film-Echo* und populäre Illustrierte wie die *Film-Revue*, die *Star-Revue*, *Film und Frau* an die Traditionen der Zeit des Dritten Reichs an.[51] Da sich im nationalsozialistischen Deutschland keine Filmwissenschaft entwickelt hatte[52] und auch die ausländischen

49 Vgl. Schmidt, Kurt W./Ulrich Weisgerber: «Das Land, die Rache und der Tod: Zur religiösen Dimension im Western», in: Kurt Bayertz/Margrit Fröhlich/Kurt W. Schmidt: *I'm the Law!*, S. 109-133, S. 109.

50 Die Pistole, die Namensgeber vieler amerikanischer Titel ist, verweist als Symbol, im Gegensatz zu den Begriffen der deutschen Titelübersetzungen Hölle, Tod oder Rache, auf ein Verständnis von Gewalt als Gründungsgewalt.

51 Vgl. Spieker: *Hollywood unterm Hakenkreuz*, S. 119; von Thüna, Ulrich: «Filmzeitschriften der fünfziger Jahre», in: Hilmar Hoffmann/Walter Schobert: *Zwischen gestern und morgen*, S. 248-265, S. 248; Quaas, Anne Kathrin: *Evangelische Filmpublizistik 1948-1968. Beispiel für das kulturpolitische Engagement der evangelischen Kirche in der Nachkriegszeit*, Erlangen 2007, S. 70.

52 Vgl. Prinzler, Hans Helmut: «Shadows of the Past. Die bundesdeutsche Filmkritik der fünfziger Jahre», in: Norbert Grob/Karl Prümm (Hg.): *Die Macht der Filmkritik. Positionen und Kontroversen*, München 1990, S. 46-62, S. 51. Einen Überblick über die Entwicklung der Filmwissenschaft in Deutschland nach 1945 bietet Paech, Joachim: «Die Anfänge der Filmwissenschaft in Westdeutsch-

Entwicklungen nicht verfolgt werden konnten, waren die Ausgangsbedingungen für eine ernsthafte, an Ästhetik und Entwicklung des Kinos interessierte Filmkritik in Filmzeitschriften und Tagespresse denkbar schlecht. Hinzu kam, dass sich das Schreiben über Film in der frühen Bundesrepublik in einem mehrdimensionalen Spannungsfeld bewegen musste. Eine Vielzahl von Filmen, darunter auch viele ältere, bisher in Deutschland nicht gezeigte Filme, konkurrierten um den spärlich vorhandenen Platz innerhalb der Publikationen. Die wenigen überregionalen Tageszeitungen – die Presselandschaft der frühen Bundesrepublik lässt sich als stark regionalisiert beschreiben – verfügten nur über ein schmales Feuilleton[53], die Regionalpresse musste meist mit einer halben bis ganzen Seite Kultur auskommen. Des weiteren herrschte noch immer ein Legitimationskampf auf dem Feld der Kultur, ob und inwiefern der Film als Kunst anzusehen sei. Die Filmkunst-Diskussion[54] hatte über die Auswahl der Filme auch ganz praktischen Einfluss auf das alltägliche Schreiben über Film und Kino. Die direkte Beziehung zu den ortsansässigen Kinos war für die regionalen Tageszeitungen ein zusätzlich erschwerender Faktor, da die häufig spontane Programmplanung der Filmtheater, vor allem aber die wirtschaftliche Abhängigkeit von den Werbeanzeigen der Kinos, eine saubere und sachliche Filmbesprechung nahezu unmöglich machte. Auch die filmwirtschaftliche Presse und die hauptsächlich an Stars und Geschichten interessierten Publikumszeitschriften lieferten keine wirklichen Filmkritiken, so dass für das Jahr 1954 die Filmkritik nur zwei Prozent der Filmberichterstattung ausmachte, der Rest bestand aus Inhaltsangaben, Werbetexten, Kurzbesprechungen und redaktionellen Belohnungen für Anzeigen.[55]

Über den Western zu schreiben, einen Westernfilm zu rezensieren, zu beschreiben und zu beurteilen, scheint in den fünfziger Jahren der Bundesrepublik gewissen Mustern und Erzählformen zu folgen, wie eine Analyse von Rezensionen zu 29 Western[56], die zwischen 1949 und 1959 in bundesdeutschen Kinos liefen, zeigen wird. Die Besprechungen sind zumeist sehr kurz, eine Spalte, keine Bilder, keine Autorennennung.[57]

land nach 1945», in: Hilmar Hoffmann/Walter Schobert: *Zwischen gestern und morgen*, S. 266-279.

53 Vgl. Prinzler: «Shadows of the Past», S. 49; Quaas, *Evangelische Filmpublizistik*, S. 71.

54 Vgl. Diederichs: «Filmkritik und Filmtheorie», S. 500; Prinzler: «Shadows of the Past», S. 50.

55 Vgl. Prinzler: «Shadows of the Past», S. 48ff.

56 Siehe VERZEICHNIS DER REZENSIONEN.

57 Mit ähnlichen Beschränkungen musste die Filmberichterstattung in Tageszeitungen der Provinz noch weit bis in die 1970er Jahre umgehen, vgl. Mayer, Alf: «Filmkritik in der Provinz», in: Gertrud Koch/Karsten Witte (Hg.): *Seminar: Filmkritik. Protokolle einer Veranstaltung der Arbeitsgemeinschaft der Filmjournalisten in Frankfurt am Main 1978*, Frankfurt a.M. 1978, S. 45-72, S. 58ff.

Zum großen Teil sind sie in regionalen Tageszeitungen erschienen, teilweise in Filmzeitschriften. Im Gesamtüberblick kann man sagen, dass positive Besprechungen vorherrschen, meistens gefällt der Film, wenn auch mit Einschränkungen. Interessanterweise sind in den regionalen Tageszeitungen sehr wenige kulturkritische Rezensionen zu finden.[58] Ein fast durchweg unaufgeregter, realistischer Ton durchzieht die Texte; realistisch in der Einschätzung des Publikums und unaufgeregt in der Einordnung des kulturellen Phänomens Western innerhalb des kulturellen Feldes des Kinos. Der Kunstanspruch und die Legitimation von Filmen über ihren künstlerischen Wert, Elemente der bürgerlichen Kritik, sind hier nur selten anzutreffen. Die positiven Besprechungen hauptsächlich auf den Anzeigendruck von Kinos und Verleihfirmen zurückzuführen, greift zu kurz. Gegen eine solche Interpretation sprechen die vorhandenen negativen Besprechungen, die alles andere als glimpflich sind und die auf einen Spielraum der Kritik verweisen, der existierte und der auch genutzt wurde. Ein einfaches Abschreiben vom bewerbenden Pressematerial hat ebenfalls nicht stattgefunden, wie ein Abgleich von Presseinformation und Besprechungen zeigt.[59] Auffällig ist jedoch das Auftauchen einiger Muster, die als unterschiedliche Strategien und Narrative das Schreiben über den Western durchziehen.

Wildwestfilm, Western, Edel-Western. Die Begrifflichkeiten des Genres

In Deutschland wird, um das Genre zu fassen, der heute geläufige Begriff ‹Western› nicht von Anfang an genutzt. In der Nachkriegszeit spricht man zunächst vom ‹Wildwestfilm› oder ‹Wildwester›.[60] Im Präfix ‹wild› finden sich noch viele der alten Vorstellungen vom Western; das Spektakelhafte, die Attraktionen, das Durcheinander, das Undurchdachte, Beliebige. In den untersuchten Rezensionen taucht 1953 mit BIS ZUM LETZTEN ATEMZUG erstmals der Begriff Western auf[61], der sich dann langsam festsetzt. Jedoch finden sich die Begriffe Wildwestfilm und Western noch einige Zeit

58 Laute, polemische Stimmen in der Tradition des ‹Schundkampfs› sind nicht zu finden. Zum ‹Schundkampf› nach 1945 vgl. Maase, Kaspar: «Happy Endings?», S. 152ff.

59 Abgeglichen wurden die Rezensionen und das Pressematerial der Filme aus Anmerkung 47.

60 Vgl. beispielsweise: *Die Film-Woche*, 21.1.50 (Drei Männer aus Texas); *Pforzheimer Zeitung*, 30.5.51 (Vogelfrei); *Erlanger Nachrichten*, 24.6.50 (Vogelfrei); *Hamburger Echo*, 6.6.51 (Winchester '73); *Kieler Nachrichten*, 29.5.51 (Panik am roten Fluß); *Memminger Zeitung*, 11.3.52 (Panik am roten Fluß); *Allgemeine Zeitung Kreuznach*, 9.11.52 (Panik am roten Fluß); *Westfalen-Blatt*, Bielefeld, 8.1.52 (Herrin der toten Stadt); *Der neue Tag*, Weiden, 15.3.52 (Herrin der toten Stadt); *Filmdienst*, 28.8.52 (Bis zum letzten Atemzug).

61 Vgl. *Rhein-Neckar Zeitung*, Heidelberg, 31.1.53 (Bis zum letzten Atemzug).

nebeneinander, so werden beispielsweise in Besprechungen von DER SCHWARZE FALKE beide Begriffe genutzt.[62] Es ist eine zeitliche Entwicklung der Verwendung der Genrebegrifflichkeit auszumachen: vom Wildwestfilm in den späten vierziger und frühen bis mittleren fünfziger Jahren hin zum Western der mittleren und späten fünfziger Jahre. Um 1956/57 setzt sich der Begriff Western in der Mehrzahl der untersuchten Rezensionen durch.[63] In der Rückschau verweist diese Verschiebung im Gebrauch der Begrifflichkeiten auf das Erwachsenwerden des Genres. Mit dem Begriffswandel geht eine Veränderung in der Bewertung des Western einher. Die Bezeichnung Wildwestern war häufig noch mit einem abschätzigen, zynisch-sarkastischen Ton verbunden, mit dem Vorwurf unreif und kindisch[64] zu sein. Vor allem die Darstellung von Gewalt und die Verschränkung von Moral und Gewalt verbinden sich mit diesem Vorwurf der Unreife.

> Zuerst glaubt man, in Film-Wildwest hätten sie das Treffen verlernt, denn auf hundert Schuß gibt es höchstens eine Leiche. Später wird es dann besser: die Erschossenen und Erhängten rieseln förmlich über die Leinwand.[65]

Der ironisch-saloppe Tonfall dieser und vieler anderer Rezensionen zeigt den Umgang mit dem Wildwestfilm zu Beginn der fünfziger Jahre; er wurde als unreflektiertes, kindisches Genre aufgefasst, das auf Sensation und Aktion in Form von äußerer Gewalt aus ist.[66] Diese Art des Schreibens ist von einer gewissen Ambivalenz geprägt,

62 Vom Wildwestfilm sprechen beispielsweise: *Film Dienst*, 11.10.56 (Der schwarze Falke); *Badische Zeitung*, 22.1.57 (Der schwarze Falke); vom Western: *Der Neue Film*, 15.10.56 (Der schwarze Falke); *Südwest Rundschau*, 21.1.57 (Der schwarze Falke).

63 Vgl. beispielsweise: *Fürther Nachrichten*, 1.9.56 (Mit roher Gewalt); *Fränkische Tagespost*, 19.10.57 (Zähl bis drei und bete); *Der neue Film*, 17.10.57 (Zähl bis drei und bete); *Film Echo*, 4.10.57 (Zähl bis drei und bete); *Abendpost*, 9.5.57 (Schieß oder stirb!); *Tagesspiegel*, 22.3.58 (Der Stern des Gesetzes); *Kölner Stadtanzeiger*, 6.12.58 (Vierzig Gewehre).

64 «Es gibt auch Stellen, an denen nur die Kinder lachen. Das sind solche, an denen ein Grabkreuz umgeritten oder der alte ‹Richter›, für seine Schandtaten endlich zu Tode verwundet, noch mit menschlich-rührender Gloriole umgeben wird. Da stimmt etwas nicht, und da ist Bruch», *Lüdenscheider Nachrichten*, 2.6.51 (In die Falle gelockt); «Wie die kleinen Kinder sind die rauhen Reiter aus den Bergen um Dodge City hinter der ‹Winchester 73› her, einer Kugelspritze, die den ‹Gedankenaustausch› unter den Vertretern gegensätzlicher Moralbegriffe und den Reibach der Wild-West-Zaharoffs bedeutend belebt haben muß», *Hamburger Echo*, 6.6.51 (Winchester '73). Beide Filme sind aber durchaus ernste Western, nicht mit dem Ziel gedreht, «nur die Phantasie von Schulbuben ernstlich zu erregen», *Badische Neueste Nachrichten*, 26.4.52 (Geächtet).

65 *Berliner Zeitung*, 15.2.50 (Drei Männer aus Texas).

66 «Einhundertzwanzig Minuten lang jonglieren sie durch Pulverdampf und Präriestaub die Geschichte der großen Kolonisation», *Nacht-Expreß*, 2.5.50 (Der Held der Prärie); «Wirbelnde Hufe, dröhnende Salven, Raufereien, zerschmetterte Einrichtungsgegenstände und angesichts des toten Unholdes die happy endliche Umarmung», *Film Echo*, 8.10.53 (Der Tiger von Utah); «heimtückischen

da die Rezensionen das Genre dann ernstzunehmen beginnen, wenn die Gewalt ‹realistisch› dargestellt wird, aus dem Wildwestern wird dann der Western. Waren Tom Mix und William Boyd noch saubere, strahlende Typen, denen das Heldsein im Wildwesternfilm leicht von der Hand ging[67], ist der Westernheld ambivalenter: James Stewart beispielsweise hat das «sympathische Lächeln, das so blitzschnell aus dem freundlichen Jungengesicht verschwinden kann, um hart und energisch – eben ‹western› zu werden.»[68] Es kommt zu einer Entspannung in der Einordnung des Western. Ihm wird in den mittleren und späten fünfziger Jahren ein gewisses Maß an Gewalt zugestanden[69], der Western erhält in stärkerem Maße Anerkennung, er beginnt langsam seinen ernsthaften Platz in der Kinolandschaft einzunehmen.

Neben dem Wandel von Wildwester zu Western gibt es noch eine weitere, kleinere Verschiebung in der Semantik des Western. In den späten fünfziger Jahren taucht der Begriff ‹Edel-Western› auf, für Filme die für besonders schön, tief und richtungsweisend gehalten wurden.[70] Jedoch wurde die Bezeichnung Edel-Western auch ironisch-kritisch beäugt.

> Man atmet auf, wenn man heute, da der Western dabei ist, penetrant ‹edel› zu werden, eine einfache und handfeste Geschichte vorgesetzt bekommt. [...] Wer gewillt ist, dem Western zu geben, was des Western ist, und darauf verzichtet, hier studioreife Kunst zu erwarten, wird sogar angenehm über die darstellerische Leistung der Schauspieler enttäuscht sein.[71]

Morden, wüsten Schlägereien, infernalischem Haß, lauterer Liebe und echter Westernkameradschaft», *Fränkische Tageszeitung*, 8.10.53 (Der Tiger von Utah); «Eigentlich rührend, wie so ein Wildwester das Verhältnis von Schuld und Sühne simplifiziert», *Hannoversche Allgemeine*, 28.10.53 (Flucht vor dem Tode).

67 Vgl. Seeßlen: *Western*, S. 47, 109.

68 *Badisches Tagblatt*, 19.1.54 (Nackte Gewalt). Vgl. auch: «Ein bei aller Männlichkeit weichlicher Siedler mit dicker Unterlippe (James Stewart), auf den ersten Blick so ehrlich und rechtschaffen, wie eine fabrikneue Pistolenmündung, auf den zweiten aber gierig auf die Mörderprämie wie ein Wolf auf einen Lammbraten», *Kölnische Rundschau*, 23.1.54 (Nackte Gewalt).

69 Dass der Western, dank seiner Gewaltdarstellungen «ganz hübsch an den Nerven zerrt», wird zunehmend positiv bemerkt, *Kölner Stadtanzeiger*, 26.10.57 (Zähl bis drei und bete).

70 Vgl. beispielsweise: *Darmstädter Echo*, 20.3.54 (Nackte Gewalt); *Filmblätter*, 16.11.56 (Der Siebente ist dran); *Darmstädter Echo*, 16.11.57 (Zähl bis drei und bete); *Film-Dienst*, [ohne Datum] (Schieß oder stirb!). Das erste Auftauchen des Begriffs als *Edel-Wildwester* 1950 ist eine alleinstehende Ausnahme, *Filmillustrierte*, 19.12.50 (Herrin der toten Stadt).

71 *Frankfurter Rundschau*, 20.6.59 (Der Schatz des Gehenkten). Ähnlich prägnant: «Was ist los, ihr Western-Hersteller in Hollywood? Lust verloren oder den Mut? Mit solchen aufgesetzten Stories ist der Ruhm des unsterblichen Cowboyfilms nicht mehr lange zu halten. Es muß nicht um jeden Preis ge-edelwesternd und gebreitwandert werden – wenn das Flair der Echtheit gewahrt bleibt», *Abendpost*, 9.5.57 (Schieß oder stirb!). Analytischer heran geht der *Tagesspiegel*, 22.3.58 (Der Stern des Gesetzes), hier «verweist sich dieser Western nicht trotz, sondern gerade wegen seiner höheren

Die Rezensenten wollen den Western gar nicht so ‹edel› haben, ein einfacher Western reicht ihnen jetzt aus. Der Umgang mit dem Western, auch das geht hieraus schon hervor, wird zum Ende der fünfziger Jahre deutlich lockerer sein als zu Beginn des Jahrzehnts. Zwischen den Bezeichnungen Wildwestfilm und Edel-Western bewegt sich das Schreiben über den Western. Die Art und Weise ihn einzuordnen ist an den Begrifflichkeiten schon abzulesen, deutlicher und inhaltlich angereichert wird diese Tendenz, wenn man sich die Beziehung des einzelnen Films zum Genre ansieht.

«In reinster Western-(Un)kultur.»[72] *Der einzelne Film und sein Genre*

Bei den untersuchten Rezensionen fällt die Präsenz des Genres auf. Der einzelne Film wird immer, in jeder Besprechung, in ein übergeordnetes System eingeschrieben.[73] Das Einfügen der einzelnen Filme in das vage System Western weist auf die gesellschaftliche, kulturelle Präsenz des Genres hin. Ein bestimmtes mentales Bild vom Western musste demnach vorhanden sein (beim Schreiber und Leser) und als vorhanden vorausgesetzt werden können (beim Leser durch den Schreiber). Die Rezensenten scheinen zu wissen, was ein Western ist und nehmen an, der Leser weiß es ebenfalls; als wäre nie ein Einschnitt erfolgt, als wären die Sehgewohnheiten unverändert, als wäre alles beim Alten. Als hätte Broncho Billy recht, der gesagt haben soll: ‹Man wechselt nicht das Thema, man wechselt das Pferd›. Für einige der 1949 bis 1951 gezeigten älteren Western[74] mag eine Kontinuität gelten. Den Wandel aber, den das Genre seit 1939 vollzogen hatte, konnten weder Schreiber noch Leser wirklich verfolgt haben und kennen.

moralischen Ansprüche ganz und gar in die Mittelklasse dieser Sorte.»

72 *Fürther Nachrichten*, 1.9.56 (Mit roher Gewalt).

73 Als einziger Film teilweise davon ausgenommen ist die große Hollywood-Produktion DUELL IN DER SONNE. In einigen Rezensionen wird der Zwischenstatus dieses Films in Bezug zum Genre Western angesprochen, vgl. *Berliner Morgenpost*, 11.1.53 (Duell in der Sonne); *Iserlener Zeitung*, 21.2.53 (Duell in der Sonne). Zumeist wird aber das Genre verdrängt durch die Monströsität des Films, sowohl in Hinblick auf die Produktion, auf die Gerüchte im Umfeld und auf die hohen Produktionskosten. Der Film entwickelt, als einziger in den untersuchten Besprechungen, ein vom Genre losgelöstes Eigenleben: «Ein Über-Wildwester plus Strindberg, plus Brudermord, plus Farben!», *Badische Neueste Nachrichten*, 1.8.53 (Duell in der Sonne); vgl. auch: *Der Tag*, 11.1.53 (Unmäßiger Aufwand – mäßige Wirkung); *Telegraf*, 11.1.53 (Quer über die Leinwand). DUELL IN DER SONNE ist in den USA der finanziell erfolgreichste Western, vgl. Hardy, Phil: *The Western*, London 1983, S. 365.

74 Im Jahr 1949 waren von den 18 erstaufgeführten (Reprisen sind leider nicht zu erfassen) Western neun vor 1940 hergestellt worden, 1950: 17 von 49, 1951: elf von 53.

> Es fehlte den Kritikern die Kontinuität der internationalen Filmgeschichte. Die Wahrnehmung ganzer Genres, die sich etwa in den USA weiterentwickelt hatten, wurde in kurzer Zeit ziemlich voraussetzungslos nachgeholt. Viele instinktive Ablehnungen hatten – meist unausgesprochen – mit der eigenen Realität und den Erfahrungen der jüngeren Geschichte zu tun.[75]

Im Falle des Western ist die unausgesprochene und instinktive Abneigung im bürgerlichen Umgang deutlich abzulesen. Für die untersuchten Filmberichte der Regionalpresse kann man aber weniger von einer instinktiven Ablehnung, sondern muss vielmehr von einer instinktiven Affirmation sprechen. Der Wandel des Genres traf sich eben auch, das wird zu zeigen sein, mit der Realität und den Erfahrungen der jüngeren deutschen Geschichte.

Das Genre Western ist in allen untersuchten Besprechungen deutlicher Bezugspunkt. Obwohl nur ein kleiner Teil der Rezensionen den Western grundsätzlich als interessantes, spannendes Genre ansieht[76], sind die meisten Filme positiv besprochen. Das vage System Western dient den einzelnen positiven Kurzkritiken häufig als negative Folie, um den einzelnen Film kontrastiv von diesem abzusetzen und ihn positiv zu beurteilen.[77] Dieser beschreibende Umgang, der die einzelnen Filme immer ins Verhältnis zum als negativ empfundenen Genre Western setzt und ihn so bewertet, greift auf einige, sich wiederholende Strategien und Narrative zurück.

75 Prinzler: «Shadows of the Past», S. 51.

76 Vgl. beispielsweise: *Nürnberger Zeitung*, 11.10.52 (Bis zum letzten Atemzug); *Film Echo*, 10.11.56 (Der Siebente ist dran); *Der Kurier*, 17.6.59 (Der Schatz des Gehenkten). Zumeist wird dann aber der Weg über das Publikum gewählt: «Schließlich aber kommt doch alles in seine rechte Wildwestordnung, worüber die Zuschauer und die Herren auf der Leinwand froh sind», *Der Tagesspiegel*, 17.3.59 (Vierzig Gewehre); vgl. auch: *Die Film-Woche*, 21.1.50 (Drei Männer aus Texas); *Der neue Film*, 2.2.53 (Farm der Gehetzten).

77 Vgl. beispielsweise: *Der neue Film*, 28.8.51 (Panik am roten Fluß); *Kieler Nachrichten*, 29.5.51 (Panik am roten Fluß); *Westfälische Zeitung*, Bielefeld, 4.8.51(Panik am roten Fluß); *Memminger Zeitung*, 11.3.52 (Panik am roten Fluß); *Die Filmwoche*, Februar 51 (Winchester '73); *Alzeyer Beobachter*, 29.6.51 (Winchester '73); *Hannoversche Presse*, 12.3.52 (Der gebrochene Pfeil); *Südhessische Post*, Heppenheim, 1.8.53 (Der gebrochene Pfeil); *General-Anzeiger Wuppertal*, 13.6.53 (Bis zum letzten Atemzug); *Filmdienst*, 28.8.52 (Bis zum letzten Atemzug); *Göttinger Tageblatt*, 17.1.53 (Bis zum letzten Atemzug); *Fürther Nachrichten*, 31.1.53 (Bis zum letzten Atemzug); *Fränkische Tageszeitung*, 8.10.53 (Der Tiger von Utah); *Film Echo*, 3.1.53 (Flucht vor dem Tode); *Der neue Film*, 1.2.54 (Nackte Gewalt); *Der Kurier*, Berlin, 9.1.54 (Nackte Gewalt); *Die neue Zeitung*, Berlin, 10.1.54 (Nackte Gewalt); *Geislinger Zeitung*, 13.2.54 (Nackte Gewalt); *Frankfurter Allgemeine Zeitung*, 20.5.54 (Nackte Gewalt); *Frankfurter Abendzeitung*, 2.11.54 (Wenn Frauen hassen); *Hamburger Echo*, 13.10.54 (Eifersucht und Lynchjustiz); *Saarbrückener Zeitung*, 8.4.58 (Der schwarze Falke); *Film Echo*, 4.10.57 (Zähl bis drei und bete); *Film-Dienst*, 27.3.58 (Der Stern des Gesetzes); *Stuttgarter Zeitung*, 14.4.58 (Der Stern des Gesetzes); *Münchner Katholische Kirchenzeitung*, 30.3.58 (Der Stern des Gesetzes).

Die Erzählformen des Western in der bundesdeutschen Filmberichterstattung der fünfziger Jahre gründen auf dem Gegensatz von Genre und einzelnem Film. Das Genre wird vor allem in drei Punkten kritisch gesehen und als problematisch betrachtet. Direkt beschrieben wird häufig die fahrlässige Darstellung von Moral und Gewalt im Western.[78] Hierbei handelt es sich um den Themenkomplex, an dem die filminterne Beschreibung des Western und breitere gesellschaftliche Diskurse aneinander andocken. Und um jenen Themenkomplex, an dem sich dann auch sehr deutlich eine Entkrampfung im Umgang mit dem Western zeigen wird.[79]

Die beiden anderen großen Kritikpunkte am Genre, seine Lieblosigkeit und Serialität in der Form und seine Oberflächlichkeit des Inhalts, werden nur in jeweils negativer Weise präsentiert; dann wenn ein einzelner Film von dieser Form oder dem gewöhnlichen Inhalt abweicht, «aus dem Rahmen des Üblichen»[80] fällt; und dieser war, wie gezeigt, veraltet. Dass die Rezensionen in der Bewertung der Filme sich keineswegs einig sind[81], lässt auf das Fehlen eines klaren Maßstabs schließen, mit Hilfe dessen diese positive Abweichung vom Genre bemessen werden könnte. Der Western als Genre war nicht klar umrissen in den fünfziger Jahren der Bundesrepublik, er sollte vielmehr als ein vages System von Erwartungen verstanden werden; ein System, das mit negativen Assoziationen belegt war. Ein Film musste mehr zu bieten haben als seinem Genre zugeschrieben wurde, um in den Rezensionen gut anzukommen. Er

78 Beim Western handelt es sich den Rezensenten zufolge um «Filme, in denen sich die Leichen häufen», *Film Blätter*, 10.2.50 (Hans-Dietrich Weiß, Karl May wäre beschämt). Vgl. auch: *Film Dienst*, 11.8.50 (Vogelfrei); *Pforzheimer Zeitung*, 30.5.51 (Vogelfrei); *Schwäbische Landeszeitung*, Augsburg, 16.06.51 (Geächtet); *Landshuter Zeitung*, 1.6.52 (Der gebrochene Pfeil); *Allgemeine Zeitung Kreuznach*, 9.11.52 (Panik am roten Fluß); *Die Filmwoche*, 4.10.52 (Bis zum letzten Atemzug); *Mannheimer Morgen*, 28.2.53 (Flucht vor dem Tode); *Frankfurter Neue Presse*, 27.12.52 (Flucht vor dem Tode); *Der Kurier*, Berlin, 9.1.54 (Nackte Gewalt); *Telegraf*, 10.1.54 (Nackte Gewalt); *Göttinger Tagblatt*, 23.1.54 (Nackte Gewalt); *Film-Dienst*, 3.4.53 (Die Farm der Gehetzten); *Film Echo*, 28.1.56 (Goldräuber von Oklahoma); *Film-Dienst*, 11.10.56 (Der schwarze Falke); *Film Echo* Nr. 98, 1956 (Der schwarze Falke); *Evangelischer Filmbeobachter*, 19.10.56 (Der schwarze Falke); *Südkurier*, 5.1.57 (Der schwarze Falke); *Münchner Merkur*, 23.11.56 (Der schwarze Falke); *Rheinische Post*, 19.1.57 (Der Siebente ist dran); *Fränkische Tagespost*, 19.10.57 (Zähl bis drei und bete).

79 Vgl. Poiger: «A new ‹western› hero», S. 147.

80 *Miesbacher Merkur*, 20.6.51 (Der wilde und der ‹zahme› Westen).

81 Vgl. als Beispiel einer negativen Rezension: *Der Tag*, Berlin, 31.5.51 (Herrin der toten Stadt); für eine positive Rezension: *Filmillustrierte*, 19.12.50 (Herrin der toten Stadt); für «solides Wildwest-Handwerk»: *Der neue Tag*, Weiden, 15.3.52 (Herrin der toten Stadt). «Dieser Farbfilm hat irgend etwas, das ihn von den anderen Streifen seiner Art unterscheidet», *Film Echo*, 3.1.53 (Flucht vor dem Tode); «Vor besonderen Überraschungen ist man durchaus sicher», *Westdeutsche Neue Presse*, 28.2.53 (Flucht vor dem Tode). «Einer wie der andere, doch einer nicht wie alle», *Fränkische Tageszeitung*, 8.10.53 (Der Tiger von Utah); «Also kurz gesagt, im Wilden Westen geschieht nicht viel Neues», *Film Echo*, 8.10.53 (Der Tiger von Utah).

musste über sein Genre hinweg legitimiert werden. Dass der Western die Rezensenten und die Zuschauer faszinierte (sie positiv berührte), war aufgrund der Vorannahmen und des gesellschaftlichen Diskurses über das Genre für die Rezensenten selbst (weniger wohl für die Zuschauer) problematisch. Die bundesdeutsche Filmberichterstattung der fünfziger Jahre entwickelte deshalb Strategien und Narrative (ich werde sie *Legitimationsstrategien* nennen), die den einzelnen Western über sein Genre erheben konnten: über die Lieblosigkeit und Serialität in der Form, über die Oberflächlichkeit des Inhalts, schließlich über die äußerliche Darstellung von Moral und Gewalt im Genre.

Legitimation über externe Momente

Die Handlungsmuster des Genres Western werden im vagen System Western als einfach, plump, beschränkt und leicht vorauszusehen eingestuft[82], die Handlung selbst häufig als brutal und gewalttätig. Dieser behaupteten inhaltlichen Problematik des Genres wird in vielen Kurzbesprechungen über den Weg eines *Außerhalb* und der *ästhetischen Form* des Films entgangen. Um den Kinobesuch nicht nur für Jugendliche, ‹Naive›[83] und «für Freunde dieser Gattung»[84] zu rechtfertigen, wird, neben vereinzelten Hinweisen auf den Humor[85], der die Handlung etwas abfedern kann, besonders auf die von der Kamera eingefangenen Landschaftsbilder und die Schauspieler hingewiesen.

82 «Die Handlung fällt erfreulich aus dem Rahmen des Üblichen, so sehr, daß ein älterer, sehr ‹sachkundig› scheinender Herr seiner Begleiterin ständig Vorhersagen über den weiteren Verlauf machte, die nie eintrafen», *Miesbacher Merkur*, 20.6.51 (Der wilde und der ‹zahme› Westen). Vgl. auch: *Westfälische Zeitung*, Bielefeld, 4.8.51 (Panik am roten Fluß); *Darmstädter Echo*, 17.1.53 (Bis zum letzten Atemzug); *Frankfurter Abendzeitung*, 2.11.54 (Wenn Frauen hassen). Ganz spät wird dann an einigen Stellen die Vielfalt in den Variationsmöglichkeiten des Western anerkannt, gar zur Kunst erhoben: «Man muß Hollywood um das unerschöpfliche Genre der Western beneiden, den dynamischen Jungbrunnen der amerikanischen Filmkunst», *Der Kurier*, 17.6.59 (Der Schatz des Gehenkten).

83 Zur Naivität vgl. *Berliner Zeitung*, 15.2.50 (Drei Männer aus Texas); *Die Film Woche*, 17.1.53 (Flucht vor dem Tode). Später wird die «rechte, wilde Naivität des Cowboyfilms» vom Zuschauer auf den Film verlegt und hier als dem Genre entsprechend gerechtfertigt, *Tagesspiegel*, 22.3.58 (Der Stern des Gesetzes).

84 *Hamburger Anzeiger*, 13.10.54 (Wenn Frauen hassen).

85 Es gibt die Western, die «im Rahmen der sich überstürzenden Ereignisse auch noch Zeit finde[n], ausgesprochen humorige Lichter glänzen zu lassen», *Die Film-Woche*, 21.1.50 (Drei Männer aus Texas); vgl. auch *Der neue Film*, 9.1.50 (Drei Männer aus Texas); *Lüdenscheider Nachrichten*, 2.6.51 (In die Falle gelockt); *NWZ*, Göppingen, 18.2.59 (Vierzig Gewehre); *Süddeutsche Zeitung*, 31.3.59 (Der Schatz des Gehenkten).

Auch als sich der Umgang mit dem Western in den deutschen Printmedien schon weitestgehend entspannt, sind die Rezensenten nicht selten noch immer darüber verwundert, dass gute und seriöse Schauspieler in den Western mitwirken. In einem als unwichtig qualifizierten Genre sind es Stars wie James Stewart, Gary Cooper oder Gregory Peck, die nach Meinung der Rezensenten doch noch Klasse in die Filme brachten.[86]

> Indem die Gegenwart des Stars einen Diskurs aktiviert, der außerhalb der Diegese angesiedelt ist, verstärkt sie eine zentrifugale Tendenz in der Beziehung des Zuschauers zum filmischen Text und läuft insofern dem allgemeinen Ziel zuwider, die Bedeutung auf den Film als Produkt und Ware zu konzentrieren.[87]

Was Miriam Hansen hier als einen bestimmten Modus des Sehens beschreibt, kann auf einen Modus der Legitimation hin verschoben werden. Der Film wird wegen seines Außerhalb geschätzt. Zwar sind Schauspieler und ganz besonders Stars immer Teil der Sinnproduktion von Filmen und ein gutes Beispiel dafür «wie soziale Diskurse die encodierte Bedeutung eines Filmtextes verändern können.»[88] Aber es fällt ins Auge, wie stark die Rezensenten mit den Verweisen auf die Schauspieler, auf ein Außerhalb der Western zielen und dadurch eine positive Bewertung des Western *als Western* abschwächen können. Explizite Westernstars, John Wayne ist wohl das bekannteste Beispiel, werden von den Schreibern nicht in dieses Starsystem eingeordnet. Übernimmt man die Kategorisierung von Enno Patalas[89], dann sind die den Film aufwertenden Stars (Cooper, Stewart, Peck, Fonda) allesamt in der Rubrik ‹Jungen von nebenan› zu finden. Dagegen werden John Wayne, Randolph Scott und Joel McCrea in die Rubrik ‹Männer der Tat›, Robert Widmark und Robert Mitchum zu den

86 Vgl. *Schwäbische Landeszeitung*, 3.5.58 (Der Stern des Gesetzes); *Frankfurter Rundschau*, 20.6.59 (Der Schatz des Gehenkten). In *Film Echo*, 31.1.53 (Die Farm der Gehetzten) werden Star-Schauspieler ganz explizit als unnötig für einen Western eingeschätzt. Dem Film BIS ZUM LETZTEN ATEMZUG mit Gregory Peck wird attestiert, nicht besonders gut zu sein, auch wenn das Publikum «ge-peckt» war, *Allgemeine Zeitung*, Mainz, 25.3.53 (Bis zum letzten Atemzug). Vgl. auch: *Telegraf*, 9.7.50 (Vogelfrei); *Erlanger Nachrichten*, 24.6.50 (Vogelfrei); *Lüdenscheider Nachrichten*, 2.6.51 (In die Falle gelockt); *Westfalen-Blatt*, Bielefeld, 8.1.52 (Herrin der toten Stadt); *Wiesbadener Kurier*, Februar 52 (Herrin der toten Stadt); *Film Echo*, 3.1.53 (Flucht vor dem Tode); *Rheinische Post*, 23.4.57 (Winchester '73); *Der neue Film*, 28.8.51 (Panik am roten Fluß); *Filmwoche*, 24.3.51 (Panik am roten Fluß); *Südkurier*, 5.1.57 (Der schwarze Falke); *Der Tagesspiegel*, 8.12.59 (Rio Bravo).

87 Miriam Hansen, zitiert nach Weingarten, Susanne: *Bodies of Evidence. Geschlechtsrepräsentationen von Hollywoodstars*, Marburg 2004, S. 22.

88 Winter: *Der produktive Zuschauer*, S. 97.

89 Patalas unterscheidet in seiner Sozialgeschichte der Stars zwischen den *Männern der Tat*, den *Komischen*, den *Fremden*, den *Hartgesottenen*, den *Jungen von nebenan*, den *Verlorenen* und den *Rebellen ohne Sache*, vgl. Patalas: *Sozialgeschichte der Stars*, S. 7ff.

‹Hartgesottenen› und Robert Taylor zu den ‹Fremden› gezählt; sie alle sind nicht Teil der Aufwertungsstrategie, da sie zu sehr Teil des vagen Systems Western sind. Es wird auf Stars zurückgegriffen, die nicht im Genre des Western groß geworden sind und die einen greifbaren Optimismus und Blick nach vorne verkörpern, einen optimistischen Alltag.

Diese Strategie kann jedoch die Faszination nicht ganz einfangen und beschreiben. Dass sie ambivalent ist, zeigt sich darin, dass männliche Schauspieler fast ausschließlich lobend erwähnt werden, wohingegen der Umgang mit den weiblichen Stars unklarer und gebrochener ist.[90] Ebenfalls wurden die Western, in denen starke Frauen eine größere Rolle spielen, häufiger negativ bewertet. Diese Differenz weist schon darauf hin, dass es nicht allein der Starcharakter des Schauspielers war, der die Faszination ausmachte, sondern ebenso der *Typ*, den dieser Schauspieler verkörperte. Dazu später mehr.

Neben den Figuren, die die Westernhandlung transportieren, ist das Setting, in dem die Handlung sich vollzieht, ein weiteres Moment, das hilft über die Handlung hinwegzusehen. Im Western ist dieses Setting fast ausschließlich die Landschaft.[91] Die Weite der Prärie, die Größe des Himmels des amerikanischen Westens; die Rezensenten freuen sich über den «fast kulturfilmhaften Einblick in diese majestätische Landschaft»[92], den viele Western dem Publikum bieten. Die Landschaft, «ein oft

90 Jane Russel, über die schon 1948 berichtet wurde, als ihr Ausschnitt in San Francisco einen Skandal hervorrief, (vgl. *Nouvelles des France*, Konstanz, 21.2.48) wird in dem häufig gut besprochenen Film GEÄCHTET sehr gespalten bewertet; positiv in Hinblick auf die Schauspielkunst, vgl. *Wiesbadener Kurier*, 1.8.51 (Geächtet); aber auch auf die von ihr gespielte Frauenrolle, vgl. *Film Woche*, 3.3.51 (Geächtet); positiv sogar das «erotische Fluidum Jane Russels», die «a) unmoralisch, b) sympathisch und c) von der Sonne des Happy-Ends beschienen» ist, *Film Echo*, 3.3.51 (Geächtet). Negativ vor allem in Bezug auf die Darstellung, vgl. *Miesbacher Merkur*, 20.6.51 (Der wilde und der ‹zahme› Westen); *Wiesbadener Tageblatt*, 1.8.51 (Geächtet); zynisch-negativ zur Rolle im Film: «Das Pferd, um das es geht, ist ein Falbe, das Mädchen: Jane Russel», *Nürnberger Zeitung*, 5.5.54 (Geächtet).

91 Vgl. *Der Kurier*, 10.7.50 (Vogelfrei); *Telegraf*, 9.7.50 (Vogelfrei); *Der neue Film*, 11.10.51 (Der gebrochene Pfeil); *Südkurier*, Konstanz, 30.4.52 (Der gebrochene Pfeil); *Südhessische Post*, Heppenheim, 1.8.53 (Der gebrochene Pfeil); *Westfälische Rundschau*, Dortmund, 2.2.54 (Der gebrochene Pfeil); *Filmdienst*, 23.2.51 (Herrin der toten Stadt); *Der Tag*, 31.5.51 (Herrin der toten Stadt); [ohne Angabe], 2.6.51 (Winchester '73); *Evangelischer Filmbeobachter*, 24.3.55 (Winchester '73); *Tagesanzeiger Regensburg*, 18.2.52 (Winchester '73); *Kölnische Rundschau*, 23.1.54 (Nackte Gewalt); *Film Echo*, 16.1.54 (Nackte Gewalt); *Der Kurier*, Berlin, 9.1.54 (Nackte Gewalt); *Norddeutsche Rundschau*, 14.12.55 (Verrat in Fort Bravo); *Fuldaer Zeitung*, 29.1.55 (Verrat in Fort Bravo); *Der neue Film*, 15.10.56 (Der schwarze Falke); *Südkurier*, 5.1.57 (Der schwarze Falke); *Badische Zeitung*, 22.1.57 (Der schwarze Falke); *Münchner Merkur*, 23.11.56 (Der schwarze Falke); *Stuttgarter Nachrichten*, 3.4.57 (Schieß oder stirb!); *Der Tag*, 20.6.59 (Der Schatz des Gehenkten).

92 *Geislinger Zeitung*, 13.2.54 (Nackte Gewalt).

einfach übersehenes miterzähltes Narrativ»[93], wird in den Kurzbesprechungen (im Gegensatz zu späteren filmhistorischen Analysen) nicht als Narrativ aufgefasst, jedoch wird sie keinesfalls übersehen. Die Arbeit der Kamera, die von ihr eingefangene Landschaft, die künstlerische Leistung der Landschaftsfotografie kann den einzelnen Film legitimieren.

Die amerikanische Landschaft und das amerikanische Starsystem, das in den fünfziger Jahren besonders ausgeprägt war, werden herangezogen, um einen Western trotz seines Genres in den Kurzbesprechungen positiv zu bewerten. Das Staunen über die Präsentation der Landschaft und das Bestaunen von Stars werden als Grund der Faszination beschrieben. Auffällig ist hier, dass die Legitimationsstrategie gerade dann mit einem *emotionalen Zugang* zum Western verbunden ist, wenn auf ein Außerhalb oder auf die Form der Filme verwiesen wird. Die Emotionalität, die der Western vermittelt, wird in den Besprechungen aus der eigentlichen Handlung und Erzählung herausgenommen und über Momente erklärt, die dem Western als erzählendem Genre zunächst extern erscheinen; über die technische Leistung den landschaftlichen Hintergrund einzufangen und über die von außerhalb des Western bekannten Schauspieler.

Die Rezensenten der frühen Bundesrepublik benötigen diese Landschafts- und Starnarrative um sich auf den Western einzulassen. Diese Narrative entfernen sich beschreibend von den Western; sie entfernen damit Unbekanntes und ersetzen es durch Bekanntes. Durch die dadurch gewonnene Distanz eröffnet sich die Möglichkeit eines emotionalen Zugangs zu einem vagen, gesellschaftlich negativ besetzten System Western. Der Western wird durch beschriebene Bilder, die technisch eingefangene Natur zeigen, und durch beschriebene Bilder, die Stars zeigen, zu einem Bild, das Gefallen darf und das sich somit rechtfertigen lässt.

Legitimation über Authentizität, Dokumentarismus und Historizität

Der Western ist ein serielles Genre. Neben der banalen Handlungsstruktur, die ihm unterstellt wird, sei das Genre auch in seiner Form oft eindimensional, ein «gekonntes Produkt vom Serien-Fließband technicolorierter wildwestlicher Räuberromantik aus Hollywood.»[94] Zwar wird die technische Leistung der Westernfilme häufig hoch

93 Plath, Nils: «Landschaft erblicken. Nicht mehr als Vorbemerkungen zum Thema», in: Ders. (Hg.): *Blicke auf Landschaften (= Augen-Blick 37)*, Marburg 2005, S. 5-14, S. 5.

94 *Hannoversche Allgemeine*, 28.10.53 (Flucht vor dem Tode).

anerkannt, eine Ansicht, die sich schon durch den Nationalsozialismus hindurch zieht[95], aber die Serialität und massenhafte Produktion wird stark negativ bewertet. Um diesen negativen Vorstellungen entgehen zu können, wird über eine zweite Legitimationsstrategie argumentiert, die auf die *Authentizität* in den Filmen abhebt.

> [D]er Beschauer dieses ansonsten ungemein packenden und von Abenteuerluft umwehten Streifens fühlt sich mitten hinein versetzt in den Rindertreck, in die Panik, ins Wasser des Roten Flusses beim Uebergang und zieht unbewußt den Kopf ein, um nicht von den stampfenden Rindern zertrampelt zu werden.[96]

Der teilweise dokumentarische Charakter der Darstellung des echten Cowboylebens wird herausgestellt, die großen Rinderherden, die Atmosphäre der Städte, das harte Leben in der Wüste.[97] Im Subtext drückt sich darin die Freude an einem quasi ethnografischen Blick auf eine fremde Lebenswelt aus. Ein kurzer Blick in die Illustrierten der fünfziger Jahre genügt um festzustellen, wie groß das Interesse am fremden Leben, der «Reiz des Fremdartigen»[98] in dieser Zeit war. In dieses legitime Interesse an fremder Kultur wird der einzelne Western in vielen Kurzbesprechungen eingeschrieben.

Neben dem dokumentarischen Ansatz wird auch das Erzählen eines Ausschnitts aus der amerikanischen Geschichte als positiver Zugang zu den Western genutzt.[99]

95 Vgl. Spieker: *Hollywood unterm Hakenkreuz*, S. 41ff. Über den Film BROADWAY MELODY schreibt Goebbels am 17.3.36: «Flott und mit rasendem Tempo gemacht. Das können die Amerikaner. Der Inhalt ist großer Quatsch. Aber wie sie das anfassen, das ist gekonnt», Goebbels, Joseph: *Die Tagebücher.* Band 2: *1.1.1931-31.12.1936*, München 1987, S. 588. Für eine exemplarisch negative Kritik, die die handwerkliche Routine miteinbezieht vgl. *Film Blätter*, 10.2.50 (Hans-Dietrich Weiß, Karl May wäre beschämt).

96 *Hanauer Anzeiger*, 28.2.53 (Panik am roten Fluß).

97 Ein «nahezu dokumentarischer Blick ins eigentliche Leben der Cowboys von Texas», *Der neue Film*, 28.8.51 (Panik am roten Fluß); vgl. auch *Landshuter Zeitung*, 1.6.52 (Der gebrochene Pfeil); *Norddeutsche Zeitung*, Hannover, 11.3.52 (Der gebrochene Pfeil); *Südhessische Post*, Heppenheim, 1.8.53 (Der gebrochene Pfeil); *Evangelischer Filmbeobachter*, 24.3.55 (Winchester '73); *Hanauer Anzeiger*, 28.2.53 (Panik am roten Fluß); *General Anzeiger Bonn*, 9.2.52 (Panik am roten Fluß); *Memminger Zeitung*, 11.3.52 (Panik am roten Fluß); *Neue Presse*, Coburg, 14.2.53 (Flucht vor dem Tode); *Der neue Film*, 15.10.56 (Der schwarze Falke); *Badische Zeitung*, 22.1.57 (Der schwarze Falke); *Stuttgarter Zeitung*, 14.4.58 (Der Stern des Gesetzes).

98 *Erlanger Volksblatt*, 2.4.55 (Steppe in Flammen).

99 Vgl. dazu: *Hamburger Echo*, 14.7.50 (Der Held der Prärie); *Haller Kreisblatt*, 26.7.51 (Der Held der Prärie); *Lüdenscheider Nachrichten*, 2.6.51 (In die Falle gelockt); *Die Film Woche*, 29.9.51 (Wildwest und Wissenschaft); *Hünfelder Volkszeitung*, 29.4.52 (Der gebrochene Pfeil); *Wiesbadener Kurier*, Februar 52 (Herrin der toten Stadt); *Salzgitter Kurier*, 4.3.52 (Winchester '73); *Ludwigsburger Kreiszeitung*, 20.6.51 (Winchester '73); *Evangelischer Filmbeobachter*, 24.3.55 (Winchester '73); *Tagesanzeiger Regensburg*, 18.2.52 (Winchester '73); *Bremer Nachrichten*, 4.4.51 (Panik am roten Fluß); *General Anzeiger Bonn*, 9.2.52 (Panik am roten Fluß); *Lüneburger Landeszeitung*, 14.1.53 (Bis

> Das war ein ‹Himmelfahrtskommando› zu dem Hauptmann Lance (Gregory Peck) damals gegen die Apachen ausrückte: Mit einer Handvoll Meuterer, Säufer und Deserteure, die ihn glühend hassen (und er hatte sie selbst ausgesucht, weil sie im Fort sonst Unheil anrichten würden), sollte er einen Paß in der Wüste von Neu-Mexiko gegen die aufständischen Rothäute verteidigen – bis zum letzten Atemzug.[100]

Um die *Historizität* der im Film erzählten Geschichte zu unterstreichen, wird in dieser Besprechung sogar vom sonst üblichen Präsenz abgerückt. Und wären nicht der Name des Schauspielers und die Anspielung auf den Filmtitel, könnte man beinahe meinen, man hat einen Bericht über ein tatsächlich stattgefundenes Ereignis vor sich liegen.[101] Eine beachtliche Anzahl von Kurzbesprechungen stellt heraus, dass es gerade diesem Film besonders gelingt, die amerikanische Geschichte und den Westen «wie er wirklich gewesen war»[102] einzufangen. Zugleich wird in einigen Fällen auch aus der anderen Richtung argumentiert, die historische Ungenauigkeit wird beklagt, dann jedoch fast ausnahmslos in Verbindung mit dem gesamten Genre.

> [W]ie alle seiner Art – Unterhaltung für phantasiearme junge Leute, die fest daran glauben, daß es vor Jahrhunderten in den Staaten genau so war, wie sie es für eine Mark zwanzig auf der Leinwand sehen können.[103]

Die Vermittlung von Geschichte wird zum Gütesiegel des Western. Dabei bleibt die mythische Form des Western, die weniger verhandelt wie es gewesen ist, sondern sich immer damit auseinandersetzt, wie etwas erzählt werden soll, ausgeblendet.[104] Diese Form, die für den nationalen Mythos Amerikas von außerordentlicher Bedeutung ist, wird quasi europäisiert und in die dokumentarischen und historischen Traditionen der

zum letzten Atemzug); *Stadter Tageblatt*, 1.4.53 (Die Farm der Gehetzten); *Gelsenkirchener Nachrichten*, 13.1.53 (Die Farm der Gehetzten); *Erlanger Volksblatt*, 2.4.55 (Steppe in Flammen); *Erlanger Nachrichten*, 2.4.55 (Steppe in Flammen).

100 *Fürther Nachrichten*, 31.1.53 (Bis zum letzten Atemzug).

101 Interessanterweise arbeiten die Presse- und Werbematerialien sehr stark mit der Vergangenheitsform und bemühen sich Historizität und Authentizität der Filme herauszustellen. Auch da der direkte Einfluss dieser Materialien auf die Kurzbesprechungen eher gering sein dürfte, unterstreicht die inhaltliche Übereinstimmung (Suche nach Authentizität) bei formaler Unterschiedlichkeit (offenes Ansprechen in den Rezensionen, Vergangenheitsform in den Materialien) zusätzlich die Bedeutung dieser Legitimationsstrategie.

102 *Wiesbadener Kurier*, Februar 52 (Herrin der toten Stadt).

103 *Deisler- und Weser Zeitung*, 27.4.55 (Steppe in Flammen); vgl. auch *Nacht-Expreß*, 2.5.50 (Der Held der Prärie).

104 «Wie alle Mythologie hat der Western kein dokumentarisches Verhältnis zu der historischen Wirklichkeit», Glucksmann, André: «Das Abenteuer der Tragödie», in: Bert Rebhandl: *Western*, S. 226-243, S. 227 FN1. Vgl. dazu auch Josef Früchtls gelungene Interpretation von DER MANN DER LIBERTY VALENCE ERSCHOSS, Früchtl: *Das unverschämte Ich*, S. 164ff.

‹Alten Welt› überführt.[105] Der Western als nationaler Mythenproduzent Amerikas taucht in den Rezensionen nicht auf, er wird auf dieser Ebene nicht verstanden.

Die Suche nach Authentizität und Historizität hat sich in die Beschreibung des Western eingeschlichen. Den Western wird ein informatives Potential zugeschrieben, über das sie innerhalb des eigentlichen Films legitimiert werden können. Das Landschaftsnarrativ lässt sich auch hier einordnen, dann aber mit der Verschiebung hin zu dem Umgang mit der Landschaft, dem Einfluss der Landschaft auf die Menschen, die in ihr leben.[106]

Wenn in positiver Weise auf den Inhalt des Films, seine Handlung und Erzählung verwiesen wird, dann sind die Legitimationsstrategien häufig auf einer nüchternen und sachlichen, auf einer *kognitiven Ebene*, einer Ebene der Wissensvermittlung angesiedelt. Die Rezensenten greifen, wenn der Western seine Attraktion, Spannung und Erzählung enthüllen will, auf das Narrativ von Historizität und Authentizität zurück. Damit schaffen die Rezensenten der frühen Bundesrepublik eine Distanz zu Momenten der Identifikation und Emotionalität der Western. (Achtung, sagen sie, man kann hier etwas lernen.) Die Attraktion des Western wird durch beschriebene Bilder, die Geschichte zeigen, zu einem Bild, das Wissen vermittelt und das sich somit rechtfertigen lässt.

Legitimation über innere Motivation: «wirkliche Menschen und wahre Stimmung»[107]

Auch die dritte Legitimationsstrategie funktioniert durch das Gegensatzpaar von Genre und einzelnem Film. Das vage System Western wird als sensationsgieriges, spektakelverhaftetes Genre angesehen, die Westernfilme sind Reißer[108]; ein Begriff, der von den Verleihen durchaus positiv aufgegriffen wird, was auf seine verkaufs-

105 Richard Pells argumentiert, dass der Einstrom der amerikanischen Kultur an den europäischen Lebensgewohnheiten nichts geändert hat, da die einströmende amerikanische Kultur den eigenen Bedürfnissen angepasst und damit europäisiert wurde, vgl. Gassert: «Amerikanismus, Antiamerikanismus, Amerikanisierung», S. 551.

106 «Dieses Land hat meinen Jungen umgebracht, ja bei Gott, ich sage dir, Ethan: dieses verfluchte Land», sagt die ehemalige Schullehrerin Jorgensen in DER SCHWARZE FALKE über die «Schwermut der sonnendurchglühten, bizarren Wüstenlandschaft» von Neu Mexiko, *Der neue Film*, 15.10.56 (Der schwarze Falke); vgl. auch Hembus: *Western*, S. 536f. Von Schwermut spricht auch der *Münchner Merkur*, 23.11.56 (Der schwarze Falke).

107 *Bonner Rundschau*, 30.1.52 (Winchester '73).

108 Vgl. beispielsweise *Darmstädter Echo*, 20.3.54 (Nackte Gewalt); *Westfalenzeitung*, 19.12.53 (Nackte Gewalt); *8 Uhr Blatt*, 18.12.54 (Verrat in Fort Bravo); *Film Echo*, 28.1.56 (Goldräuber von Oklahoma); *Kölner Stadtanzeiger*, 26.10.57 (Zähl bis drei und bete).

fördernde Wirkung schließen lässt. Häufig wird der Begriff aber auch mit tiefergehenden Beschreibungen zusammengeführt.[109] Das auf Sensation ausgerichtete Genre Western «unterliegt allerdings einer zu auskalkulierten, auf äußerliche Spannung zielenden Handlung, der alte Kintopp bricht durch und überwuchert mit direkten Handgreiflichkeiten wesentliche innere Vorgänge.»[110] Die serielle Form Western wird von den Rezensenten der frühen fünfziger Jahre als eine äußerlich motivierte Form verstanden, die nur unter Rückgriff auf bestimmte äußere Elemente funktioniert, eben nur «mit allem was dazu gehört. Verwegene Burschen, eine verführerische Tingeltangeltänzerin, Indianer, ehrliche Kolonisten und verkommene Gangster.»[111] Mit dieser negativ konnotierten Aufzählung kommt man dem vagen System Western vielleicht am nächsten.

Manchen Western gelingt es, den Rezensenten zufolge, aus diesen seriellen äußeren Zwängen auszubrechen und damit fast ihrem Genre zu entkommen. In diesen Fällen bleiben die «notwendigen Ingredienzen eines Westernfilms [...] letztlich nur äußerlich, bedeuten nur einen Ausdruck der inneren Spannungen und Gegensätze.»[112] Der *Gegensatz von innerer und äußerer Motivation*, also Motivation durch die Psychologie der Figuren und der Figurenkonstellation einerseits und genrebedingter Motivation andererseits (in einem Western muss geschossen und geprügelt werden[113]), wird in den Rezensionen aufgebaut und genutzt, um einen Western zu legitimieren. Die legitimierten Filme haben Platz für menschliche Schicksale[114], und setzt man ‹menschliche Schicksale› oder ‹Menschliches› in Anführungszeichen, dann weiß man viele der

109 Die Inserat-Matern für NACKTE GEWALT schreiben: «Ein Reißer, wie es keinen zweiten gibt – mit Format und Niveau!».

110 *Die neue Zeitung*, Berlin, 10.1.54 (Nackte Gewalt).

111 *Esslinger Allgemeine*, 16.2.52 (Winchester '73).

112 *Geislinger Zeitung*, 13.2.54 (Nackte Gewalt).

113 Da es am Schluss des Films typischerweise eine handfeste Schlägerei ist, die den Darsteller bekehrt, wird der Film am Ende einer gut klingenden Besprechung dann doch noch verworfen, vgl. *Evangelischer Filmbeobachter*, 11.4.57 (Schieß oder stirb!).

114 *Neckar-Echo*, 27.2.52 (In die Falle gelockt); *Bremer Nachrichten*, 4.4.51 (Panik am roten Fluß); *Memminger Zeitung*, 11.3.52 (Panik am roten Fluß); [ohne Angabe], 9.6.51 (Panik am roten Fluß); *Der neue Film*, 11.10.51 (Der gebrochene Pfeil); *Landshuter Zeitung*, 1.6.52 (Der gebrochene Pfeil); *Filmillustrierte*, 19.12.50 (Herrin der toten Stadt); *Stuttgarter Zeitung*, 12.3.53 (Bis zum letzten Atemzug); *Filmdienst*, 28.8.52 (Bis zum letzten Atemzug); *Göttinger Tageblatt*, 17.1.53 (Bis zum letzten Atemzug); *Der neue Film*, 9.2.53 (Bis zum letzten Atemzug); *Mainpost*, Würzburg, 21.2.53 (Zwölf Uhr mittags); *Darmstädter Echo*, 20.3.54 (Nackte Gewalt); *Stadter Tageblatt*, 1.4.53 (Die Farm der Gehetzten); *8 Uhr Blatt*, 18.12.54 (Verrat in Fort Bravo); *Film-Dienst*, 11.10.56 (Der schwarze Falke); *Südwest Rundschau*, 21.1.57 (Der schwarze Falke); *Münchner Merkur*, 23.11.56 (Der schwarze Falke); *Film Echo*, 4.10.57 (Zähl bis drei und bete); *Nürnberger Nachrichten*, 6.4.57 (Mit Vorsicht lebt sich's länger); *Die Welt*, 6.4.57 (Schieß oder stirb!); *Stuttgarter Zeitung*, 14.4.58 (Der Stern des Gesetzes).

Filmberichte zitiert. Diese Western, so die Rezensionen, folgen dann inneren, dem menschlichen Dasein[115] geschuldeten Begründungen und Handlungsantrieben und nicht nur den äußeren Zwängen von Spektakel, Aktion und Genre. In den Besprechungen von ZWÖLF UHR MITTAGS wird diese Legitimation auf die Spitze getrieben, der Film an manchen Orten ganz von seinem Genre entfernt und sogar dem klassischen Drama angenähert.[116] Den anderen positiv bewerteten Westernfilmen wird in den Besprechungen nicht dasselbe Maß an rein innerer Begründung zugesprochen, aber ihre innere Motivation reicht aus, um darüber legitimiert zu werden.

Die Entwicklungen innerhalb des Westerngenres seit 1939 blieben im Deutschland der frühen fünfziger Jahre unreflektiert. Die Verschiebungen im Genre wurden nicht übersehen, sondern sie waren ganz einfach nicht zu sehen gewesen. Der Western, in den fünfziger Jahren massenhaft in den deutschen Kinos, war etwas Neues. Etwas Neues, für das man noch keine wirkliche Sprache gefunden hatte, weswegen alte Maßstäbe und Vorstellungen angelegt wurden. Erst in den späten fünfziger Jahren hinterlassen die Veränderungen des Genres auch im Schreiben über das Genre ihre Spuren. Bis dahin, und teilweise auch darüber hinaus, bleibt das Bild des Western der Zeit des Kinos der Attraktionen wirksam. Damit ist in den fünfziger Jahren ein vages, negativ besetztes System verbunden, gegen das man den einzelnen Film abgrenzen muss, um ihn positiv besprechen zu können. Die Präsenz des Genres erklärt sich teilweise aus gesellschaftlichen und kulturellen Diskursen, die in den fünfziger Jahren die Themenbereiche Jugendgefährdung und (Anti-)Amerikanismus abdeckten und dabei auf den Western zurückgriffen. Auch diese Diskurse beruhigten sich im Laufe der fünfziger Jahre. Der Western kommt in der Bundesrepublik langsam an als die Bundesrepublik langsam im Westen ankommt.

115 Wenn auch selten so pathetisch formuliert wie in einem konservativ evangelischen Magazin. «Er war nichts als ein Mensch, der sich in einer Stunde dessen bewußt wurde und sich überwand», *Christ und Welt*, 17.10.57 (Zähl bis drei und bete).

116 Versuche, sich den Western qua Vergleich anzunähern (vielleicht ihn zu europäisieren), gibt es in der Westernrezeption seit den sechziger Jahren einige. Zum Vergleich mit dem Epos vgl. Früchtl: *Das unverschämte Ich*; Bazin: «Western», S. 49. «Die erste Reaktion auf die große Wut des Achill ist das erschrockene Verstummen der Anwesenden. Ähnlich wirkt das Auftreten des Killers im Saloon. Der Pianist unterbricht sein Spiel, und alle erstarren zu Salzsäulen», Leone, Sergio: «An den Grenzen des Irrealen: Der Western», in: Joe Hembus: *Western*, S. 6-7, S. 6. Gilles Deleuze sieht den klassischen Western eher als ethisches, denn als episches Genre, vgl. Deleuze, Gilles: *Das Bewegungs-Bild. Kino* I, Frankfurt a.M. 1989, S. 201.

Die zwei Körper des Kinos. Körper, Blick und Identität

Schreiben über Film kann als Übersetzungsleistung bezeichnet werden. Bilder werden zu Text. Die Analyse der Rezeption des Western, unter Einbezug dieser Texte und der sich einmischenden Diskurse, bleibt jedoch unvollständig, wenn sie den Körper und die damit verbunden Praktiken und Vorstellungsmuster nicht mitberücksichtigt. Im nächsten Kapitel, das sich mit dem Sehen der Filme befasst, wird der Körper als zentrales Moment der Rezeption des Western in Deutschland herausgearbeitet. Doch auch in den Texten ist der Körper («mit direkten Handgreiflichkeiten») anwesend. Zwar trägt das Schreiben über Film immer «auch Züge einer soziokulturellen Enteignung: Enteignung der Sinne, des Körperlichen, der Attraktionen.»[117] Die Körperlichkeit der Western ist aber in den Filmberichten nachvollzogen. Sie wird in den Rezensionen, neben der im Film gezeigten körperlichen Gewalt, auf Seiten der Zuschauer beschrieben. Das Westernkino, das macht die Filmberichterstattung klar, ist für das Publikum ein Körpererlebnis: Die Spannung, die spürbar in der Luft des Kinosaals liegt und die man «im Zuschauerraum förmlich knistern hören kann»[118]; das Zwischenrufen[119]; die körperlichen Entladungen, das Wegducken und Schutzsuchen[120]; die Nerven.[121]

Der eigene, im Kino sitzende Körper des Zuschauers und die anderen Körper auf der Leinwand interagieren im Kino. Die somatischen Reaktionen der Zuschauer folgen auf die Aktionen auf der Leinwand, der (Körper im) Film wird im Kino körperlich

117 Heller, Heinz B.: «Geschichte und Filmkritik – Filmkritik und Geschichte», in: Gustav Ernst/ Georg Haberl/Gottfried Schlemmer: *Film Kritik Schreiben*, S. 9-22, S. 14.

118 *Göttinger Presse*, 17.1.53 (Bis zum letzten Atemzug); vgl. auch *Stuttgarter Zeitung*, 12.3.53 (Bis zum letzten Atemzug); *Neckar-Echo Heilbronn*, 14.1.53 (Bis zum letzten Atemzug); *Stadter Tageblatt*, 1.4.53 (Die Farm der Gehetzten).

119 Vgl. dazu beispielsweise *Berliner Anzeiger*, 27.5.51 (Herrin der toten Stadt); *Der Tag*, 11.1.53 (Unmäßiger Aufwand – mäßige Wirkung); *Badische Zeitung*, 22.1.57 (Der schwarze Falke).

120 Der Spannung kann man nicht entkommen, «mag sich auch das Publikum zeitweise am liebsten unter die Sitze ducken», *Main Spitze Rüsselsheim*, 19.6.51 (Winchester '73); vgl. auch *Telegraf*, 9.7.50 (Vogelfrei); *Die Film-Woche*, 21.1.50 (Drei Männer aus Texas); *Frankfurter Abendzeitung*, 2.11.54 (Wenn Frauen hassen).

121 «Für Leute, deren Nerven auch einer motorisierten Baumsäge standhalten können», *Der neue Film*, 28.10.54 (Wenn Frauen hassen); andernorts wird empfohlen, dass «starke Nerven nicht gerade an der Garderobe abgegeben werden sollten», *Badisches Tagblatt*, 19.1.54 (Nackte Gewalt); oder man verspricht «das Gefühl eines erquickenden Nervenbades», *Badische Zeitung*, Freiburg 22.1.57 (Der schwarze Falke); vgl. auch *Film-Dienst*, 3.4.53 (Die Farm der Gehetzten); *Der Tagesspiegel*, 4.12.54 (Verrat in Fort Bravo); *Film Echo*, 28.1.56 (Goldräuber von Oklahoma); *Südwest Rundschau*, 21.1.57 (Der schwarze Falke); *Film Echo*, 10.11.56 (Der Siebente ist dran); *Kölner Stadtanzeiger*, 26.10.57 (Zähl bis drei und bete).

aufgenommen. «Das Dispositiv Kino gestattet also ein besonders versunkenes, intensives Zuschauen, ein weitgehendes Vergessen des eigenen zugunsten der fremden Körper, die man wahrnimmt und in die man sich einfühlt.»[122]

Ein rezeptionsanalytischer Zugang zum Film im Kino, der den Weg über die Körper nimmt, kann der Gefahr entgehen, einer einseitigen Auffassung von Film als Text aufzusitzen. Für die Rezeptionstheorie bedeutet dies, dass man sich von der Konzeption des ‹Lesens› von Filmen löst, um einen weitergehenden Rezeptionsbegriff zu öffnen.[123] Denn Filmrezeption funktioniert nicht einfach über Text, der Kinozuschauer ist kein Leser. Vielmehr bezieht er bei der Rezeption, vor allem auch beim Sehen von Western, den Körper mit ein; den Filmkörper auf der Leinwand und den eigenen Körper; schon der Akt des Sehens ist körperlich und Körper sind Objekt des Sehens.[124] Der Blick entsteht durch den Körper und im Körper, er wird vom Körper konstituiert; immer sehen wir nur von ‹irgendwoher›.[125]

Der Kinofilm erzeugt Effekte und Situationen, in denen

> der Körper seinem eigenen Programm folgt und die Ordnung des Symbolischen zurücklässt. Nicht die Produktion einer geschlossenen diegetischen Welt und die Schaffung eines Illusionseffektes stehen hier im Zentrum der filmischen Arbeit, sondern die materielle Qualität der Bilder selbst.[126]

Die Materialität der Bilder trifft auf den Körper der Zuschauer. Wenn manch ein männlicher Kinobesucher nach dem Film «den Gang und den Blick von John Wayne imitiert»[127], dann handelt es sich dabei um ein Rezeptionsphänomen. Die wahrgenom-

122 Brinckmann, Christine N.: «Somatische Empathie bei Hitchcock. Eine Skizze», in: Heinz. B. Heller/Karl Prümm/Birgit Peulings (Hg.): *Der Körper im Bild. Schauspielen – Darstellen – Erscheinen*, Marburg 1999, S. 111-120, S. 113.

123 Für eine Filmwissenschaft, die ihre Perspektive vom ‹film as text› zu einer auf das ‹cinema as event› verschiebt vgl. auch Nessel, Sabine: «Kino und Ereignis. Konstruktionen des Kinematografischen vor und nach Christian Metz», in: Dies./Winfried Pauleit (Hg.): *Wort und Fleisch. Kino zwischen Text und Körper*, Berlin 2008, S. 27-37, S. 29ff.

124 Janet Staiger verortet den Western als ein glance/attraction Genre (im Gegensatz zu einem *gaze/narration* Genre) und damit als körperliches Genre, vgl. Staiger, Janet: *Perverse Spectators. The Practices of Film Reception*, New York 2000, S. 22. «Die Körpergenres verbindet, dass sie auf der Objektseite, dem Film, extreme Bilder des Körpers zur Schau stellen, [...] während sie auf der Subjektseite die unwillkürliche Mimikry des Zuschauers an den ausgestellten Körperbildern anstreben», Morsch, Thomas: «Der Körper des Zuschauers. Elemente einer somatischen Theorie des Kinos», in: *Medienwissenschaft* 3 (1997), S. 271-289, S. 275.

125 So schreibt Maurice Merleau-Ponty, zitiert nach Diehl: «Körperbilder und Körperpraxen», S. 11.

126 Morsch: «Körper des Zuschauers», S. 278.

127 Erhart: «Männlichkeit, Mythos, Gemeinschaft», S. 75. Eine ähnliche Beobachtung, den weiblichen Gang betreffend, machte Marcel Mauss in einem New Yorker Krankenhaus in den zwanziger Jahren, vgl. Mauss, Marcel: *Soziologie und Anthropologie 2. Gabentausch; Soziologie und*

menen Bilder mischen sich mit der eigenen Wahrnehmung des Körpers und der Körperwahrnehmung der Umwelt.[128] Der Körper des Zuschauers ist ein schon vergesellschafteter Körper, der in der Wahrnehmung des Kinos neuen körperlichen Erfahrungen begegnet. Kino schreibt sich in die Körper ein.

> Dennoch gehen die Kinobesucher mit einem Auge lesend, mit dem anderen fasziniert der Handlung folgend, fanatisch mit und gebärden sich den ‹Helden› auf der Leinwand gleich.[129]

Inwieweit das Phänomen der Imitation, das «mimetische Vermögen»[130] über den Körper eine Transformation auch im Denken und Wissen erzeugen kann, ist eine offene Frage.[131] Die Körper (der andere und der eigene) eröffnen zunächst ein Feld der Imitationsmöglichkeiten. Für eine Untersuchung zum amerikanischen Western ist ein körperbezogener Zugang besonders wichtig, wenn man annimmt, dass es vor allem die Darstellung von Männlichkeit ist, die das amerikanische Genre auch in anderen kulturellen Kontexten wirken lässt.[132] Die Männlichkeitsbilder im Western werden stark über die Körperlichkeit vermittelt. Mehr noch, der Western macht das, was er sagen will, nicht durch die Sprache *begreifbar.* «Und wenn er [der Westerner, J.W.] wenig spricht, dann deshalb, weil er aus seinem ganzen Körper das Äquivalent einer erzählenden Stimme macht, die der Geschichte Körper verleiht.»[133] Selbstverständlich ist es der Gang der Erzählung, aber es ist eben auch der Körper, der begreifbar macht. «Die Westernhelden treten mit Leib und Leben für eine Sache ein, die sich schlecht explizieren lässt, weil sie sich von selbst verstehen muss.»[134] Der medial vermittelte und vermittelnde Körper auf der Leinwand und der im Kino sitzende sozialisierte Körper interagieren auf bestimmte Weise.

Psychologie; Todesvorstellungen; Körpertechniken; Begriff der Person, Frankfurt a.M. 1978, S. 202.

128 Vgl. Diehl: «Körperbilder und Körperpraxen», S. 14.

129 *Die Film-Woche*, 21.1.50 (Drei Männer aus Texas).

130 Benjamin, Walter: «Über das mimetische Vermögen», in: Ders.: *Medienästhetische Schriften*, Frankfurt a.M. 2002, S. 123-126, S. 123.

131 Jennifer Fay, die mit einem weiter gefassten Mimesisbegriff arbeitet, hat gezeigt, dass die während der Besatzungszeit in Deutschland entstehende *occupation mimicry* teilweise in *ideological conversion* umgeschlagen ist, vgl. Fay: *Theaters of Occupation*, S. ixff.

132 Erhart: «Männlichkeit, Mythos, Gemeinschaft», S. 76. Erhart geht sogar soweit zu sagen, es sei *nur* der Topos der Männlichkeit, der den nationalen Amerika-Mythos interkulturell verständlich macht.

133 Rancière, Jacques: «Etwas zu erledigen haben. Die Poetik des Anthony Mann», in: Bert Rebhandl: *Western*, S. 200-225, S. 210.

134 Rebhandl: «Alte Rassen», S. 15.

Wenn der Körper des Zuschauers in Momenten der durch das Filmbild hervorgerufenen Ekstase die ästhetische Distanz und die Ordnung des Symbolischen aufhebt, so bleibt er doch mit einem Wissen verbunden. Der Körper fungiert auch als ein Speichermedium für Wissen. Viele Genrekonventionen des Western sind körperlich konnotiert. Die Art des Im-Sattel-Sitzens, das Trinken des Whiskys, der Gang, das schnelle Ziehen, das Wegreiten am Ende und mit dem Rücken zur Kamera. Diese Konventionen sind den Zuschauern und den Rezensenten der fünfziger Jahre bekannt.

Der mehrheitliche Teil der Filmberichte ist ‹final motiviert› geschrieben. Der Schluss, das heißt der Ausgang der Handlung, wird in ihnen vorweggenommen. Der Spannungsbogen der Westernfilme, bis hin zum finalen ‹showdown› an Genrekonventionen orientiert, wird im Schreiben gebrochen; das Ende des Films, der spannende, nervenaufreibende Höhepunkt wird schon im beschreibenden Text aufgelöst. Wer am Ende wegreitet, wer gewinnt, wird von den kurzen Rezensionen nicht verheimlicht. Gleichzeitig wird Spannung als ein ganz wesentliches, vielleicht als das wichtigste Element des Western beschrieben. Dieses Schreiben über den Westernfilm in den Zeitungen der Provinz lässt auf drei Punkte schließen, die den Zuschauer betreffen.

Erstens ist der Western in seinem Erzählfluss, das heißt seiner Handlungsentwicklung und seinem Ausgang, dem Zuschauer bekannt. Das Publikum kennt die Genreregeln, und es weiß sie zu schätzen.[135] Aus dieser Tatsache ließe sich *zweitens* ableiten, dass weniger der Gang der Handlung (das *Was* der Erzählung), sondern vielmehr die Form der Darstellung (das *Wie* der Erzählung) für den Zuschauer attraktiv ist. Diese Annahme lässt sich aber aus den vorliegenden Rezensionen heraus nicht entwickeln; eher das Gegenteil ist der Fall. Der Western als (mythische) Erzählform taucht im Inhalt der Filmberichte nicht auf. Ebensowenig entwerfen die Rezensenten ein Instrumentarium, um die kleinen und feinen Abweichungen innerhalb der Genreregeln in einem Film herausstellen zu können. Das System Western bleibt in den fünfziger Jahren noch zu vage, als dass es kleine Veränderungen zu entschlüsseln gäbe. Daher ist *drittens* anzunehmen, dass es gerade die Muster sind, die das Genre so

135 «Das Publikum gönnt ihr den Reinfall sicher auf ganzer Linie, wird beim Herausgehen aus dem Kino schon alles vergessen haben und unverdrossen verzückt fragen: Wo gibt's den nächsten herrlichen Wildwester wie diesen?», *Der neue Film*, 2.2.53 (Die Farm der Gehetzten). Auch die Titelpolitik der Verleihe, die teilweise eine Serienstruktur suggerieren, wo diese gar nicht vorhanden ist, verweist auf den vom Verleih angenommenen Wunsch der Zuschauer nach Wiederholung.

attraktiv machen. Die Attraktivität geht weniger davon aus, dass in den Filmen das *Gleiche* passiert, sondern davon, dass das Gleiche *immer wieder* passiert.

> Die Männer boxen sich *wieder* an der Theke und tupfen sich hinterher nachlässig das Blut von Mund und Hemd.[136]

Weniger die Ähnlichkeit der Muster als vielmehr deren Wiederholung bilden das Spezifikum des Western. Die Wiederholung von visuellen Situationen und Umgebungen, von Figurenzeichnungen und Figurenkonstellationen, von Konflikten und deren Lösungen zielen auf bestimmte Stimmungen beim Zuschauer, sie fungieren als Regulativ der Affektsteuerung. Sie sind dem Zuschauer bekannt, er «wird sich dadurch aber nicht vom Besuch abhalten lassen.»[137] Die Wiederholungen sind Teil des Kinogangs. Das Interesse am Western kann nicht allein an der erzählten Handlung liegen, da diese stets in ähnlichen Bahnen abläuft. «Das Ritual der Genrenutzung und Genrelektüre zielt also auf tiefer liegende Botschaften», die Faszination liegt in der Wiederholung bestimmter Muster, die ständig leicht variiert werden.[138] Wiederholung und Variation, Wiederholung und Differenz verweisen immer auch auf einen Identifikationsprozess.[139] Der Western mit seiner Struktur der Wiederholung vereinfacht solche Prozesse der Identifikation.

Im nächsten Kapitel wird die Aneignung des Western durch den Zuschauer untersucht. Dabei wird von einem produktiven Zuschauer ausgegangen, von einer Interaktion von Zuschauer und Film. «In den interpretativen Praktiken der Zuschauer wird das Potential von Bedeutungen, das ein Film enthält, abhängig von deren Erfahrungen, Kompetenz, Interessen und den Kontexten der Aneignung, auf unterschiedliche Weise aktiviert.»[140] Die Aneignung des Western, bedingt durch ihren Kontext, funktioniert produktiv; sie ist eine Interaktion von Körperbildern und Zuschauerkörpern, eine Interaktion von Film und Zuschauer. Und sie ist eine Transformation in zwei Richtungen, Transformationen am Film durch den Zuschauer und Transformationen am Zuschauer durch den Film.

136 *Kölner Rundschau*, 7.2.53 (Die Farm der Gehetzten), Hervorhebung J.W.

137 *Wesseraner Zeitung*, 8.12.54 (Frauen hassen).

138 Vgl. Hickethier: «Genretheorie», S. 80ff., hier: S. 86.

139 Judith Butler verweist in ihren Schriften auf diesen Punkt, vgl. beispielsweise Butler, Judith: «Für ein sorgfältiges Lesen», in: Seyla Benhabib (Hg.): *Der Streit um Differenz. Feminismus und Postmoderne in der Gegenwart*, Frankfurt a.M. 1993, S. 122-132, S. 124.

140 Winter: *Der produktive Zuschauer*, S. 99.

DAS SEHEN DES WESTERN

VERSUCH EINER REKONSTRUKTION DER ‹FABRIKATION› DES WESTERN

Soweit ich die Literatur überblicke, versucht nur ein Text den amerikanischen Western innerhalb der konkreten Situation Nachkriegsdeutschlands zu verorten. Uta Poiger untersucht den Umgang der westdeutschen Autoritäten mit dem Western und stellt diesen dabei in eine größere Entwicklungslinie. «The appropriation of the Western in West Germany was one step in a complicated process of redefining Germanness after World War II.»[1] Den Western sieht sie als ein erstes amerikanisches Konsumgut, das in Westdeutschland von offizieller Seite als Teil der neuen liberalen und westorientierten Identität anerkannt wurde. Warum ausgerechnet der Western diese Vorreiterposition einnehmen konnte, erklärt sie mit dem Männlichkeitsbild des Western. «The vision of manhood portrayed in many Westerns – the fighter who takes up arms, protects women, and who also serves the state – was part of the reconstruction of a new, postfascist cold war West German masculinity.»[2] Die westdeutschen Autoritäten hatten den Western in den späten fünfziger Jahren angenommen, da er einerseits Bilder starker Männlichkeit und untergeordneter Weiblichkeit lieferte und andererseits dem neuen Bild vom Bürger in Uniform entsprach. Das Genre wurde moralisiert, seine Trennung von Gut und Böse hervorgehoben. Vor allem jungen Männern, so die Meinung in den späten fünfziger Jahren im Zuge einer sich vollziehenden Westanbindung, ermögliche der Western einen kontrollierten Umgang mit Gewalt. «By consuming Western films, german men no longer needed to physically join any front(ier)s – be they in the West or in the East.»[3] Uta Poiger unter-

1 Poiger: «A new ‹western› hero», S. 162.

2 Ebd.

3 Ebd., S. 158. Der Gedanke einer ‹frontier›, einer unsteten, sich verschiebenden Grenze war im kollektiven Denken ‹der Deutschen› vorhanden und erst 1970 mit der Anerkennung der deutschen Ostgrenze zu Polen durch die Regierung Brandt wurde eine mentale Tendenz überwunden, die von der Mitte des 19. Jahruhunderts an, die deutschen Grenzen im Osten als dynamisch vorläufig angesehen hatte. Vor und mit dem Ersten Weltkrieg und der damit einhergehenden Entgrenzung wird die Imagination einer ‹Ostfrontier›, der Ostmark, massenwirksam. Sie festigt sich gezähmt in der

sucht den offiziellen Diskurs über den Western. Auch wenn sie kurz die Entwicklungen des Genres als Voraussetzung für diesen Umgang mit dem Western herausarbeitet, so kommt ihre Untersuchung doch ohne die eigentlichen Filme und ohne den Zuschauer aus. Genau diese Ebene soll aber Thema dieses Kapitels sein: Wie fanden die Zuschauer ihren Zugang zum Western? Abseits der offiziellen Legitimationsdiskurse, worin lag für den deutschen Zuschauer die Faszination des Western?

Faszination (Blanchot) & Fabrikation (de Certeau)

> Warum Faszination? Sehen setzt Distanz voraus, die trennende Bestimmtheit, die Fähigkeit, nicht in Kontakt zu kommen und im Kontakt die Verwirrung zu vermeiden. Sehen bezeichnet, dass diese Trennung dennoch Begegnung geworden ist. Aber was geschieht, wenn einen das, was man sieht, obgleich es distanziert ist, durch einen ergreifenden Kontakt zu berühren scheint, wenn die Sehweise eine Art Berührung ist, wenn Sehen ein Kontakt auf Distanz ist? Wenn sich das Gesehene dem Blick auferlegt, als wenn der Blick ergriffen, berührt, mit der Erscheinung in Verbindung gesetzt würde? Kein aktiver Kontakt, nicht das, was es in einem wirklichen Berühren an Initiative gibt, sondern der Blick wird fortgezogen, aufgebraucht in einer unbeweglichen Bewegung und einem Grund ohne Tiefe. Was uns durch den Kontakt auf Distanz gegeben wird, ist das Bild, und die Faszination ist die Anziehungskraft des Bildes.[4]

Der Frage nach dem Grund der Anziehungskraft des Bildes muss die Frage nach den Bildern vorgeschaltet werden. Welche Bilder faszinieren? «Es ist nicht möglich, alles wahrzunehmen, und so werden Objekte ausgeblendet, Dinge außer Acht gelassen, während andere Gegenstände in den Vordergrund treten.»[5] Wenn von den Rezensionen auf rezeptionsevozierende Signale im Film zurückgeschlossen werden kann, dann wäre es möglich, unter Berücksichtigung des historisch-kulturellen Kontextes sich den Gründen der Faszination für gerade diese Signale und Motive anzunähern.[6]

Weimarer Republik und radikalisiert sich während des Nationalsozialismus, der die Expansion im Osten zu seinem Programm machte. Das Wort vom ‹Volk ohne Raum› fand seinen Platz sowohl in der Propaganda als auch in den Lehrplänen der Schulen.
Da das Motiv der ‹frontier› im Schreiben über den Western keine Rolle spielte, dürfte sich das Gedankengut von der ‹Lebensraumerweiterung› beim Kinogang in den fünfziger Jahren kaum aktualisiert haben.

4 Blanchot, Maurice: *Die wesentliche Einsamkeit*, Berlin 1959, S. 41f. Auf diese schöne Stelle weist Thomas Morsch hin, vgl. Morsch: «Körper des Zuschauers», S. 276.

5 Diehl: «Körperbilder und Körperpraxen», S. 11.

6 Vgl. Korte: «Historische Wahrnehmung», S. 160ff.

Diese Motive könnten dann, im Sinne einer neoformalistischen Filmanalyse, als ‹cues› bezeichnet werden, die den Zuschauer anregen, bestimmte Wahrnehmungsaktivitäten aufzunehmen. Die Untersuchung der ‹cues› würde dann eine Annäherung an die «Interaktion zwischen den formalen Strukturen des Werks und den mentalen Verarbeitungsprozessen des Zuschauers, der auf diese Strukturen antwortet»[7], erlauben.

Untersucht man die Rezensionen auf häufig auftretende Motive, so sind zwei Themenbereiche stark präsent. Zunächst sind da die Helden. Schon bald wird dann das Figurenarsenal erweitert und der Begriff Typen taucht auf, neben dem eigentlichen Helden drängt sich dessen Gegenspieler, der ‹outlaw›, in die Zeilen. Diese Vermehrung der Figuren führt anfangs zu nicht unerheblichen moralischen Konflikten, zu Fragen bezüglich dem Verhältnis von Gut und Böse und zu Problemen der Sympathieverteilung. In fast allen Filmbesprechungen nehmen die *Figuren* des Western eine Schlüsselposition ein[8], auch wenn die Rezensionen zu wenig Platz bieten, um genauere Figurenbeschreibungen zu ermöglichen. Das zweite zentrale, in den Filmberichten gehäuft auftretende Motiv ist die *Landschaft*.[9] Landschaftsszenarien,

7 Thompson, Kristin: «Neoformalistische Filmanalyse. Ein Ansatz, viele Methoden», in: Franz-Josef Albersmeier (Hg.): *Texte zur Theorie des Films*, Stuttgart [3]1998, S. 409-446, S. 424.

8 Vgl. beispielsweise *Die Film-Woche*, 21.1.50 (Drei Männer aus Texas); *Der neue Film*, 9.1.50 (Drei Männer aus Texas); *Film Dienst*, 27.1.50 (Drei Männer aus Texas); *Film Dienst*, 11.8.50 (Vogelfrei); *Allgemeine Zeitung Uelzen*, 15.1.51 (Vogelfrei); *Erlanger Nachrichten*, 24.6.50 (Vogelfrei); *Haller Kreisblatt*, 26.7.51 (Der Held der Prärie); *Lüdenscheider Nachrichten*, 2.6.51 (In die Falle gelockt); *Hanauer Anzeiger*, 6.2.52 (Winchester '73); *Evangelischer Filmbeobachter*, 24.3.55 (Winchester '73); *Stader Tagblatt*, 12.3.52 (Winchester '73); *Rheinische Post*, 23.4.57 (Winchester '73); *Der neue Film*, 28.8.51 (Panik am roten Fluß); *Filmwoche*, 24.3.51 (Panik am roten Fluß); *General Anzeiger Bonn*, 9.2.52 (Panik am roten Fluß); *Bonner Rundschau*, 9.2.52 (Panik am roten Fluß); *Hessische Nachrichten*, 16.2.52 (Panik am roten Fluß); *Fuldaer Zeitung*, 3.5.52 (Geächtet); *Schwäbische Landeszeitung*, Augsburg, 16.06.51 (Geächtet); *Wiesbadener Kurier*, 1.8.51 (Geächtet); *Film-Blätter*, 4.51 (Geächtet); *Hannoversche Presse*, 12.3.52 (Der gebrochene Pfeil); *Der neue Tag*, Weiden, 24.5.52 (Der gebrochene Pfeil); *Darmstädter Tagblatt*, 11.8.51 (Herrin der toten Stadt); *Stuttgarter Zeitung*, 12.3.53 (Bis zum letzten Atemzug); *Die Filmwoche*, 4.10.52 (Bis zum letzten Atemzug); *Westfälische Rundschau*, 28.2.53 (Bis zum letzten Atemzug); *Darmstädter Echo*, 17.1.53 (Bis zum letzten Atemzug); *Deister- und Weserzeitung*, Hameln, 24.1.53 (Bis zum letzten Atemzug); *Filmdienst*, 28.8.52 (Bis zum letzten Atemzug); *Göttinger Tageblatt*, 17.1.53 (Bis zum letzten Atemzug); *Hannoversche Allgemeine*, 28.10.53 (Flucht vor dem Tode); *Neue Presse*, Coburg, 14.2.53 (Flucht vor dem Tode); *Telegraf*, 10.1.54 (Nackte Gewalt); *Die neue Zeitung*, Berlin, 10.1.54 (Nackte Gewalt); *Stadter Tageblatt*, 1.4.53 (Die Farm der Gehetzten); *Kölner Rundschau*, 7.2.53 (Die Farm der Gehetzten); *Wesseraner Zeitung*, 8.12.54 (Wenn Frauen hassen); *Kölner Stadtanzeiger*, 27.1.55 (Wenn Frauen hassen); *Fränkische Tageszeitung*, 8.10.53 (Der Tiger von Utah); *Neue Presse*, 18.5.57 (Der Tiger von Utah); *Der Neue Film*, 15.10.56 (Der schwarze Falke); *Südkurier*, 5.1.57 (Der schwarze Falke); *Badische Zeitung*, 22.1.57 (Der schwarze Falke); *Münchner Merkur*, 23.11.56 (Der schwarze Falke); *Hannoversche Presse*, 10.4.57 (Der Siebente ist dran); *Hamburger Abendblatt*, 2.3.57 (Der Siebente ist dran).

9 Vgl. beispielsweise *Rhein-Neckar-Zeitung*, 7.8.50 (Vogelfrei); *Der Kurier*, 10.7.50 (Vogelfrei);

Berge, die Wüste und die Prärie, die Weite. Die Begeisterung über die Schauplätze des Genres ist in vielen Rezensionen nachzulesen. Wie gezeigt wurde, wird die Landschaft als Legitimationsstrategie genutzt, doch auch in Rezensionen, die auf diese Legitimation verzichten, ist sie ein viel verwendetes Motiv.

Die starke Präsenz dieser beiden Motive wird verstärkt durch die Abwesenheit anderer Motive, die aus filmhistorischer Sicht zu erwarten wären. Der gesamte Themenkomplex, der den Western als amerikanischen Gründungsmythos, als mythisch-nationale Erzählung Amerikas auffasst[10], fehlt vollkommen in den untersuchten Filmberichten. Dazu gehört der Komplex der ‹frontier›, der in direkter Form in den Rezensionen nicht auftaucht. Der Aufbruch von Menschen hin zu etwas Neuem und die damit einhergehende Zivilisierung, oft gefasst als den Versuch aus der Wildnis einen Garten zu machen, sind ebenfalls stark unterrepräsentiert in den Filmbesprechungen. Das Problem der Gründungsgewalt, ein zentrales Motiv der Filme, wird übergangen. Ein anderer, gänzlich ausgesparter Bereich ist derjenige der Narration. Die Art des Erzählens, das Wie des Erzählens und damit die narrative Form des Western wird in den Rezensionen der fünfziger Jahre nicht erwähnt.

Die Bilder von Figuren und Landschaft, von den Rezensenten durchgehend am häufigsten beschrieben, stellten für den deutschen Betrachter der fünfziger Jahre die größte Faszination am Western dar. Auf diese Bilder wird das Hauptaugenmerk zu legen sein, die Faszination ihnen gegenüber soll rekonstruiert werden. Die Analyse des Sehens der faszinierenden Bilder auf der Leinwand legt den Fokus auf die Frage, «was der Kulturkonsument während dieser Stunden und mit diesen Bildern fabriziert»[11] und was dann bleibt, wenn der Zuschauer das Kino verlässt. Von Interesse ist das Verhält-

Telegraf, 9.7.50 (Vogelfrei); *Tagesanzeiger Regensburg*, 18.2.52 (Winchester '73); *Bremer Nachrichten*, 4.4.51 (Panik am roten Fluß); *Der neue Film*, 11.10.51 (Der gebrochene Pfeil); *Südkurier*, Konstanz, 30.4.52 (Der gebrochene Pfeil); *Südhessische Post*, Heppenheim, 1.8.53 (Der gebrochene Pfeil); *Westfälische Rundschau*, Dortmund, 2.2.54 (Der gebrochene Pfeil); *Der Tag*, Berlin, 31.5.51 (Herrin der toten Stadt); *Filmdienst*, 23.2.51 (Herrin der toten Stadt); *Kölnische Rundschau*, 23.1.54 (Nackte Gewalt); *Film-Echo*, 16.1.54 (Nackte Gewalt); *Der Kurier*, 9.1.54 (Nackte Gewalt); *Geislinger Zeitung*, 13.2.54 (Nackte Gewalt); *Frankfurter Abendzeitung*, 2.11.54 (Wenn Frauen hassen); *Norddeutsche Rundschau*, 14.12.55 (Verrat in Fort Bravo); *Die Filmwoche*, 18.12.54 (Verrat in Fort Bravo); *Der Neue Film*, 15.10.56 (Der schwarze Falke); *Badische Zeitung*, 22.1.57 (Der schwarze Falke); *Münchner Merkur*, 23.11.56 (Der schwarze Falke); *Hannoversche Presse*, 10.4.57 (Der Siebente ist dran).

10 Mit dem Bürgerkrieg ergab sich die Notwendigkeit eines neuen amerikanischen Gründungsmythos, da die erste Landnahme sich in ihren Widersprüchen gezeigt hatte. Erst im Westen konnte die Nation zu sich finden, weshalb auch der Western der amerikanische Film par excellence wurde, vgl. Seeßlen: *Western*, S. 13ff.

11 de Certeau, Michel: *Kunst des Handelns*, Berlin 1988, S. 13 (Hervorhebung im Original).

nis von Film und Zuschauer, oder etwas genauer: «not just the relationship that occurs between the viewer and the screen, but also and especially how that relationship lives on once the spectator leaves the theater.»[12] Judith Mayne fasst dieses Verhältnis im Begriff ‹spectatorship›; Michel de Certeau nutzt den Begriff der ‹Fabrikation›, um die produktive Arbeit des Zuschauers mit dem Filmbild zu fassen. Diese Fabrikation findet an der eingangs erwähnten Schwelle statt, der Schwelle zwischen der eigenen Lebenswelt des Zuschauers und der Welt des Films. Hier transformiert der Zuschauer den Film und der Film den Zuschauer.

Der Blick der deutschen Kinozuschauer der fünfziger Jahre kommt von ‹irgendwoher›, er ist gebunden an eine Art der Kinonutzung, an ein über einen Diskurs vermitteltes Genrewissen und an die konkrete, lebensweltliche Alltagssituation. Die Kinonutzung und den Diskurs um das Genre habe ich versucht in den vorigen Kapitel darzustellen. Georg Seeßlen arbeitet das irgendwoher für den Heimat- und Ferienfilm heraus, der zeitgleich mit dem Western in den bundesdeutschen Kinos zu sehen war. Er kommt zu dem Schluss, man könne das Betrachten dieser Filme als

> Bewegungen zur Aneignung ebenso sehen wie als Bewegung der Abwehr; sie sind erfüllt von einer ebenso großen Gier wie von einer panischen Furcht. Sie versuchen immer wieder die Fragen zu beantworten: wie umgehen mit dem Fremden? Wie umgehen mit dem Vergangenen? Wie umgehen mit dem Weiblichen?[13]

Der Western stellt sich, das wird deutlich werden, ähnlichen Fragen.

In Bezug auf den Western mussten den deutschen Zuschauern der frühen fünfziger Jahre – und dessen ‹irgendwoher› – die Themenkomplexe Figur und Landschaft besonders ansprechen, da sie zwei miteinander verschränkte Bereiche betrafen, die in Deutschland nach dem Zweiten Weltkrieg problematisch wurden und neu verhandelt werden mussten: Männlichkeit und Heimat; Fragen von individueller und kollektiver Identität.

Mit dem verlorenen Krieg wurde die bis dahin in Deutschland hegemoniale soldatische Männlichkeit in Frage gestellt, eine «Nachkriegskrise der Männlichkeit»[14]

12 Mayne, Judith: *Cinema and Spectatorship*, London 1993, S. 2f.

13 Seeßlen: «Heimat und so weiter», S.159f.

14 Heide Fehrenbach, zitiert nach Moeller: «Heimkehr ins Vaterland», S. 402. Der Begriff der Krise muss mit Vorsicht benutzt werden, da er im Subtext die normative Annahme einer ‹normalen›, nicht krisenhaften Zeit transportiert, vgl. Martschukat, Jürgen/Olaf Stieglitz: *Geschichte der Männlichkeiten*, Frankfurt a.M. 2008, S. 64.

trat ein. Die fünfziger Jahre sind geprägt von dem Versuch eine neue Männlichkeit zu finden, die Forschung bezeichnet diesen Prozess mit dem Begriff der ‹remasculinization›.[15] Uta Poiger hat die Bedeutung des Western in diesem Prozess untersucht und herausgearbeitet, dass der Western, Ende der fünfziger Jahre auf der Ebene der Autoritäten, mithalf, eine konsumkompatible Männlichkeit in Westdeutschland durchzusetzen.[16] Poiger denkt stark vom Diskurs über den Western und von den Trägern dieses Diskurses her. Dieser Ansatz soll erweitert werden auf die Filme (die Männlichkeit präsentieren) und die eigentlichen Zuschauer, die ihren Umgang mit der problematisch gewordenen Männlichkeit finden mussten. Über die im Western vermittelten Körperbilder und den damit einhergehenden Identifikationsmöglichkeiten soll sich der Fabrikation des Western genähert werden.

Mit dem verlorenen Krieg war aber auch der Begriff der ‹Heimat› brüchig geworden. Heimat wurde nach dem Krieg zu einem höchst sensiblen und emotionalisierten Thema. Ein positives und uneingeschränkt affirmatives Verhältnis war nicht mehr möglich. Das Verhältnis zur Heimat wurde zum grundlegenden Problem, definiert «durch den erfahrenen Verlust von Heimat auf der einen Seite und durch das Streben nach einer zukünftig erträumten unbelasteten Heimat auf der anderen Seite.»[17] Die Suche nach Heimat war eines der grundlegenden und drängenden Probleme der fünfziger Jahre[18] und Ausdruck für die Suche nach neuen Formen des Zusammenlebens, der Vergemeinschaftung und Vergesellschaftung. Da der Begriff nicht mehr problemlos national oder vaterländisch gedacht werden konnte, wurde Heimat in den fünfziger Jahren vorzugsweise landschaftlich konstruiert.[19] Auch im Heimatfilm. Der Western ist zwar «kein Heimatfilm in unserem Sinne; er spielt ja in einer Landschaft, die eben gerade Noch-nicht-Heimat ist und es zum Teil und für manchen auch nie werden wird.»[20] Über die Anbindung der Landschaft an den Westerner und dessen männlicher Identitätsbildung ist die Landschaft im Western aber Träger von Identifikationspotentialen.

15 Vgl. Jeffords, Susan: «The ‹remasculinization› of Germany in the 1950s: Discussion», in: *Signs* 24 (1998), S. 163-169, S. 163ff.

16 Vgl. Poiger: «A new ‹western› hero», S. 162.

17 Vgl. Trimborn: *Heimatfilm*, S. 13.

18 Vgl. Schenk: «‹Derealisierung› oder ‹aufregende Modernisierung›», S. 115.

19 So liest man beispielsweise in einer Chronik der Stadt Sonthofen zu Beginn der sechziger Jahre: «Viel hat uns der Krieg genommen. Doch uns blieb, unberührt und blühend, wie eh und je, unsere herrliche Heimatlandschaft», zitiert nach Sebald, W.G.: *Luftkrieg und Literatur*, München 1999, S. 83.

20 Seeßlen: «Weites Land und großer Himmel», S. 163.

Die Problemkomplexe Männlichkeit und Heimat, mit denen sich der deutsche Zuschauer der frühen fünfziger Jahre auseinandersetzen musste, sind im Sehen des Western präsent. Fasst man Filme als kulturelle Mittel, fasst man die Schwelle zwischen Film und Zuschauer als produktiven Ort, dann gilt es zu untersuchen, wie der Western von deutschen Zuschauern angeeignet, wie er vom deutschen Zuschauer im Kino der fünfziger Jahre fabriziert wird. «Diese Fabrikation, der hier nachgegangen werden soll, ist eine Produktion, eine Poiesis»[21], die in anderer Richtung auch den Zuschauer nicht unberührt lässt.

Männlichkeit(en) und Körper der Nachkriegszeit

Strukturen und Merkmale der Western im Bereich der Figuren sind zunächst Vorstellungen von Männlichkeit(en). Stärke und Heldentum, Mut und Feigheit, Haltungen des Körpers. Aber auch die verschiedenen Konstellationen von Figuren sind bedeutend: Gemeinschaft, Einsamkeit, soziale Hierarchien, Vater und Sohn, Freund und Feind, Geschlechterrollen und -beziehungen. Alle diese Bereiche verweisen in den Western immer wieder auf die Männlichkeit, die in jedem Western, verschränkt mit anderen Themen, (wieder-)hergestellt wird. ‹There is something a man can't run away from›, sagt Ringo in HÖLLENFAHRT NACH SANTA FÉ zu Dallas. Dabei bezeichnet dieses ‹something› wohl das Mann-Sein selbst. ‹A man's gotta do what a man's gotta do!› stellt die zirkuläre Formel des Western dar, die in allen Western verhandelt wird.[22]

Geschlecht, und damit Männlichkeit, muss als soziokulturelle Kategorie aufgefasst werden, die ein Produkt von historischen Prozessen sozialer und kultureller Konstruktion ist; das heißt, Geschlecht ist ein gesellschaftlich und kulturell produziertes Wissen von Geschlechterdifferenzen. Dieses Wissen ist in Gebrauch und Bedeutung umkämpft und damit direkt in die gesellschaftlichen Machtverhältnisse eingebunden. Die diskursive Produktion dieses Wissens ist «eine Art und Weise, in der die Welt

21 de Certeau: *Kunst des Handelns*, S. 13.

22 Vgl. Rebhandl: «Alte Rassen», S. 15. ‹Some things a man has to do, so he does'em›, sagt Lin McAdam in WINCHESTER '73. ‹Es gibt Dinge über die sich ein Mann Klarheit verschaffen muss, und er muss es alleine tun›, sagt Jim Slater in DAS GEHEIMNIS DER FÜNF GRÄBER. Diese Aufzählung könnte man ungemein lange fortführen.

geordnet wird, die untrennbar ist von deren politischer und sozialer Organisation.»[23] Männlichkeit ist weder universal noch unveränderlich. Geschlechter werden hier als sozial konstruierte, als «sedimentierte und hartnäckige Effekte von Wahrnehmungsmustern und Machtstrukturen, von Diskursen und Praktiken»[24] verstanden. Geschlechterzuweisungen und Geschlechterattribute sind Teil spezifischer historischer Konfigurationen und als solche, da in einer kulturellen und gesellschaftlichen Ordnung verankert, nur schwer zu verändern. Jedoch sind sie wandelbar und wandeln sich tatsächlich beständig. Und gerade jene Zeitfenster, in denen solche Verschiebungen sichtbar werden, sind für die Forschung besonders interessant.

Konkrete Entwürfe von Männlichkeit(en) in der Nachkriegszeit historisch zu fassen, stellt sich als äußerst komplexes Unterfangen heraus, da von der Männlichkeit nicht gesprochen werden kann. Zu verschieden sind die klassenspezifischen, generationalen, regionalen und individuellen[25] Ausprägungen von Männlichkeit. Ein hilfreiches Modell liefert der Soziologe Robert W. Connell mit seinem Konzept der ‹hegemonialen Männlichkeit›. Dieses versucht unterschiedliche Formen von Ausgrenzung und Hierarchisierung zu beleuchten und Männlichkeit immer auch in Beziehung zu differenten Männlichkeiten zu denken, die – ökonomisch, sozial, kulturell oder sexuell bedingt – ausgegrenzt oder auf niedere Hierarchiestufen gesetzt werden.

> *Hegemoniale Männlichkeit* ist kein starr, über Zeit und Raum unveränderlicher Charakter. Es ist vielmehr jene Form von Männlichkeit, die in einer gegebenen Struktur des Geschlechterverhältnisses die bestimmende Position einnimmt, eine Position allerdings, die jederzeit in Frage gestellt werde kann.[26]

In diesem Sinne ist die hegemoniale Männlichkeit keine stabile und feste Größe, sondern ein «kulturelles Ideal, ein kulturell dominantes Deutungsmuster»[27], das als

23 Hagemann, Karen: «Venus und Mars. Reflexionen zu einer Geschlechtergeschichte von Militär und Krieg», in: Dies./Ralf Pröve (Hg.): *Landsknechte, Soldatenfrauen und Nationalkrieger: Militär, Krieg und Geschlechterordnung im historische Wandel*, Frankfurt a. M. 1998, S. 13-48, S. 30.

24 Martschukat, Jürgen/Olaf Stieglitz: *Es ist ein Junge! Einführung in die Geschichte der Männlichkeiten in der Neuzeit*, Tübingen 2005, S. 69.

25 «Unsere inneren Bilder sind nicht immer individueller Natur, aber sie werden auch dann, wenn sie kollektiven Ursprungs sind, so von uns verinnerlicht, dass wir sie für unsere eigenen Bilder halten. Die kollektiven Bilder bedeuten deshalb, dass wir die Welt nicht nur als Individuen wahrnehmen, sondern dies auf eine kollektive Weise tun, welche unsere Wahrnehmung einer aktuellen Zeitform unterwirft», Belting, Hans: *Bild-Anthropologie. Entwürfe für eine Bildwissenschaft*, München 2001, S. 21.

26 Connell, Robert W.: *Der gemachte Mann. Konstruktion und Krise von Männlichkeiten*, Opladen 1999, S. 97 (Hervorhebung im Original).

27 Martschukat/Stieglitz: *Es ist ein Junge!*, S. 56.

historisch variabel verstanden werden muss. Auch muss es nicht von der Mehrheit der Männer gelebt werden, sondern es muss vielmehr als unhinterfragtes Orientierungsmuster von der Mehrheit der Männer und Frauen angesehen werden.[28] (Für diese Untersuchung heißt das: Es ist die Männlichkeit, die ins Kino geht, nicht die Männer.) Dieses Deutungsmuster kann aufgrund seiner Nähe zur gesellschaftlichen Macht hierarchisierend und ausgrenzend wirken, über Diskurse und Praktiken wird es gesellschaftlich wirkmächtig. Wenn hier von Männlichkeit gesprochen wird, ist ein Konstrukt gemeint, das Zuschauer beiden Geschlechts produzieren und reproduzieren.

Die hegemoniale Männlichkeit war in Deutschland nach dem Krieg erschüttert. «All diese Gestalten sind so armselig, so gar keine Männer mehr. Man kann sie nur bemitleiden.»[29] Diese Beschreibung der sich zurückziehenden deutschen Soldaten im Frühjahr 1945 durch eine deutsche Frau zeigt, wie stark sich ein Bild von heroisch-soldatischer Männlichkeit in den Köpfen festgesetzt hatte, das der konkreten Situation widersprach. Verletzte und verstörte Männer bevölkerten die «emotionale, psychologische und visuelle Landschaft»[30] der Nachkriegszeit. Dieses Bild wurde zweifach kontrastiert. Einerseits wurde die Erschütterung durch die Präsenz der männlichen Sieger, der gesunden und starken GIs der amerikanischen Besatzung, noch verstärkt, andererseits widersprach die Nachkriegssituation der im Nationalsozialismus erhöhten Männlichkeit diametral.

Maskulinität als Prinzip hatte während der nationalsozialistischen Zeit das Alltagsleben transzendiert.[31] Die maskuline Kultur des Nationalsozialismus war von einem soldatischen Männlichkeitsbild geprägt, das sich mit dem Ersten Weltkrieg herausgebildet hatte. Von Ernst Jünger wurden sie prototypisch beschrieben, die «Männer aus Stahl, voller Energie, bereit zur Schlacht. Bezeichnend schon ihr äußeres Erscheinungsbild: geschmeidige, magere, muskulöse Körper, eindrucksvolle Gesichter mit Augen, die Tausende von Toten gesehen hatten.»[32] Zusammengefügt mit rassistisch-biologistisch und mythisch-religiösen Elementen und der sozialen Ein-

28 Vgl. Mosse, George L.: *Das Bild des Mannes. Zur Konstruktion der modernen Männlichkeit*, Frankfurt a.M. 1997, S. 176. Mosse zeigt, dass in den zwanziger Jahren das maskuline Stereotyp (Connell würde hegemoniale Männlichkeit sagen) seine ungebrochen Stärke dadurch zeigt, dass auch die meisten Außenseiter danach strebten, ihre Identität mit dem allgemeinen Bild von Männlichkeit zur Deckung zu bringen.

29 Anonyma: *Eine Frau in Berlin*, München [8]2008, S. 27.

30 Moeller: «Heimkehr ins Vaterland», S. 404.

31 Vgl. Mosse: *Das Bild des Mannes*, S. 203.

32 Ebd., S. 153.

bindung der ‹arisch›-soldatischen Körper in einen ‹Volkskörper› entwickelte sich die hegemoniale Männlichkeit des Nationalsozialismus.[33] Durch die starke institutionalisierende Macht und den Zweiten Weltkrieg konnte sich diese Männlichkeit mit dem ihr verbundenen Körperbild stabilisieren und festigten.[34] Natürlich darf nicht übersehen werden, dass die nicht-soldatische Männlichkeit (zum Beispiel diejenige Heinz Rühmann, an die man nicht zufällig nach dem Krieg nur zu gerne anschließen wird) während der NS-Zeit sich großer Beliebtheit erfreute. Doch stellte diese Männlichkeit die hegemoniale, soldatische Männlichkeit nicht in Frage, vielmehr wird sie diese, als untergeordnete Männlichkeit, eher bestätigt haben.

Die Präsenz des Krieges, die von ihm ausgehende körperliche Bedrohung und der ‹shock of violence› der Nachkriegszeit[35] verweisen auf die Verletzlichkeit und Brüchigkeit der Körper, was die soldatisch-heroische Männlichkeit und ihre dominante Fiktion des Körpers noch verstärken konnte.

> Derart wächst die Fiktion eines Körpers, der keine Spur bedrohlicher Differenz mehr in sich trägt, während die antagonistische Wirklichkeit männlicher Selbsterfahrungen diese Fiktion beharrlich durchbricht. ‹Dominante Fiktion› könnte dann jener privilegierte Modus einer Repräsentation heißen, der sich diesen realen Brüchen entgegenstemmt und die sie bestimmenden Instabilitäten in vor-bildlicher Weise zu beseitigen sucht.[36]

Das Menschenbild des NS-Staates und die Verhaltenserwartungen an seine männlichen Bürger trafen in den Begriffen Kampf, Opfer und Gemeinschaft zusammen.[37] Der Körper wurde dabei zum «Verwirklichungsraum eines sozio-

33 Vgl. Diehl: «Körperbilder und Körperpraxen», S. 19ff.

34 Vgl. Kühberger, Christoph: «Gescheiterte Männer? Über den Bruch der idealtypischen nationalsozialistischen Männlichkeit unter amerikanischer Besatzung», in: Stefan Zahlmann/Sylka Scholz (Hg.): *Scheitern und Biografie. Die andere Seite moderner Lebensgeschichten*, Gießen 2005, S. 191-206, S. 191. Ausführliche körperhistorische Arbeiten, die den Zusammenhang von propagierter und erlebter Körperlichkeit untersuchen, existieren leider nicht, vgl. Ellerbrock, Dagmar: «Zur Übersterblichkeit ‹arischer› Männerkörper. Körperkonzepte in Transition», in: Paula Diehl: *Körper im Nationalsozialismus*, S. 281-305, S. 285f.

35 Vgl. Bessel, Richard: «The war to end all wars. The shock of violence in 1945 and its aftermath in Germany», in: Alf Lüdtke/Bernd Weisbrod (Hg.): *No Man's Land of Violence. Extreme Wars in the 20th Century*, Göttingen 2006, S. 69-99, S. 88f.

36 Kaltenecker, Siegfried: «Weil aber die vergessene Fremde unser Körper ist. Über Männer-Körper-Repräsentationen und Faschismus», in: Marie-Luise Angerer (Hg.): *The Body of Gender. Geschlechter und Identitäten*, Wien 1995, S. 91-109, S. 95. Zum Konzept der dominanten Fiktion, vgl. Silverman, Kaja: *Male Subjectivity at the Margins*, New York 1992, S. 15ff.

37 Vgl. Frevert, Ute: *Die kasernierte Nation. Militärdienst und Zivilgesellschaft in Deutschland*, München 2001, S. 318.

politischen Projektes.»[38] Über Körperbilder und Körperpraxen verbreitete der Nationalsozialismus seine Körperkonzeption und seine Ideologie. Entindividualisierung und völkische Vergemeinschaftung galten als «absolutes Prinzip»[39], der Körper gehörte nicht dem Einzelnen, sondern seinem Volk. Die nationalsozialistische Erziehungspolitik zielte durch bestimmte Körperpraxen auf den Körper und auf die Transformation des ungeformten Körpers in den formierten (National-)Körper.[40] Zugleich sollte die individuelle Wahrnehmung durch bestimmte Körperbilder kollektiv durchsetzt werden. «Der Sinn des faschistischen Formelwesens, der ritualen Disziplin, der Uniformen und der gesamten vorgeblich irrationalen Apparatur ist es, mimetisches Verhalten zu ermöglichen.»[41] Körperbilder verweisen den Betrachter in besonderer Weise auf einen Identifikationsprozess, da «gerade der menschliche Körper ein in unserer ganzen wahrnehmbaren Welt ausgezeichneter Gegenstand ist, insofern wir uns in ihn einfühlen können, weil wir selber seiner Art sind.»[42]

> Die NS-Propaganda konzentrierte sich auf die Produktion gegensätzlicher Körperbilder. Während im Fall von negativen Körperbildern des ‹Juden›, des ‹Minderwertigen› oder des ‹Erbkranken› vor allem die Ängste vor Zerstückelung und körperlicher Versehrtheit – Phantasma des zerstückelten Körpers – angesprochen wurden, konnten die idealen Körperbilder des ‹Ariers› die Identifikation des Betrachters im positiven Sinne mobilisieren, weil sie sich auf die Körperganzheit im Sinne des Spiegelbildes stützten.[43]

Die Produktion von Männlichkeit erfolgte im Nationalsozialismus über einen Anti-Typ, über das Gegenteil der Männlichkeit. Vor allem der jüdische Körper wurde als kranker und zerteilter Körper, dem gesunden und ganzen Körper deutscher Männlichkeit gegenübergestellt.[44]

38 Diehl: «Körperbilder und Körperpraxen», S. 10.

39 Mosse: *Das Bild des Mannes*, S. 221.

40 Vgl. Schmidtke, Adrian: *Körperformationen. Fotoanalysen zur Formierung und Disziplinierung des Körpers in der Erziehung des Nationalsozialismus*, Münster 2007, S. 21; Theweleit, Klaus: *Männerphantasien 2. Männerkörper. Zur Psychoanalyse des weißen Terrors*, Reinbek 1980, S. 82; Noiman, Bo'az: *Die Weltanschauung des Nazismus. Raum, Körper, Sprache*, Göttingen 2010; Diehl: «Körperbilder und Körperpraxen», S. 11.

41 Adorno, Theodor W./Max Horkheimer: *Dialektik der Aufklärung*, Frankfurt a.M. 1981, S. 209.

42 Böhme, Gernot: *Theorie des Bildes*, München 1999, S. 122.

43 Diehl: «Körperbilder und Körperpraxen», S. 13.

44 Vgl. Mosse: *Das Bild des Mannes*, S. 230ff. «Der gekrümmte Körper wird gewissermaßen in ein stählernes Korsett gezwungen, das das Sich-Zusammennehmen zum Konstituens einer neuen männlichen Identität erhebt», Kaltenecker: «Über Männer-Körper-Repräsentationen und Faschismus», S. 91.

Die nationalsozialistisch ausgeformte soldatisch-heroische Männlichkeit, die sich an einem Konzept biologisch-rassischer Überlegenheit orientierte und alle anderen Männer als unterlegen und degeneriert charakterisierte, wurde durch die militärische Niederlage, die sichtbaren physischen und psychischen Beeinträchtigungen und die Anwesenheit der Sieger bloßgestellt. Mit der Niederlage verlor das hegemoniale Männlichkeitsideal jede Berechtigung.

> Denn entweder brach es dadurch zusammen, dass sich die Männer in dem Sinn unmännlich verhielten, dass sie ihre gepriesenen und (mit)gelebten Ideale zwischen Hegemonie und Komplizenschaft, im Sinne Connells, verrieten, oder sich, wenn sie das nicht taten und an den nationalsozialistischen Werten festhielten, zumindest die militärische Unterlegenheit und die Niederlage der ‹deutschen› Männer eingestehen mussten.[45]

Die Niederlage der deutschen Männer war aber nicht nur militärischer Art. Denn die siegreichen Feinde, vor allem die amerikanischen Männer, übernahmen nicht nur die militärische und damit die politische Herrschaft in Deutschland. Über ihre sexuellen Beziehungen zu deutschen Frauen, seien diese nun realer oder vorgestellter Art, trugen die amerikanischen Besatzer etwas Fremdes in das als ‹Volkskörper› imaginierte gemeinsame, nationale Kollektiv. «Der Sieg der Amerikaner war damit nicht nur ein militärischer, sondern er durchdrang auch den gesamten Gemeinschaftskörper.»[46] Die gesunden und kräftigen Körper der amerikanischen GIs standen den versehrten und verletzten Körpern der deutschen Soldaten gegenüber. «Die [amerikanischen] Soldaten sahen blühend aus, gesund und wohlgenährt»[47]; der Kontrast wurde von der deutschen Bevölkerung wahrgenommen. Die erschütterte deutsche Männlichkeit musste sich neu konzipieren, sie hatte ihre Berechtigung sichtbar

45 Kühberger: «Gescheiterte Männer?», S. 201f. Anhand von psychiatrischen Fällen lässt sich zeigen, dass die psychischen Probleme der Nachkriegszeit immer auch an eine bestimmte Vorstellung von Männlichkeit geknüpft sind; an eine als defekt wahrgenommene Männlichkeit, die dem Versuch der Abgleichung von Verhalten und moralischem Empfinden nicht mehr standhält, vgl. Golterman, Svenja: «Die Beherrschung der Männlichkeit. Zur Deutung psychischer Leiden bei den Heimkehrern des Zweiten Weltkrieges 1945-1956», in: *Feministische Studien* 2 (2000), S. 7-19. 13.

46 Roelfs, Almuth: «‹Ami-Liebchen› und ‹Berufsbräute›. Prostitution, Geschlechtskrankheiten und Besatzungsverhältnisse in der Nachkriegszeit», in: Günther Kronenbitter/Markus Pöhlmann/Dierk Walter (Hg.): *Besatzung. Funktion und Gestalt militärischer Fremdherrschaft von der Antike bis zum 20. Jahrhundert*, Paderborn 2006, S. 201-210, S. 205. Vgl. auch Fehrenbach, Heide: «‹Ami-Liebchen› und ‹Mischlingskinder›. Rasse, Geschlecht und Kultur in der deutsch-amerikanischen Begegnung», in: Klaus Neumann: *Nachkrieg in Deutschland*, S. 178-205, S. 185f.

47 Aus der Kriegschronik der Stadt Neckargemünd, August 1945, zitiert nach Henke, Klaus-Dietmar: *Die amerikanische Besetzung Deutschlands*, München 1995, S. 961.

verloren, da die amerikanischen GIs Überlegenheit, Gesundheit und Kampfkraft verkörperten, Eigenschaften, die nach nationalsozialistischen Vorstellungen dem ‹arischen› Mann und Soldaten zugeschrieben wurden.

Dagmar Ellerbrock geht von einer zeitlich schnell sich vollziehenden Verschiebung der normativen (man könnte sagen: hegemonialen) Körperbilder aus. «Ehemals verführerische ‹arische› Vorbildkörper konnten, offenbar ohne größere Probleme, durch die nun hautnah erlebten gesunden, jungen, attraktiven Körper der Besatzungssoldaten substituiert werden, die nun ihrerseits die Qualität erstrebter und ersehnter Körperlichkeit aufwiesen.»[48] Dabei betont sie die vielfältigen Berührungspunkte zwischen dem alten und dem neuen Ideal. Soldatische und kämpferische Männlichkeit beider Konzepte förderten den Umbauprozess. Der Hauptunterschied, die biologisch-rassische Konstruktion deutscher Männlichkeit, konnte aufgrund ihrer Nicht-Sichtbarkeit relativ problemlos überschrieben werden. Nicht allein aufgrund der Präsenz afroamerikanischer GIs scheint diese Argumentation etwas zu kurz zu greifen.

In ihrer Argumentation differenzierter, ist Annette Brauerhoch, die explizit den GI als die «Verkörperung einer zum ‹Deutschen› differenten Form von Männlichkeit»[49] analysiert. Der gesellschaftliche Umgang mit dem GI und dessen deutschem Gegenüber, dem Fräulein, zeigt die großen Schwierigkeiten, die die deutsche Nachkriegsmännlichkeit im Umgang mit der amerikanischen Männlichkeit und ihrem ‹Eindringen› in den deutschen ‹Volkskörper› hatte. Der Umbau der deutschen, männlichen Identität in Anwesenheit der Amerikaner war keinesfalls ein einfacher und geradliniger Weg, der über die Ähnlichkeit der beiden kämpfenden Männlichkeiten funktionierte.[50] Der kriegerische Kampf war vorbei, und identitäre Elemente von Vergangenheit und Zukunft mussten in den Umbauprozess der Männlichkeit integriert werden.

Die Anwesenheit einer differenten und siegreichen Männlichkeit strukturierte den Alltag der deutschen Bevölkerung nach dem Krieg. Die 1956 verfassten Erinnerungen

48 Ellerbrock: «Zur Übersterblichkeit ‹arischer› Männerkörper», S. 293.

49 Brauerhoch, Annette: *Fräuleins und GIs. Geschichte und Filmgeschichte*, Frankfurt a.M. 2006, S. 45.

50 Die Anwesenheit der GIs und ihre sexuellen Kontakte mit deutschen Frauen begünstigte schon früh einen Verschiebungsprozess im kollektiven Gedächtnis: zuerst wird das Leid der Frauen zum Leid des Landes transformiert, um dann die Trümmerfrau als Mythos des Wiederaufbaus aufbauen zu können. Damit werden die Fräuleins (und ihre Kontakte zu den GIs) als Elemente moralischer Unordnung denkbar, die es ermöglichen die Unmoral des besiegten Systems auszublenden, vgl. Brauerhoch: *Fräuleins und GIs*, S. 143.

des überzeugten Nationalsozialisten und Antisemiten Joseph Hiess, die dessen Internierung in Glasenbach beschreiben, entwerfen folgendes Bild von den amerikanischen Soldaten.

> Wir sind die Knallerei gewöhnt, seit wir die kleingewachsenen, olivgrünen Wachsoldaten haben, die ihr mexikanisches Cowboydasein mit den Uniformen amerikanischer Sieger vertauschten. Nun stolzieren sie wie verkleidete Konfektionäre mit ausdruckslosen Gesichtern vor und hinter dem Drahtzaun geschäftig hin und her, kauen unermüdlich ihren Wrigley und pfeffern wahllos in die Gegend. Wozu hätte man ihnen sonst die pfundschweren vernickelten Revolver gegeben, die sie merkwürdig tief zu beiden Schenkeln hängen haben? In buntverzierten Lederschaften stecken diese jungen Kanonen. Von der unteren Futteralspitze hängt eine geflochtene Lederschnur beinahe bis zum Boden hinab. Die grellfarbigen Halstücher, der komisch wiegende Gang aus den Hüften heraus, das alles verstärkt den Eindruck, es nicht mit regulären Soldaten, sondern mit Zirkusreitern zu tun zu haben. Bloß dass diese GIs weniger harmlos sind als die Angestellten eines Zirkusunternehmens. Es sind im Gegenteil recht gefährliche Burschen, und das Schießeisen sitzt ihnen locker.[51]

Diese von Verachtung geprägte Beschreibung der Amerikaner ist, neben den gängigen Motiven zur Beschreibung des GIs wie dem Kaugummi, durchsetzt von Motiven des Western. Die tief hängenden Revolver (nicht das Gewehr im Anschlag), die individuellen und bunten Halstücher (die nicht Teil der Uniform sind) und der wiegende Gang (nicht der aufrechte soldatische Schritt) sind der Welt des Western entsprungen. Ob Joseph Hiess selbst Western gesehen hat oder ob er schlicht Stereotype reproduziert[52], ist zunächst unerheblich. Die rückblickende Betrachtung zeigt, dass zumindest im Laufe der Nachkriegszeit neben dem GI eine weitere amerikanische Figur im Alltag der deutschen Bevölkerung präsent war.[53] Der Westerner, der zweite Amerikaner par excellence, war über die Leinwand vermittelt zurück nach Deutschland gekehrt. Vielleicht ist es überspitzt zu behaupten, dass der Kontakt im Alltag über diese beiden Figuren stattfand: den GI und den Westerner. Aber die Rolle des Kinos im alltäglichen Umgang mit den Amerikanern kann kaum überschätzt werden. Zumal

51 Joseph Hiess, zitiert nach Kühberger: «Gescheiterte Männer?», S. 195f.

52 Die Knallerei und die locker sitzenden Schießeisen sind auch beliebtes Motiv in den Rezensionen, vgl. beispielsweise *Der neue Film*, 9.1.50 (Drei Männer aus Texas); *Pforzheimer Zeitung*, 30.5.51 (Vogelfrei); *Der neue Film*, 28.8.51 (Panik am roten Fluß); *Memminger Zeitung*, 11.3.52 (Panik am roten Fluß); *Allgemeine Zeitung Kreuznach*, 9.11.52 (Panik am roten Fluß); *Film Echo*, 28.1.56 (Goldräuber von Oklahoma); *Hamburger Abendblatt*, 2.3.57 (Der Siebente ist dran).

53 Hiess beschreibt natürlich nicht den Nachkriegsalltag sondern eine Lagersituation. Er beschreibt sie aber rückblickend und aus einer Alltagssituation heraus. In seiner Beschreibung mischen sich demnach Lager und Alltag.

die Vorstellungen, die deutsche Frauen von den GIs hatten, stark vom Kino geprägt waren.

> [Es] findet eine Assoziation des Erscheinungsbildes dieser Männer mit der Scheinwelt des Films statt. Interessanterweise überträgt sich der Glamour, den das Kino Hollywoods repräsentiert, auf die amerikanischen Soldaten. Einerseits wird darin deutlich, wie sehr die USA mit ihrem Kino als spezifisch kulturellem Kapital identifiziert werden, andererseits reflektiert sich darin die Situation der deutschen Bevölkerung als ‹Zuschauer› der eigenen historischen Situation.[54]

Das Kino als Moment der Identitätssuche und der direkte Kontakt mit dem Sieger treffen in den Figuren GI und Westerner aufeinander. Für einen Teil der Frauen, der Kinder und der männlichen Jugendlichen wurden die GIs schnell zum Bild des Ausbruchs aus der vergangenen Gesellschaftsform.[55] Für das deutsche Männlichkeitsbild und die deutsche Männlichkeit aber blieb der nahe, anwesende GI zunächst problematisch. Ein anderer Amerikaner jedoch, der Westerner, ermöglichte im fiktionalen Raum des Kinos eine sanftere Annäherung an das amerikanische Männlichkeitsbild. Vielleicht brauchte es den Gang und den tief hängenden Revolver des Westerner, wo an anderer Stelle der Tanz und die Schokolade des GIs für Amerika vereinnahmen konnten. Vielleicht brauchte es die seltsame Distanz der Leinwand um sich Amerika nähern zu können. Vielleicht brauchte der GI als der fremde Nahe den Westerner als einen nahen Fremden an seiner Seite.

Die Positionen der Figuren

Die im amerikanischen Western (fort-)geschriebene hegemoniale Männlichkeit trifft auf eine prekär gewordene deutsche hegemoniale Männlichkeit, die sich den Aufgaben von individueller und kollektiver Identitätsumbildung stellen muss. In diesem spezifischen historischen Kontext der ‹Modernisierung› und der Konfrontation mit Neuem und Unbekanntem, muss das Sehen des Western in Deutschland gedacht werden; ein Sehen, das vorrangig von den Figuren des Western fasziniert ist.

54 Brauerhoch: *Fräuleins und GIs*, S. 166.
55 Vgl. Ebd., S. 170.

Held und Bösewicht. Der Westerner und sein ähnliches Gegenüber

Der Nationalsozialismus hatte eine heroische Männlichkeit propagiert. Der Western porträtiert Helden. Er tut dies stärker als jedes andere Genre der fünfziger Jahre, mit Ausnahme vielleicht des Kriegsfilms.[56] Und als Heldenerzählungen waren die Western in Deutschland nach dem Krieg sofort anschlussfähig. «Cassidy ist der ideale Held einer ganzen Reihe von Wildweststreifen, die wir zum Teil schon vor dem Krieg zu sehen bekamen.»[57] In den Filmbesprechungen ist zunächst von den Helden auf der Leinwand die Rede.[58] Jedoch wird der Begriff ‹Held› nur in den Rezensionen von DREI MÄNNER AUS TEXAS und BIS ZUM LETZTEN ATEMZUG durchgängig ungebrochen genutzt. Die Filmberichte zu den anderen Filmen umgehen den Begriff, oder stellen ihr Unbehagen an seiner Ungenauigkeit durch Anführungszeichen heraus[59]; in den Rezensionen ab 1953 taucht der Begriff kaum noch auf.

Dass gerade diese beiden Filme den Heldenbegriff benutzen, ist aufschlussreich. DREI MÄNNER AUS TEXAS ist ein Western, der an die Zeit vor 1939 anschließt, sein Held ist «ein Gentleman und Kavalier und Helfer und Rächer von Witwen, Waisen und mißhandelten Tieren.»[60] Der Film funktioniert über eine klare Trennung von Gut und Böse und über eine eindeutige Zuschreibung von Sympathie. Hopalong Cassidy ist gewissermaßen ein reiner, ungebrochen guter Held.

Captain Lance, die Hauptfigur aus BIS ZUM LETZTEN ATEMZUG, lässt sich dagegen nicht leicht in dieses Schema einpassen. Er ist unter den Soldaten aufgrund seiner Strenge verhasst. Zwar als «hart bis zur Brutalität und doch männlich sympathisch»[61] beschrieben, nimmt er zunächst eine Zwischenposition ein. Im Kampf gegen die Apachen, in einer kriegerischen Situation, kann er seine Strenge legitimieren und sich als Held behaupten. Captain Lance ist ein Kriegsheld, der sich innerhalb einer militärischen Formation bewegt. Deshalb kann er ungebrochen als Held in der

56 Ein genauer Vergleich zum Kriegsfilm kann an dieser Stelle nicht stattfinden. Das Spezifische, und so die These, das Faszinierende am Western ist aber gerade die Tatsache, das der Westerner den Krieg (im engen und weiten Sinne) schon hinter sich hat. Der Westerner ist kein Kriegsheld, sondern ein Held nach dem Krieg.

57 *Film Dienst*, 27.1.50 (Drei Männer aus Texas).

58 Vgl. *Der neue Film*, 9.1.50 (Drei Männer aus Texas); *Lübecker Nachrichten*, Januar 1950 (Drei Männer aus Texas); *Die Film-Woche*, 21.1.50 (Drei Männer aus Texas); *Die Filmwoche*, 4.10.52 (Bis zum letzten Atemzug); *Stuttgarter Zeitung*, 12.3.53 (Bis zum letzten Atemzug); *Göttinger Tageblatt*, 17.1.53 (Bis zum letzten Atemzug).

59 Vgl. *Erlanger Nachrichten*, 24.6.50 (Vogelfrei); *Film-Blätter*, April 1951 (Geächtet); *Hessische Nachrichten*, 16.2.52 (Panik am roten Fluß); *Hannoversche Allgemeine*, 28.10.53 (Flucht vor dem Tode).

60 Hembus: *Western*, S. 138.

61 *Gelsenkirchener Morgenpost*, 20.2.53 (Bis zum letzten Atemzug).

soldatisch-heroischen Tradition beschrieben werden. Für den deutschen Zuschauer finden sich hier unmittelbare Anschlusspunkte:

> «Preußischer fast als Streuben und Clausewitz führt Lance das oberste Gesetz des Soldaten aus: ‹Befehl ist Befehl!› und nimmt männlich herb schlimme Anfeindung und Verdacht auf sich.»[62] «Stur wie ein Preuße – wollt sagen wie ein Panzer – befolgt er seinen Befehl.»[63] Bis er am Ende beweisen kann, dass seine Männer «doch solch gute und disziplinierte Soldaten sind, daß der preußische Kommiß dagegen ein Sanatorium ist.»[64]

Disziplin und Opferbereitschaft waren Teil der soldatisch-heroisch codierten Männlichkeit und können Heldentaten generieren. Zwei weitere Momente der im Nationalsozialismus entworfenen und sich festigenden hegemonialen Männlichkeit lassen sich aus der Figur Lance herausarbeiten.

> Lances Heldentat besteht nämlich darin, «die Gegensätze zu einer unzerstörbaren Einheit zusammenzuschweißen – bis Blut und Tod aus Offizier und Mann eine auf Leben und Tod verschworene Kameradschaft machten.»[65]

Der Kameradschaftsgedanke ist zentral für die soldatische Männlichkeit des Nationalsozialismus[66], heldenhaftes Handeln erfolgt mit Blick auf die Kameraden. Der Rezensent geht jedoch einen Schritt weiter. Er sieht die Heldentat darin, eine durch Blut und Tod zusammengeschweißte Einheit entstehen zu lassen. Klaus Theweleit hat im Anschluss an Elias Canetti die Produktion der ‹stereometrischen Figur› des Soldaten beschrieben. Der Ort des ‹Umbaus› zum Soldaten ist dabei der Körper, das «Bündel aus Muskeln, Haut und Blut und Knochen und Sehnen»[67]; hier wird der Soldat, dessen Körper produziert. Diese Produktion wird vervollständigt durch den Einbau des Soldaten in eine größere Einheit. Theweleit nennt diese Einheit ‹Ganzheitsmaschine Truppe›. Diese «produziert einen Ausdruck; den von Geschlossenheit, Stärke, Exaktheit, den einer strengen Ordnung der Geraden und Rechtecke; den Ausdruck von Kampf und den einer bestimmten Männlichkeit. Mit anderen Worten: sie produziert einen Mehrwert an Code, der der Erhaltung anderer mann/männlicher

62 *Lürrener Nachrichten*, Aachen, 21.2.53 (Bis zum letzten Atemzug).
63 *Lüneburger Landeszeitung*, 14.1.53 (Bis zum letzten Atemzug).
64 *Göttinger Presse*, 17.1.53 (Bis zum letzten Atemzug).
65 *Der neue Film*, 11, 9.2.53 (Bis zum letzten Atemzug).
66 Vgl. Kühne, Thomas: *Kameradschaft. Die Soldaten des nationalsozialistischen Krieges und das 20. Jahrhundert*, Göttingen 2006, S. 140ff.
67 Theweleit: *Männerphantasien* 2, S. 151.

Ganzheitsgebilde dient, der ‹Nation› etwa.»[68] Captain Lance schweißt nun eine solche unzerstörbare Maschine zusammen. Und innerhalb dieser Formation kann der Einzelne (die ‹Einzelteilganzheit› würde Theweleit wohl sagen) zum Helden (zur ‹Stahlgestalt› würde Jünger wohl sagen) werden. BIS ZUM LETZTEN ATEMZUG ermöglicht über das ausgeprägte Moment der Kameradschaft den Anschluss an das alte Männlichkeitsbild, das den einzelnen Mann und dessen Körper in einen übergeordneten ‹Volkskörper› einschreibt.

Diese Anschlussmöglichkeit fällt einem anderen Rezensenten von BIS ZUM LETZTEN ATEMZUG negativ ins Auge. Auch er sucht nach Männlichkeit im Film. «Dem Dialog sind prachtvolle Stellen von männlicher Herbheit gelungen. Daneben leider oft ein Protzen mit hehrem Soldaten-Ethos, das in unsere Ohren sehr mißtönig eingeht.»[69] Hier wird die Männlichkeit nicht dem Zusammenschweißen einer Gruppe entnommen, sondern dem Dialog. Nicht das Sprechen *vor* den Männern[70], sondern das Sprechen der Männer *untereinander* (ein Sprechen mit Rede und Gegenrede) produziert hier Vorstellungen von Männlichkeit; das alte soldatisch-heroische Männlichkeitsbild hat für diesen Rezensenten ausgedient. Auch in einer Rezension zum Film VERRAT IN FORT BRAVO wird die dialogische Kommunikation der Männer untereinander angeführt und gegen die soldatisch-heroische Männlichkeit gestellt.

> Und da ist – mitten in einem handfesten und gekonnten Reißer – eine so stille feine Szene, wie das Gespräch zwischen dem harten, unerbittlichen Nordstaatler und dem gefangenen Südstaatler, der lyrische Gedichte macht und als sehr sensibler Mensch den Krieg und das Soldaten-Handwerk verabscheut. Diese klugen und tiefgehenden Worte über die Fragwürdigkeit der Begriffe ‹Feigheit› und ‹Heldentum› geben dem Film etwas, das andere seiner Art nicht aufweisen.[71]

Der Begriff ‹Held› wird in allen untersuchten Filmbesprechungen nur in zwei Formen ungebrochen genutzt: der reine, ungebrochen gute Held und der soldatische Held. Beide Heldenformen werden in den Western nach 1939 jedoch nicht mehr bedient, denn dieser «meidet Schwarz-Weiß-Malerei und verteilt das Unrecht so geschickt auf alle Seiten, daß die Zuschauer niemand mehr zum Bewundern und niemand mehr zum Verabscheuen haben. Sie müßten froh darüber sein. Vielleicht sind sie es aber

68 Ebd., S. 155f.

69 *Filmdienst*, 28.8.52 (Bis zum letzten Atemzug).

70 Zur Bedeutung der Rede für den Faschismus, vgl. Theweleit: *Männerphantasien* 2, S. 119ff. «Auch der Führer wird erst zum Führer, während er redet. [...] Zusammengefügt wird der einzelne Zuhörer. [...] Zusammengefügt wird er mit den anderen zum Volk der Kameraden», Ebd., S. 125.

71 *8 Uhr Blatt*, 18.12.54 (Verrat in Fort Bravo).

nicht. Man hat ihnen ihre unantastbaren Helden genommen.»[72] Der Begriff ‹Held› passt den Rezensenten in den meisten Fällen nicht zur Beschreibung des Westerner. Zu unklar bleibt seine Stellung zwischen Recht und Unrecht.

> «Recht und Unrecht verschwimmen bei diesem Portrait eines gutmütigen und hilfsbereiten Banditen.»[73] In weiteren Besprechungen zu VOGELFREI stoßen sich die Rezensenten am «Verbrecher-Helden», der dem «schönen Mädchen zu Liebe [...] ein neues Leben beginnen [möchte]. Sonderbare Moral! Als ob damit die früheren Untaten ausgelöscht wären!»[74] Besonders problematisch wird die Verbindung von Männlichkeit und Verbrechen gesehen. «Da Roheiten fast mit Stolz und ohne Scheu vor der sittlichen Verzeichnung zur ‹Anständigkeit› des Mac Queen kontrastiert sind, erscheinen dessen Missetaten als Ausdruck kraftvoller Männlichkeit im Licht des Abenteuers.»[75]

In den frühen fünfziger Jahren scheint es noch schwer zu fallen, kraftvolle Männlichkeit von einem heroischen Modell abzugrenzen, weshalb Hauptfiguren, die nicht unzweideutig auf der guten Seite stehen, in den Rezensionen spürbares Unbehagen hinterlassen. Die Ambivalenz der Westerner, eine Eigenschaft, die sich mit den Western ab 1939 entwickelte, wird für die deutschen Rezensenten der Jahre bis 1952/53 zum Problem. Neben VOGELFREI, ist in den Besprechungen der Filme PANIK AM ROTEN FLUß, GEÄCHTET, HERRIN DER TOTEN STADT und FLUCHT VOR DEM TODE dieses Unbehagen anzutreffen. Nur WINCHESTER '73 kann dieser Ambivalenz explizit entgehen.[76] Da sich die Ambivalenz des Westerner einerseits, seine zentrale Position innerhalb der Filme andererseits nicht mit dem Begriff des ‹Helden› fassen lassen – es sei denn soldatisch –, beginnen die Filmbesprechungen ab 1952 den Begriff ‹Typen›[77]

72 *Kölner Rundschau*, 7.2.53 (Die Farm der Gehetzten).

73 *Film Dienst*, 11.8.50 (Vogelfrei).

74 *Erlanger Nachrichten*, 24.6.50 (Vogelfrei).

75 *Film Dienst*, 11.8.50 (Vogelfrei).

76 «Bemerkenswert, daß diesmal die kriminellen Gestalten kein ‹heroischer Glorienschein› umgibt, also nicht die Gefahr besteht, daß die Grenze zwischen Gut und Böse verwischt wird», *Hanauer Anzeiger*, 6.2.52 (Winchester '73); «Neben der Liebe kommt auch die Moral nicht zu kurz, indem das Drehbuch Gut und Böse daran deutlich zu machen sucht, wer auf wen schießt», *Aachener Nachrichten*, 12.5.51 (Winchester '73).

77 Es gibt «prachtvolle Typen», *Lübecker Nachrichten*, 27.9.58 (Der Stern des Gesetzes); «gut gewählte Typen», *Der neue Film*, 20.4.57 (Schieß oder stirb!); «sehr überzeugende Typen», *Die neue Zeitung*, Berlin, 10.1.54 (Nackte Gewalt); «Ausgezeichnet [sind] die Typen», *Kölnische Rundschau*, 23.1.54 (Nackte Gewalt); «ausgewählte Typen», *Hanauer Anzeiger*, 6.2.52 (Winchester '73); «Individuell [sind] die Typen», *Kölner Stadtanzeiger*, 27.1.55 (Wenn Frauen hassen).

in seiner umgangssprachlichen Bedeutung (teilweise wird auch Männer oder Kerle geschrieben) zu verwenden.[78]

Die Verschiebung vom ‹Helden› zum ‹Typen› ermöglicht den Rezensenten die Veränderungen des Genres einzubeziehen. Der differenzierter ausgearbeitete Gegenspieler der Hauptfigur, häufig der Schurke, der ‹outlaw› und dessen Bande können mitgedacht werden. Die wertende Hierarchisierung von Gut und Böse wird zwar nicht obsolet, kann so aber deutlich abgeschwächt werden.

> «Unter den vielen wilden Gesellen ragt eine tolle Figur heraus, ein Prachtschurke von Dan Duryea faszinierend gespielt.»[79] Die Männer auf Seiten des Unrechts, aber auch die Männer auf der Seite des Gesetzes «sind natürlich keine Unschuldsengel, und ihre Sprache ist kernig und unmißverständlich; sehr oft reden auch nur die Pistolen.»[80] «Seine Männer, selbst die bösen, sind Prachtkerle.»[81]

Für den Western konstitutiv ist das Aufeinandertreffen der binären Codierungen des Western (Held/Schurke, Wildnis/Zivilisation)[82] und des grundlegenden Widerspruchs von Moral und Gesetz. In den Filmen nach 1939 ist der Sheriff selten ein besserer Mensch als jener, den er hängen lassen will. Auch der Bandit ist häufig getrieben von einer gerechtfertigten Gesetzlosigkeit und vom «gerechten Rachedurst.»[83] Die Rezensionen der fünfziger Jahre nehmen diesen Widerspruch mit Unbehagen wahr, beschreiben aber nicht die mythische Funktion des Genres, genau diesen Widerspruch aufzuheben. Mit der Verschiebung vom ‹Helden› zum ‹Typen› eröffnet sich für die Rezensenten jedoch eine andere, nicht mythisch-national besetzte Möglichkeit der

78 Nur konfessionelle Kritiken halten weiterhin am Heldenbegriff fest und kritisieren, die «Verbrecherjagd im wilden Westen, bei der die Menschenleben leicht wiegen und kaltschnäuzige Tollheit als Heldentum abgestempelt wird», *Evangelischer Filmbeobachter*, 8.11.56 (Der Siebente ist dran); oder begrüßen einen «erfreulichen Einzelgänger seiner Gattung, weil er das Bild des Helden an die Voraussetzungen charakterlicher Tüchtigkeit knüpft», *Münchner Katholische Kirchenzeitung*, 30.3.58 (Der Stern des Gesetzes).

79 *Stader Tagblatt*, 12.3.52 (Winchester '73).

80 *Wesseraner Zeitung*, 8.12.54 (Wenn Frauen hassen).

81 *Telegraf*, 10.1.54 (Nackte Gewalt).

82 Vgl. Rebhandl: «Alte Rassen», S. 18.

83 *Westdeutsche Rundschau*, Wuppertal, 16.3.57 (Der Siebente ist dran). Vgl. auch Slotkin: *Gunfighter Nation*, S. 293ff. Slotkin beschreibt den ‹cult of the oulaw› der um Figuren wie Jesse James oder Billy the Kid sehr eindringlich und ordnet diesen in die amerikanische Mythenbildung und Geschichte ein. «Nie lagen die Notwendigkeit des Gesetzes und die Notwendigkeit einer Moral dichter beisammen, und nie war der Widerspruch zwischen beiden so konkret und offensichtlich», Bazin: «Western», S. 48.

Entdifferenzierung von Moral und Gesetz. Diese funktioniert über die Figuren und deren Konstellationen.

Der Begriff ‹Typen› ermöglicht die Loslösung von einem heroisch-soldatischen Männlichkeitsbild. Die prächtigen Typen, harten Männer und ganzen Kerle erlauben zunächst eine Abspaltung der heroisch-soldatischen Elemente der Männlichkeit. Dieser Mechanismus funktioniert über den Einbezug der bösen Figuren, der Gegenspieler. Männlichkeit wird nicht an die Zugehörigkeit zur richtigen Seite geknüpft. Sie wird fabriziert durch eine Figurenkonstellation des *ähnlichen Gegenüber*. Der Westerner sieht sich dem Schurken als ähnliches Gegenüber konfrontiert; und die Konstruktion von Männlichkeit durch den ähnlichen Gegenüber entfaltet sich in familiären, freundschaftlichen oder partnerschaftlichen Konstellationen. Die Männer, die sich gegenüber stehen, kennen sich.

> «John Wayne und Montgomery Cliff sind die harten Männer auf dem Weg zum Erfolg, im Ziel einig, in der Anwendung der Mittel verschieden: Recht in zweierlei Perspektive.»[84] In PANIK AM ROTEN FLUß schießt Matt Garth seinem Ziehvater Tom Dunson die Pistole aus der Hand und entmachtet ihn damit. Die Besessenheit Dunsons, die diesen schlaflos sein lässt, hatte sich in den unmenschlichen Methoden zur Disziplinierung seiner Männer gezeigt. Matt übernimmt nun die Führung und bereitet sich auf den Gegenschlag Dunsons vor. // Das Motiv des Ziehvaters findet sich in anderen Western wieder, beispielsweise in DER SCHWARZE FALKE, DER MANN AUS DEM WESTEN oder DER RICHTER VON COLORADO. // Jim Slater identifiziert in DAS GEHEIMNIS DER FÜNF GRÄBER seinen Vater, nachdem er ihn anfangs als Opfer vermutet hatte, als Mörder aus Geldgier. Er muss sich ihm stellen.

Die ‹Vater-Sohn-Konstellation› durchzieht viele der Western, wenn auch selten in direkter und offener Form. Patrick McGee zeigt sehr überzeugend, dass in FAUSTRECHT DER PRÄRIE die Beziehung von Wyatt Earp und dem Mörder seines Bruders Old Man Clayton eine symbolische Vater-Sohn-Konstellation darstellt.[85] Die Dynamik der Vater-Sohn-Konstellation ist nicht notwenig innerhalb familiärer Problematiken zu lokalisieren; nicht immer gehören Vater und Sohn zur selben Familie. Der Western ist vielmehr ein dezidiert anti-dynastisches Genre und der «Westerner ist ein Mensch, der sich selbst erzieht, darum kann man zum Westerner und zur Anerkennung von dessen

84 *Der neue Film*, 28.8.51 (Panik am roten Fluß).

85 Vgl. McGee: *Rethinking the Western*, S. 93. Earp bleibt immer der Älteste unter Brüdern, Clayton ist die unangegriffene Vaterfigur seines Clans. In der Analyse einer Schuß-Gegenschuß-Einstellung arbeitet McGee die Vater-Sohn-Konstellation heraus, vgl. Ebd., S. 80.

Moral nicht erzogen werden.»[86] Ihre Dynamik entfaltet die Konstellation aus der Ähnlichkeit der Figuren, die sich sehr genau kennen und sich nun gegenüberstehen. Neben der Vater-Sohn-Konstellation ist das Aufeinandertreffen von Brüdern und Freunden verbreitetes Motiv.

> Lin McAdam verfolgt in WINCHESTER '73 den Mann, der ihm die berühmte Winchester gestohlen hat und damit verfolgt er zugleich seinen schlechten Bruder, der ihren gemeinsamen Vater ermordet hat. // Die Streitigkeiten der Brüder Ben und Joe Devereaux treiben die Handlung in DIE GEBROCHENE LANZE voran. // Jake Wade, inzwischen angesehener Bürgermeister einer kleinen Stadt, bewahrt Clint Hollister vor der Vollstreckung der Todesstrafe, einen Freund aus vergangener Zeit, in der beide zusammen mit ihrer verwilderten Konföderierteneinheit umherzogen. Hollister zeigt sich nicht dankbar, sondern nimmt Wades Frau zur Geisel, um eine alte Beute (DER SCHATZ DES GEHENKTEN), deren Versteck nur Wade kennt, zu finden; «ein Film von der schicksalhaften (schauspielerisch virtuos ausgespielten) Verbundenheit zweier – Freunde, nein, so hätte man die Fabel in einem deutschen Film angelegt, hier handelt es sich mehr um zwei Partner. Sie hassen sich tödlich, wenn sie es auch verbergen.»[87] // Zuerst wollte Roy Bean den Fremden Cole Harden hängen lassen, als dieser aber, die Schwäche Roy Beans entdeckt, eine Locke von Lily Langtry zu besitzen behauptet, beginnt eine von ernsthaftem Respekt und einem Schwindel (IN DIE FALLE GELOCKT) geprägte Freundschaft zwischen den beiden Männern. Harden erschießt Bean später im Duell und schleppt den Sterbenden zu Lily Langtry um ihr zu sagen, ‹Ma'am darf ich Ihnen einen alten Freund von mir vorstellen›.

Die Gegenspieler sind hier Brüder, sie waren einmal Freunde oder sie hätten eigentlich Freunde sein müssen. Sie verbindet eine Vergangenheit, die nicht so einfach aufgegeben werden kann (DER RICHTER VON COLORADO, HERRIN DER TOTEN STADT, DER LETZTE ZUG VON GUN HILL, MEUTEREI AM SCHLAGENFLUß). Cole Harden kann Roy Bean nicht (ver)trauen, aber er kann ihn respektieren und sein Freund sein, und natürlich kann geschossen werden. Nicht die Verwandtschaft, die Freundschaft oder die Kameradschaft, die sich gegen ein *anderes* Gegenüber verteidigen muss, steht im Mittelpunkt der Western. Vielmehr treffen ehemalige oder potentielle Freunde aufeinander; Männer, die sich sehr genau kennen und die sich *ähnlich* sind. Immer anzutreffen in den Western ist die «innere Verwandtschaft der Kontrahenten»[88], geprägt durch Verzweiflungen und Zerrissenheit; die Ähnlichkeiten drängen sich auf. Matt Garth entwickelt in PANIK AM ROTEN FLUß nach der Entmachtung von Tom Dunson

86 Seeßlen: *Western*, S. 128.
87 *Der Kurier*, 17.6.59 (Der Schatz des Gehenkten).
88 Seeßlen: *Western*, S. 141.

dessen Züge, wenn er nicht mehr schläft, um einem Überfall Dunsons nicht ausgesetzt zu sein: «Solche Erfahrungen, in denen Eigenes mit Fremdem konfrontiert wird, sind grenzgängerisch und [...] auch doppelgängerisch.»[89]

Diese Konstellation ist für das deutsche Männlichkeitsbild etwas Ungewohntes. Dass das Eigene immer nur über das Fremde, die Identität immer nur über die Alterität produziert werden kann, wird an vielen Stellen beschrieben.[90] Für die männliche Identität in Deutschland vor und besonders im Zweiten Weltkrieg waren zwei Momente konstitutiv. Einerseits die Konstruktion des Fremden als rassisch-minderwertigen Anderen, andererseits die Einordnung des männlichen Subjekts in eine kollektive Formation. Das andere Gegenüber wurde biologisch-rassisch und damit körperlich als etwas unabdingbar Äußeres gefasst. Die Produktion von Männlichkeit des Westerner erfolgt im Gegensatz dazu nicht über ein solches, anderes Gegenüber; nicht über einen Anti-Typ. Vielmehr wird Männlichkeit über ein ähnliches Gegenüber produziert, einen Typ, der dem Westerner gleicht. Er stellt sich etwas Bekanntem, etwas Doppelgängerischem[91], etwas das in ihm selbst zu liegen scheint, verkörpert durch einen körperlich ähnlichen Gegenspieler. Zwei einzelne Körperganzheiten stehen sich gegenüber.

Eine weitere große Differenz zum deutschen hegemonialen Männlichkeitsbild ist die Tatsache, dass sich der Westerner nicht über kollektive Entitäten definiert. Die Unterordnung in ein Kollektiv findet im Western kein Bild. Es wird noch herauszuarbeiten sein, dass dem Westerner die Gemeinschaft fremd bleibt, obwohl er letztendlich für sie eintritt und ihre Durchsetzung herbeiführt. Männliche Identität wird im Genre aber in Auseinandersetzung mit einem ähnlichen Einzelnen entwickelt,

89 Waldenfels, Bernhard: *Grundmotive einer Phänomenologie des Fremden*, Frankfurt a.M. 2006, S. 26.

90 Vgl. beispielsweise Martschukat/Stieglitz: *Geschichte der Männlichkeiten*, S. 51ff.; Bielefeld, Uli: «Das Konzept des Fremden und die Wirklichkeit des Imaginären», in: Ders. (Hg.): *Das Eigene und das Fremde. Neuer Rassismus in der Alten Welt?*, Hamburg 1991, S. 97-128, S. 98.

91 In DER SCHWARZE FALKE ist der Häuptling Schwarzer Falke (im Original heißt er Scar) das ähnliche Gegenüber von Ethan Edwards. «Thus at the heart of THE SEARCHERS, ‹the Indian Other has done what may not be done, and my not even be admitted to be desired.› No wonder Ethan hates Indians, and especially Scar: they symbolize his own unacceptable emotions and desires. Scar is Ethan's scar», Eckstein, Arthur M.: «Introduction. Main Critical Issues in The Searchers», in: Ders./Peter Lehman (Hg.): *The Searchers. Essays ans Reflections on John Ford's Classic Western*, Detroit 2004, S. 1-46, S. 16. Zur Ähnlichkeit von Ethan und Scar, vgl. auch Bitmosky, Hartmut: «Gelbe Streifen Strenges Blau. Passage durch Filme von John Ford. Einleitung und erster Teil», in: *filmkritik* 6 (1978), S. 281-335, S. 323 und Bronfen, Elisabeth: *Heimweh. Illusionsspiele in Hollywood*, Berlin 1999, S. 334f. Der deutsche Verleihtitel, der dem Häuptling aus unerfindlichen Gründen den Namen Schwarzer Falke gibt, tut deshalb ganz recht, diese Figur in das Zentrum des Films zu stellen.

eine Auseinandersetzung, die für den Westerner immer auch ein Kampf mit sich selbst ist. Damit unterstützt der Western einen Lernprozess, der in Deutschland nach 1945 einsetzen musste. Die männliche Identität in Deutschland konnte fortan weniger stark über einen fremden und äußeren Anderen konstruiert werden. Und sie musste sich, nicht kämpfend, mit einer als Sieger vor Ort anwesenden amerikanischen Männlichkeit auseinandersetzten.

Der Western nach 1939, und auch das fassen die Rezensenten vage mit der Verschiebung zum ‹Typen›, räumt dem Westerner selbst eine Ambivalenz ein. Der Westerner ist keine reine Figur, weder ist er eindeutig gut, noch ist er einfach nur böse.

> Er hat die Sinnlosigkeit der Regeln erkannt, die in den immer gleichen Ritualen der Gewalt liegen, er weiß, dass diese Machtmittel ihren Zusammenhang mit der Wirklichkeit verloren haben, weil längst schon andere Dinge ausschlaggebend sind [...] Und dennoch kann er nicht aufhören, sich nach diesen Regeln zu verhalten. Er trägt seine Absurdität mit einer stoischen und konsequenten Würde, die ihn zum einsamsten Mann der Welt machen.[92]

Der Westerner ist widersprüchlich, und er trägt diese Widersprüchlichkeit, er verkörpert sie. Er kämpft einen Kampf «mit seiner Vergangenheit, mit seinen Taten, mit seinen ‹Dämonen›.»[93] Im gebrochenen Gang von Ethan Edwards in DER SCHWARZE FALKE hat die Ambivalenz ihr Bild gefunden. Aber es ist nicht die Einsamkeit, die den Westerner ambivalent sein lässt. Denn diese Einsamkeit ist selbst eine Reaktion auf seine Verletzlichkeit, die in seiner Vergangenheit zu finden ist.

Etwas hinter sich haben/lassen. Dunkle Vergangenheiten

In den fünfziger Jahren ritten nicht mehr Tom Mix oder Hopalong Cassidy über die deutschen Leinwände, sondern ein neuer Typ von Westerner. Die klare Verteilung der Rollen von Gut und Böse, mehr noch von Rein und Dunkel, war durcheinander gekommen. Die Sehgewohnheiten der deutschen Zuschauer mussten sich zunächst an diesen neuen Western gewöhnen, einen Umgang mit ihm suchen. Diese notwendig gewordene Verschiebung des Sehens, die mit einer Verschiebung der Nutzung des

92 Seeßlen: *Western*, S. 121.
93 Ebd., S. 153.

Kinos zusammenfällt, wird greifbar in der oben herausgearbeiteten semantischen Verschiebung der Beschreibung, die vom ‹Helden› zum ‹Typen› verläuft. Die Identifikation mit den neuen männlichen Figuren des Western, die sich durch die Konfrontation mit einem ähnlichen Gegenüber auszeichnen, musste eine eigene, neue Form finden. Und wenn die brüchig gewordenen Vorstellungen von Männlichkeit und die notwendige Suche nach einer neuen Männlichkeit die Wahrnehmung des Western lenkten, dann musste die doppelgängerische Konstellation zunächst befremden.

Der Anschluss an den Westerner konnte leicht in dessen körperlichen Erscheinung gefunden werden. Größe und Stärke, selbstsicheres Auftreten und Entschlossenheit werden durch ihn verkörpert.[94] Sein Körperbild ist sowohl an eine archaisch-kraftvolle Männlichkeit als auch an die soldatisch-heroische Männlichkeit, die in Deutschland hegemonialen Status erlangt hatte, anschlussfähig. Die Westernfilme unterstreichen mit dezenten filmischen Mitteln diese Männlichkeit. Die Großaufnahme, die der B-Western kaum kannte, ermöglicht bestimmte mimische Merkmale, beispielsweise den Blick des Westerner herauszustellen. Dabei nutzt der Western der fünfziger Jahre nicht die extreme Großaufnahme, wie sie später der Italo-Western pflegen sollte, der nur die Augen oder die Hand am Colt zeigte. Der Körper des Westerner wird noch nicht fragmentiert, er bleibt als ein Ganzes ersichtlich. Aber den Blick des Zuschauers lenken die filmischen Mittel auf männliche Merkmale des Westerner. Der Gang stellt die vielleicht bedeutendste dieser männlichen Körperinszenierungen dar.

> In VIERZIG GEWEHRE geht der gerade in der Stadt eingetroffene Griff Bonnell entschlossen auf den bewaffneten Brock Drummond zu (Abb. 5-12). In einer Schuss-Gegenschuss-Sequenz stehen sich die Entschlossenheit Bonnells und die steigende Angst Drummonds gegenüber. Drummonds Kumpane fliehen, als sie den Fremden am Gang erkennen. Bonnell schlägt Drummond nieder und lässt ihn verhaften. Ein Mann im Telegrafenamt sagt zu Bonnell, erst am Gang habe er erkannt, wer da in der Stadt eingetroffen sei. Er laufe nicht mehr ganz so jung wie damals in Dodge City, aber erkennen könne man ihn daran noch immer.

Damit ist ein zweiter wichtiger Punkt angesprochen. Der Körper des Westerner vermittelt nicht nur Männlichkeit, er speichert auch dessen Vergangenheit. Sie ist ablesbar am Körper. Im Gang sind ehemalige Heldentaten (VIERZIG GEWEHRE) und

94 Allein schon die Körpergröße der Western-Stars ist aussagekräftig: John Wayne ist 1,93 Meter groß, wie auch Robert Ryan. Randolph Scott ist 1,91 Meter. Gary Cooper und Gregory Peck messen jeweils 1,90 Meter. Auch die vergleichsweise kleinen Stars wie Henry Fonda mit 1,86 Meter und James Stewart, 1,85 Meter, sind überdurchschnittlich große Männer.

Abb. 5-8: Selbstverständlich ist es der Gang der Erzählung, aber es ist eben auch der Gang des Westerner, der begreifbar macht. Griff Bonnell (Barry Sullivan) geht entschlossen auf den bewaffneten Brock Drummond zu. Sam Fuller inszeniert den Gang des Marshalls.

schwere Schicksalsschläge (DER SCHWARZE FALKE) festgeschrieben. Die Vergangenheit des Westerner, die sich desweiteren in den Blicken und in seiner Schweigsamkeit findet, ist ein nahezu alle Western durchziehendes Motiv.

Diese Vergangenheit ist dunkel im doppelten Sinne. Erstens bleibt sie für den Zuschauer meist im Dunkeln, sie ist dem Film vorgelagert. Ein typisches Motiv des Genres: ein Fremder kommt in die Stadt, wo er herkommt, bleibt unbeantwortet und rätselhaft.

> «Dieser rätselvolle Mann, der unter seiner zynischen Schweigsamkeit ein großes, gerades Herz, auch die Bitterkeit irgendwo weit weg erlittenen Unrechts und unter einer schlampigen Lässigkeit eine Hand verbirgt.»[95] // Im Film IN DIE FALLE GELOCKT kommt Cole Harden nach Langtry geritten auf einem Pferd, das nicht sein eigenes sein soll. Als Pferdedieb soll er gehängt werden. Durch einen Trick kann er sich dem Richter Roy Bean entwinden, die Frage nach seiner Schuld, und warum er auf einem gestohlenen Pferd herumritt, bleibt offen und ungeklärt. // In DER MANN AUS DEM WESTEN kommt Link Jones in eine Stadt. Auf die Frage, wo er den herkomme, wirkt der ansonsten sicher wirkende Jones, ausweichend. Er nennt den Namen einer Stadt und fügt hinzu, ‹weit westlich von hier›. Später am Bahnhof wird er noch einmal nach seiner Herkunft gefragt, wieder meint er, ‹westlich von hier›, der Name der Stadt, die er nun hinzufügt, ist aber ein anderer. Als er sein Pferd abstellt, fällt ihm sein Geldbeutel zu Boden, ungeschickt packt er ihn schnell wieder ein. Er hat etwas zu verbergen.

95 *Tagesspiegel*, 22.3.58 (Der Stern des Gesetzes).

Abb. 9-12: Die Mitglieder von Drummonds Bande suchen das Weite, als sie den ehemaligen Sheriff von Dodge City am Gang erkennen. Auch der Mann im Telegrafenamt, der die Szene beobachtet, erkennt Bonnell an seinen Schritten. Der Körper speichert Wissen.

Dunkel ist die Vergangenheit aber auch in einem zweiten Sinn. Die Vergangenheit des Westerner ist von unguten, schlechten oder bösen Erlebnissen geprägt; von Verbrechen, Kränkungen, Schicksalsschlägen. An dieser Stelle treffen sich der Westerner und die deutsche Männlichkeit der Nachkriegszeit. Beide kommen aus einer dunklen Vergangenheit, die sie nicht loslässt und verfolgt. Der Westerner ist kein Kriegsheld, er hat den Krieg vielmehr schon hinter sich. «Der Westernheld ist meistens ein Südstaatler, das Opfer, durch das sich die Vereinigten Staaten mit sich selbst wieder versöhnen, vereinen.»[96] Nicht selten hat der Westerner eine Kriegsvergangenheit.

> In DER RICHTER VON COLORADO ist dies explizit ausgearbeitet. Colonel Owen Devereaux, der sich am letzten Tag des Bürgerkrieges eines Kriegsverbrechen schuldig gemacht hat, notiert in sein Tagebuch: ‹Es war Krieg, nichts weiter. Und der ist nun vorbei. Ich bin gerettet. Gott hilf mir›. Anhand der folgenden Großaufnahme des Gesichts des Colonels und der Tatsache, das der Film zu diesem Zeitpunkt gerade fünf Minuten alt ist, ahnt der Zuschauer, dass es eben noch nicht vorbei ist. // In den ersten Minuten von DER SCHWEIGSAME FREMDE wird die Rolle von Jeff Travis im Krieg dargestellt. Eine Vergangenheit, der zu entkommen, er den ganzen Film benötigen wird.

Für einige Westerner führte der Weg nach dem Krieg in ein gesetzloses, marodierendes Leben. Die Vergangenheit als ‹outlaw›, als Verbrecher und Bandit ist

96 Böhringer, Hannes: *Auf dem Rücken Amerikas. Eine Mythologie der neuen Welt im Western und Gangsterfilm*, Berlin 1998, S. 32.

vielen Westernern eigen. Sie führten in der Vergangenheit ein gesetzloses Leben, dem sie dann abschwören und zu entkommen versuchen.

> Ethan Edwards kommt in DER SCHWARZE FALKE fünf Jahre verspätet aus dem Bürgerkrieg zurück. Pastor Clayton vermutet er sei Teil einer Verbrecherbande gewesen. ‹Auf dich passen viele Steckbriefe›, sagt er. Martha unterbricht das Ausfragen. Später, beim Vereidigen, verweigert Ethan den Schwur, mit der Begründung, er habe schon einmal geschworen und dabei bleibe er. // Ähnliche Motive verfolgen beispielsweise DER SCHATZ DES GEHENKTEN, FLUCHT VOR DEM TODE. Auch ohne explizite Bezugnahme zum Krieg kann die verbrecherische Vergangenheit thematisiert werden. // In MEUTEREI AM SCHLANGENFLUß rettet Glyn McLyntock, der einen Siedlertreck begleitet, einen anderen Mann vor dem Erhängen. Als dieser, Emerson Cole, beschließt, dem Treck ein stückweit zu folgen, fragt er MyLyntock nachdem er dessen Namen gehört hat. ‹Sind sie der McLyntock aus der Missouri-Gegend? Und Sie wollen Farmer werden? Sie wollen wirklich Viehzüchter werden? Vor wem laufen sie denn weg?› Glyn McLyntock antwortet: ‹Vor einem Mann namens Glyn McLyntock›. Die konkrete Vergangenheit bleibt unklar und ist zunächst auch nicht von Bedeutung. // Ringo bringt es in HÖLLENFAHRT NACH SANTA FÉ auf den Punkt, wenn er sagt, ‹I used to be a good cowhand, but things happen›.

Das Dunkel der Vergangenheit kann auch in einer tiefen Kränkung, erzeugt durch Verrat oder Verlust, in Bezug auf die Liebe zu einer Frau (oder einem Familienmitglied) bestehen. So sind es beispielsweise in den Filmen WINCHESTER '73, FAUSTRECHT DER PRÄRIE, PANIK AM ROTEN FLUß, NACKTE GEWALT, DAS GEHEIMNIS DER FÜNF GRÄBER, DER SIEBENTE IST DRAN jeweils der Verlust der Frau oder des Vaters, die den Westerner in seinem Handeln antreiben. Die genauen Umstände der Vergangenheit bleiben dabei im Dunkeln oder erhellen sich erst gegen Ende des Films. Eine vollkommene Ablösung von der Vergangenheit findet nur in seltenen Fällen statt.

> James ‹Stretch› Dawson gibt am Ende von HERRIN DER TOTEN STADT, das bei dem Banküberfall zu Beginn des Films erbeutete Geld zurück. Bezeichnenderweise setzen einige Kritiken an diesem Punkt an. Die «Grenze des Ernstzunehmenden»[97] sehen sie durch den Wandel des Westerner überschritten, und berichten sogar, dass der Film «vom Gelächter des Publikums begleitet»[98] endet.

So einfach ist das nicht; der Westerner kämpft in den Western der fünfziger Jahre mit seiner eigenen Vergangenheit, ohne jemals wirklich davon loszukommen. In seiner

97 *Die Neue Zeitung*, Berlin, 27.5.51 (Herrin der toten Stadt).
98 *Berliner Anzeiger*, 27.5.51 (Herrin der toten Stadt).

Interpretation von NACKTE GEWALT verweist Hannes Böhringer ganz gezielt auf diesen Punkt.

> Unverhofft scheint sich alles glücklich gefügt zu haben. Die Rivalen sind tot, der tote Ben liegt wie ein Geldsack quer über dem Rücken seines Pferdes. Und Lina ist da. Sie sagt: Ich werde deine Frau auf deiner alten Ranch. Was sie nicht ausspricht: das Glück kehrt dadurch nicht zurück. Da verliert Howard seine Fassung und weint. Die Contenance, das Glück, die Eudämonie, die Ruhe seines Gemüts waren längst dahin. Mit aller Gewalt wollte er sie wiedererlangen. Mit Glück hat er erreicht, was er wollte. Alles vergeblich. Der Zaun bricht. Die Rinder, die im Gatter seiner Selbstbeherrschung herumgerast sind, fahren heraus. Er holt eine Schaufel aus dem Gepäck des toten Goldgräbers und schaufelt ein Grab für Ben. Lina, die amerikanische Seele, rät ihrem Cowboy, die Vergangenheit zu begraben, sie hinter sich zu lassen. Amerikas Gelassenheit lebt von der Möglichkeit, weiter nach Westen ziehen zu können. Howard fragt Lina, ob sie immer noch nach Kalifornien will. Sie nickt.[99]

Das von Stärke geprägte Körperbild des Westerner verbunden mit seiner durch die Vergangenheit erzeugten Gebrochenheit bieten dem deutschen Zuschauer und der deutschen Männlichkeit Anschlusspunkte. Die strukturelle Ähnlichkeit der Körpervorstellungen und der lebensweltlichen Ausgangssituation macht den Westerner zum ähnlichen Gegenüber der deutschen Nachkriegsmännlichkeit. In der Auseinandersetzung mit ihm, kann sich die Suche nach neuen Formen der Männlichkeit entfalten. Wie der Westerner im Film seine männliche Identität über seinen ähnlichen Gegenüber, den Bösewicht herausarbeitet, kann sich die deutsche Männlichkeit in Nachkriegsdeutschland über seinen ähnlichen Gegenüber, den Westerner, innerhalb des gesicherten Rahmens des Kinos in kleinen Schritten auf ein neues Männlichkeitsbild zubewegen. An genau diesem Punkt treffen Zuschauer und Film aufeinander, in der strukturellen Ähnlichkeit der Positionen von Figuren innerhalb des Films einerseits, und einer Figur des Films und den Zuschauern andererseits. «Das Verhältnis von Individuum und Gemeinschaft im Film wandelt sich in das der Zuschauer zum Film, in das von real gelebtem und imaginiertem Leben.»[100]

Der Western macht in der Figur des Westerner der deutschen Männlichkeit Angebote, die diese aufgreifen konnte. Diese auf struktureller Ähnlichkeit beruhenden Angebote enthalten die Möglichkeit einer sanften Transformation. Der Westerner liefert ein

99 Böhringer: *Auf dem Rücken Amerikas*, S. 73.
100 Früchtl: *Das unverschämte Ich*, S. 64.

Modell zum ‹Umbau› der Individuen. Mit ihm kann der Umgang mit dem ähnlichen Gegenüber eingeübt werden, ohne die Notwendigkeit sich vollständig neu entwerfen zu müssen. Die Bewegung des Westerner ist die einer Neugeburt aus einer fragwürdig gewordenen Identität; eine Neugeburt die trotz allem Kontinuität bewahrt.[101] Damit kann der Westerner zum Vorbild werden. Er leiht dem Zuschauer für die Dauer des Films seinen Körper und bietet über die Körperwahrnehmung ein Modell zur Produktion des Eigenen über ein ähnliches Gegenüber.[102] Mit diesem Modell kann an die große Herausforderung der Umgestaltung ohne ein Negativbild herangegangen werden. Denn diese Entwicklung musste eine neue deutsche Männlichkeit nachvollziehen: das andere Gegenüber, zentral für die Herausbildung der deutschen Männlichkeit vor und während des Krieges, verschob sich hin zu einem ähnlichen Gegenüber.

Das unsichtbare Andere und das sichtbare Andere. Indianer und Frauen

Auch der Western präsentiert das Andere. In Form der Indianer und der Frauen ist es anwesend, wenn auch in unterschiedlicher Sichtbarkeit. Diese beiden Figuren des Anderen nehmen innerhalb der Figurenkonstellation des Western, wie er sich für das Sehen der deutschen Zuschauer präsentierte, jedoch eine untergeordnete Rolle ein.

Zu behaupten, der amerikanische Western wäre in Deutschland nach 1945 anschlussfähig, da er auch einen dem Juden vergleichbaren Anderen präsentiere oder sogar einen Völkermord impliziere, entbehrt jeder Grundlage. Auch der rassistische Umgang vieler Filme mit den Indianern ist nicht zu einem bedeutenden Teil der spezifischen Rezeption des Western in Deutschland geworden; ein ähnlicher Rassismus wäre wohl auch in anderen europäischen Staaten der fünfziger Jahre anzutreffen.

Die Rezensionen kennen zwei Arten der Verarbeitung der Erfahrung des rassisch Anderen in den amerikanischen Western.[103] Einmal der *offene Rassismus*:

101 Vgl. Seeßlen: *Western*, S. 126.

102 Inwieweit diese neue Körperwahrnehmung sich dann auch in einer neuen Körperpraxis äußert, muss ein offener, schwer zu klärender Punkt bleiben. Wie so häufig könnte vielleicht ein erster Zugang über eine Untersuchung der Sprache erfolgen. *Die Zeit* schreibt am 15.9.1955: «kühl, gleichmütig, in seinem unpathetischen [...] Tonfall, ohne jeden rhetorischen Beigeschmack und vokabular-arm, wie stets, das Richtige sagend, genau das Richtige.» Beschrieben wird hier nicht ein Westerner, sondern der erste Mann im Staat, Konrad Adenauer, während der Verhandlungen über die Kriegsheimkehrer.

103 Diese beiden Arten werden von den Western selbst produziert, die die «division between noble and demonic savages» (re-)produzieren, Tuska, Jon: *The American West in Film. Critical Approaches to the Western*, Lincoln 1985, S. 257.

> doch kann es Hollywood leider nicht unterlassen, eine ‹mischblütige› Liebesgeschichte einzuflechten.[104]

Andererseits taucht das Bild des *edlen Wilden* auf:

> [eine] imponierende Häuptlingsgestalt [...] in dessen Haltung mit ihrem Adel, ihrer unantastbaren Ehre und Klugheit sich der jugendliche Zuschauer unbeschadet hineinversetzen darf. Man fühlt sich an den guten Chingachgook aus dem Lederstrumpf erinnert.[105]

Dieses Bild ist vermengt mit dem *Reiz des Fremden*:

> [In einer Zeit, in der] die Gegensätze der beiden Rassen schier unüberwindlich schienen [...] setzte [Captain Smith] sein Leben wiederholt für die gute Sache, wie es die Vereinigung der beiden Rassen doch war, ein. Am Rande all dieser kriegerischen Ereignisse keimt eine tiefe Liebe auf zwischen Captain Smith und der Häuptlingstochter Pocahontas, die den Reiz des Fremdartigen in diesem Film nur noch vertieft.[106]

Für die Western gilt eine doppelte Bewegung:

> on the one hand, they reject the Wisterian ethos of class superiority that is justified by biological difference and the accumulation of wealth through force; and, on the other, they insist on attributing power to a privileged race, the white race, while denying humanity and wealth to the racial other.[107]

Indianer spielen nur in sehr wenigen Western eine tragende Rolle. Diese Indianerwestern wurden von den Rezensenten in der Tradition von Karl May verortet[108] und wurden wohl aufgrund ihrer Konzeption von Ehre geschätzt. Da sie ein marginales Phänomen innerhalb des amerikanischen Western darstellen, muss dieses Feld hier unbearbeitet bleiben.[109]

104 *ohne Angabe*, Mai 1952 (Der gebrochene Pfeil).
105 *Der neue Tag*, Weiden, 24.5.52 (Der gebrochene Pfeil).
106 *Erlanger Volksblatt*, 2.4.55 (Steppe in Flammen).
107 McGee: *Rethinking the Western*, S. 93.
108 Vgl. *Dortmunder Nord-West-Zeitung*, 26.1.52 (Der gebrochene Pfeil); *Südhessische Post*, Heppenheim, 1.8.53 (Der gebrochene Pfeil). Das Institut für Völkerkunde an der Uni Göttingen unter Leitung von Prof. Dr. Plischke zeigte den Film im Rahmen einer Ausstellung indianischer Sammlungsstücke. Dabei wurde vor allem die «historische Echtheit» des Films und die Nähe zu Karl May herausgehoben, vgl. *Die Film Woche*, 29.9.51 (Wildwest und Wissenschaft).
109 Das Verhältnis von Deutschtum und Indianer ist ein ungemein spannendes: Die Imagination einer dynamischen Ostgrenze führte in der Mitte des neunzehnten Jahrhunderts für eine kurze Zeit zu einem Topos, der die ‹kulturell minderwertigen› Polen mit den Indianern verglich. Dieser Topos konnte sich jedoch, wohl auch wegen Karl May und dessen Aufwertung der Indianer nicht halten,

Die Funktion der Indianer in fast allen untersuchten Western kann als «anonyme Verkörperung der Gefahr»[110] beschrieben werden.

> In HELD DER PRÄRIE hat eine Frau Angst vor einem koyotenartigen Geräusch, sie vermutet die Indianer in der Nähe. Bill Hankock antwortet ihr sie solle keine Angst vor Geräuschen haben, nur wenn sie einmal nichts höre, dann seien es die Indianer. // In MEUTEREI AM SCHLANGENFLUß beruhigen die beiden erfahrenen Westerner die Frauen, in dem sie die Rufe der Indianer als Gesang von Bergammern erklären, um dann zu zweit, für die Frauen unsichtbar, die Indianer unschädlich zu machen.

Die Indianer sind in den meisten Western eher Teil der Natur, als dass sie ein anderes Gegenüber für den Westerner darstellen. Sie sind nicht präsent genug in den Western (auch nicht präsent genug in ihrer Abwesenheit), um eine entscheidende Rolle in der Rezeption und Fabrikation der deutschen Zuschauer zu spielen. Für eine Apologie des Rassismus oder gar des Antisemitismus können die Indianer nicht herhalten. An dieser Stelle wird auch die Differenz zu Karl Mays Winnetoubüchern und deren späteren Verfilmungen deutlich: der amerikanische Western erzählt keine Abenteuergeschichten, die sich mit dem exotischen Reiz des Fremden vermischen, sondern er erzählt von der Auseinandersetzung mit dem Bekannten und mit dem Ähnlichen.

Über Liebe in den Western könnte man einige Seiten füllen, die Frauen als Figuren spielen jedoch eine untergeordnete Rolle. Zwar greift es zu kurz zu konstatieren, «Frauen hellen am Rande der Handlung die herbe West-Story etwas auf»[111], denn die Frauen stehen durchaus im Zentrum der Erzählung. Und auch wenn der Regisseur Anthony Mann sagt, dass der Western ohne Frau nicht funktionieren würde, so ist die «weibliche Heldin, das ewige Problem der Westernerzählung»[112], im Grunde passiv. «Die Handlung wird immer wieder vorangetrieben durch eine Frau»[113], sie ist der Grund, dessentwegen der Westerner das tut, was er tut. Aber aus sich heraus hat die Frau keinerlei Bedeutung. Die Western arbeiten fast ausschließlich mit einer klaren, traditionellen Rollenverteilung, mit klaren sexuellen Grenzen. «Eine Frau, die zu Beginn des Films noch Hosen trägt, eine Waffe zu gebrauchen weiß und ein Pferd

auch wenn er interessanterweise unter den Nationalsozialisten nochmals kurz auftauchte.

110 Hanisch: *Western*, S. 173.

111 *General Anzeiger Bonn*, 9.2.52 (Panik am roten Fluß).

112 Rancière: «Etwas zu erledigen haben», S. 201.

113 *Kölner Rundschau*, 7.2.53 (Die Farm der Gehetzten).

reitet, fügt sich am Ende meistens in ein anderes Rollenbild.»[114] Das heißt, sie fügt sich dem Mann. Die Frau ist weniger ein Problem für den Westerner, als vielmehr der Westerner ein Problem für die Frau, die diesem teilweise hilflos gegenübersteht.[115]

> In KARAWANE DER FRAUEN, einem Film, in dem die Frauen aktiv für ihr eigenes Interesse (das auch ein Interesse der Männer, die auf sie warten ist) eintreten, sagt Paul (im amerikanischen Original heißt er Buck): ‹Es gibt nur eines auf der Welt wovor ich Angst habe und das sind solide Frauen›. Zum Problem wird die Frau für Paul aber nicht, ‹leg deinen Kopf dahin, wo er hingehört›, sagt er zu seiner Auserwählten kurz vor Ende des Films, und meint seine Schulter.

Die Figur der Frau bringt melodramatische Elemente in die Western. Auch ist sie Handlungsantrieb für den Westerner. Eine Herausforderung für ihn, etwas wofür er sein Handeln ändern müsste, stellt sie jedoch nicht dar. Die Produktion von Männlichkeit im Western funktioniert nicht spezifisch über das weibliche Andere. Wie in anderen Filmen der Zeit wird auch hier ein traditionelles Rollenbild transportiert und reproduziert.

Kollektive Identitäten. Der Einzelne und die Gemeinschaft

Die Aufgabe, die in den fünfziger Jahren gesellschaftlich zu lösen war, wurde als Umbau der Gesellschaft und ‹Umbau› der Individuen beschrieben. Die Figur des Westerner konnte zu einer Wiederbelebung der deutschen Männlichkeit in der Nachkriegszeit beitragen, da der Westerner an diese Situation auf einer individuellen Ebene anschlussfähig war. Es würde aber zu kurz greifen die individuellen Elemente des Western zu isolieren. Zwar stimmt es, dass der Konflikt des Westerner ein individueller Konflikt ist. Aber dieser Konflikt ist eingebunden in ein größeres Kollektiv, die Gemeinschaft; und der Westerner steht in einem Widerspruch zur Gemeinschaft.

> In FAUSTRECHT DER PRÄRIE nimmt Wyatt Earp den Sheriffstern nur an, weil er den Mörder seines jüngsten Bruders zur Rechenschaft ziehen will. // Es ist eine offene Rechnung mit dem entlassenen Mörder Frank Miller, die Will Kane dazu veranlasst, seinen Stern bis ZWÖLF UHR MITTAGS noch zu behalten. // In DER STERN DES

114 Cook, Pam: «Frauen und der Western», in: Bert Rebhandl: *Western*, S. 82-92, S. 83. Pam Cook macht in ihrem Text die außergewöhnlichen Frauen des Western stark und plädiert für einen anderen Blick auf die Genderproblematik in den Western. Dieses Anliegen ist nur zu unterstützen, für die hier verhandelte Fragestellung, sind diese wenigen Ausnahmen, die teilweise großer interpretatorischer Anstrengung entspringen, dennoch zu vernachlässigen.

115 Vgl. Seeßlen: *Western*, S. 121.

Abb. 13-16: Chance (John Wayne) betritt den Raum, in dem sich die von ihm zusammengeführte Gruppe befindet. Dude (Dean Martin) und Colorado (Ricky Nelson) beginnen ein Lied anzustimmen.

GESETZTES stellt sich Morg Hickman dem unerfahrenen Sheriff Ben Owen nur zur Seite, weil er längere Zeit auf seine Prämie als Kopfgeldjäger warten muss. // In DER SCHWARZE FALKE will Ethan Edwards Debbie nicht von den Indianern in die Gemeinschaft zurückholen. Falls sie mit den Indianern gelebt hat, will er sie töten, da er das Leben mit den Indianern als unlebenswert ansieht.

«Der Westerner kämpft nie wirklich für andere, sondern immer nur für sich selbst, aber zur Aufrechterhaltung der Regeln vermag er zum Beschützer zu werden.»[116] Auf diese Art ist er mit der Gemeinschaft verbunden. Der Westerner ist eine Figur, die seiner eigenen Vergangenheit nicht entkommt; er ist eine «tragische Gestalt: seiner Vergangenheit und aristokratischen Natur nach dem Alten verbunden, hat er sich aus Einsicht in die Notwendigkeit dem Neuen verpflichtet.»[117] Der Westerner sucht immer auch seine Rolle in der Gemeinschaft.

Auch die deutsche Männlichkeit nach dem Zweiten Weltkrieg war auf der Suche nach ihrer Position innerhalb einer bundesdeutschen Gesellschaft. Die einzige Gemeinschaft, die nach der Diskreditierung der Nation ohne Rechtfertigungsdruck auskam,

116 Ebd., S. 124.
117 Patalas: «Western», S. 64.

Abb. 17-20: Stumpy (Walter Brennan) steigt ein. Am Ende des Lieds zeigt die Totale drei Männer. Der Vierte im Bunde, Chance, ist nicht mehr im Bild. Indem er Ordnung schafft, schafft er sich selbst ab.

wurde nach dem Krieg die Familie, die zum Auffangbecken von Werten wurde.[118] In der nationalsozialistischen Zeit war, vermittelt über den Militärdienst, eine völkische Vergemeinschaftungsform der Familie vor- und gegenübergestellt und der Mann damit außerhalb beziehungsweise über der Familie positioniert worden. Im Gegensatz dazu sollte nun «die öffentliche Identität der westdeutschen Männer der Nachkriegszeit vorrangig auf ihren Rollen als Zivilisten, Ehemännern und Vätern basieren.»[119] Der Mann musste zu einem Teil der Einheit Familie werden, Männlichkeit begann nicht mehr in der Uniform oder der militärischen Formation, sondern sie begann zu Hause im eigenen Heim.[120] Für eine soldatisch-heroisch geprägte Männlichkeit war dieser Teil der ‹remasculization› in Deutschland nur schmerzhaft und nur unter großen Mühen zu leisten. Die Figur des Westerner konnte diesen Prozess im Kino und als Kino abfedern.

Den Widerspruch zwischen Westerner und Gemeinschaft, zwischen männlichem Individuum und Gemeinschaft löst der Western nämlich nicht auf. Denn mit seinem Sieg erreicht der Westerner seine eigene Überflüssigkeit. Indem er Ordnung schafft,

118 Vgl. Brauerhoch: *Fräuleins und GIs*, S. 135.
119 Poiger: «Krise der Männlichkeit», S. 237.
120 Vgl. Moeller: «Heimkehr in Vaterland», S. 432ff.

schafft er sich selbst ab.[121] «[D]och was uns [die Zuschauer, J.W.] letzten Endes anspricht, ist nicht sein Sieg, sondern seine Niederlage.»[122]

Howard Hawks inszeniert in RIO BRAVO die Vereinzelung des Westerner in einer musikalischen Szene kurz vor dem ‹showdown› (Abb. 13-20). Die Szene beginnt mit Chance, der den Raum betritt, in dem seine drei Helfer sitzen (Abb. 13). Die Drei, die alle auf ihre Art am Ende in die Gesellschaft eingeliedert werden, singen gemeinsam ein Lied. Zu Beginn des Lieds zeigt die Totale die vier Männer (Abb. 14). Während gesungen wird, sind die einzelnen Charaktere in Großaufnahme zu sehen. Am Ende des Lieds ‹My Rifle, my Pony and Me› filmt die Totale nur noch drei der Männer, Chance gehört nicht dazu (Abb. 20).

Der Western erhält den Widerspruch zwischen Individuum und Gesellschaft aufrecht; er muss ihn, im Gegensatz zum realen lebensweltlichen Alltag, gar nicht lösen. Hier liegt das Eskapistische am Western: der Westerner *darf* am Ende davon ziehen. Wenn Ethan Edwards in der letzten Einstellung von DER SCHWARZE FALKE in die Landschaft hinausläuft, wenn er nicht bei der Familie und Gemeinschaft bleibt, dann produziert er einen ‹populären Mythos›, der einen Widerspruch gerade durch seine Nichtauflösung erträglich werden lässt. Deshalb

> können wir [die Zuschauer, J.W.] diese Störung inmitten des familiären Lebens ertragen, weil wir von einem tragischen Helden träumen, der an unserer Stelle die Freiheit des einfachen Widerspruchs genießt, in der Traumwelt jenseits der Filmleinwand. Er kann in den klaren Kampf flüchten, den wir uns im Alltag verbieten müssen.[123]

Die vielen komplexen Widersprüche zwischen individueller und kollektiver Identität, die beide nach dem Krieg neu verhandelt werden mussten, finden hier eine vereinfachende Form.

Zusammenfassend kann konstatiert werden, dass der Western einerseits über die Stärke und Vergangenheit des Westerner ein anschlussfähiges Modell bietet, das die Produktion von Männlichkeit über ein *ähnliches Gegenüber* praktiziert. Die proble-

121 Vgl. Böhringer: *Auf dem Rücken Amerikas*, S. 23.; Früchtl: *Das unverschämte Ich*, S. 71ff.

122 Warshow: «Helden aus dem Goldenen Westen», S. 643.

123 Bronfen: *Heimweh*, S. 367. «Diese Helden, die im Zuge der geglückten Zivilisierung des Westens selbst obsolet werden, obgleich gerade sie als mythische Figuren in unserem kulturellen Bildrepertoire weiterwirken, beleben einen Zwischenraum, den man mit Foucault deshalb heterotopisch nennen könnte, weil er einen Gegenort zur Gesellschaft darstellt, einen Ort außerhalb aller Orte, einen wirklichen und wirksamen Ort, der aber gleichzeitig unmöglich, weil imaginär durchsetzt ist», Ebd., S. 331.

matisch gewordene männliche Identität konnte sich hier auf sanfte Weise anpassen. Eine von respektvollem Umgang mit dem Gegenüber geprägte Entfaltung der Männlichkeit wurde in den Filmen vorgeführt. Die Figur des Westerner vermittelte ein Menschenbild und ein Identitätskonzept. Er ermöglichte dem deutschen Zuschauer ein imaginäres Probehandeln in Bezug auf ein Gegenüber – im Kino und darüber hinaus.

Andererseits produzierte der Western eine *populäre Mythologie*, die den Glauben an einen einfachen Widerspruch aufrechterhielt. Die Suche nach Identität in den fünfziger Jahren fand in einem Spannungsfeld von Neuem und Alten, von Restauration und ‹Modernisierung› statt, das von komplexer Widersprüchlichkeit geprägt war. Der Western erlaubte in der Figur des Westerner den Traum eines einfachen Widerspruchs. Auch deshalb ging der Zuschauer wohl ins Kino; und darin liegt die heimliche Leistung des Western in Deutschland. Das Sehen des Western in den fünfziger Jahren war der Gang in eine imaginierte Einfachheit der Vergangenheit, die heimlich die Bewältigung der Komplexität der neuen Situation einübte.

Die Landschaften der Figuren

Die Figuren des Western wandeln durch Landschaften, die für sie immer etwas ausdrücken. Der Westerner kommt zumeist aus der Landschaft in eine Stadt und verlässt diese dann wieder in die Landschaft. Landschaft ist Ausgangs- und Endpunkt seiner Geschichte. In den fünfziger Jahren der Bundesrepublik ist Landschaft, vermittelt über Heimat, sinn- und identitätssuchend aufgeladen. Landschaft ist dabei gleichzeitig mit einer bestimmten Art der Wahrnehmung und einem bestimmten Denken verbunden.[124]

Heimat im gesellschaftlichen Diskurs und Film

Heimat war in den fünfziger Jahren ein höchst sensibles und emotionalisiertes Thema, ein positives, uneingeschränkt bejahendes Verhältnis nahezu unmöglich. Der Verlust der Ostgebiete war auf konkreter Ebene durch die Flüchtlinge noch immer sehr präsent. Aber auch in einem ideellen Sinne war dieser Verlust ins kollektive Gedächtnis gerutscht: zusammen mit dem Verhältnis zur Heimat wurde auch das

124 Vgl. Hasse, Jürgen: *Heimat und Landschaft. Über Gartenzwerge, Center Parcs und andere Ästhetisierungen*, Wien 1993, S. 21. Zur Landschaft als gesellschaftliche Organisation von Raum vgl. Kaufmann, Stefan: *Soziologie der Landschaft*, Wiesbaden 2005.

Heimatbewusstsein und die gewohnten Formen der Vergemeinschaftung und Vergesellschaftung problematisch.

Der Heimatfilm, der genau dieses Problem umkreist, ist ein Produkt dieser Zeit. In den Filmen wurde Heimat nicht mit einem konkreten Ort verbunden und mit einem konkreten Erlebnis verknüpft, sie wurde vielmehr zu einem «Surrogat für Unerreichbares», eine «idyllisierte, harmonisierte, von der Wirklichkeit bewusst abgehobene Phantasievorstellung.»[125] Die Suche nach Heimat wurde in die Landschaft verlegt. ‹Landschaft› steht dabei in ästhetischer Differenz zur ‹Natur›, da «Blicke und damit die Wahrnehmung eines aufmerksamen Beobachters»[126] als konstitutiver Teil von Landschaft verstanden werden. Der Heimatfilm lenkte die Blicke und bildete die Landschaft nicht real ab, sondern entwarf ein idealtypisches Bild eines vagen Begriffs von harmonischer Beziehung, eben ‹Heimat›. Die Landschaften im Heimatfilm sind nicht nur Kulisse, sondern auch Teil dessen, worum es in den Filmen geht; ein Bild von Heimat zu erstellen, eine Ideenlandschaft, einen ‹locus amoenus›. Einen Ort, an den man sich zurückträumen konnte und der frei war von der Last des Faschismus, des Krieges, der zerstörten Städte und auch den Anstrengungen von Wiederaufbau und Wirtschaftswunder.[127] «Landschaften sind in diesem Sinne keine realen geomorphologischen Gestaltensembles, sondern Bilder, die sich [...] im Augenblick der Begegnung gestalten; sie sind ‹Sehfiguren›.»[128] Als solche sind die Landschaften der Heimatfilme mit einer Narration verbunden, der es nicht um eine rückwärtsgewandte Erhaltung der Heimat, sondern um deren Umgestaltung geht.

> Der Heimatfilm hatte als vordringlichste Aufgabe, der Identität durch Heimat und Region eine andere Identität durch Nation und Gesellschaft vorzuordnen: wer wirklich daheim ist in diesen Filmen, ist bloß lächerlich.[129]

Die süddeutschen Berglandschaften, der Schwarzwald oder die mittel- und norddeutschen Landschaften waren Orte, an denen der Prozess der ‹Modernisierung› und

125 Trimborn: *Heimatfilm*, S. 30, S. 61. Zur Heimatidee als der «sprichwörtliche Silberstreif am Horizont» auf gesellschaftlicher Ebene, vgl. Oberkrome, Willi: *‹Deutsche Heimat›. Nationale Konzeption und regionale Praxis von Naturschutz, Landschaftsgestaltung und Kulturpolitik in Westfalen-Lippe und Thüringen (1900-1960)*, Paderborn 2004, hier: S. 438.

126 Pantenburg, Volker: «Ansichtssache. Natur Landschaft Film», in: Nils Plath: *Blicke auf Landschaften*, S. 15-24, S. 17. Diese Unterscheidung geht auf Joachim Ritter zurück.

127 Es wäre wohl lohnend und interessant, die von W.G. Sebald aufgestellte These der Sprachlosigkeit der Nachkriegsliteratur vor den Trümmern der zerstörten Städte in ein Verhältnis zum Filmschaffen nach dem Krieg zu setzen, vgl. Sebald: *Luftkrieg und Literatur*.

128 Hasse: *Heimat und Landschaft*, S. 13f.

129 Seeßlen: «Heimat und so weiter», S. 159.

die damit einhergehende Vergesellschaftung symbolisch stattfinden konnten, ohne die Ängste vor einer modernen, urbanen und komplexen Zeit hervorrufen zu müssen. Die Landschaften ermöglichten die Modernisierung und (Re-)Nationalisierung der Gesellschaft sanft zu begleiten und zu mythisieren. Im Heimatfilm ist Heimat, wenn auch in einem nostalgischen Blick zurück, die Suche nach etwas Neuem.

Es gibt drei Filmgenres, die nach einem Ort benannt sind. Zwei davon sind deutsch, der Heimat- und der Bergfilm, das dritte Genre ist der Western.[130] In allen drei Genres spielen die Landschaften eine entscheidende Rolle.

> The location of the Westerner in his landscape is a matter of paramount importance, and there are relatively few movies which do not begin with the single man or group of men riding through the countryside.[131]

Die Landschaft ist – noch vor dem Titel – das Erste, was der Zuschauer im Kino vom Western zu sehen bekommt. Das Zweite ist Bewegung durch die Landschaft. Der Westerner bewegt sich ambivalent durch die Landschaft, die einen Zwischenraum darstellt; eine Landschaft, die ihm nicht gehört, die aber die Seine ist. Landschaft und Bewegung durch Landschaft gehören zu den zentralen Momenten des Western, die in den Filmen auf verschiedene Art und Weise inszeniert werden.[132] Gemeinsam ist aber allen Western, dass keine Auseinandersetzung mit der konkreten Landschaft stattfindet. Vielmehr inszenieren die Western die «Landschaft des Westens bewusst als imaginären Ideenort.»[133] Die Landschaften sind keineswegs zufällig gewählt, sie stehen immer in Beziehung zur Handlung und den Figuren. Für den Westerner bedeutet die Landschaft immer «Sehnsucht als auch einen Zustand der Verzweiflung.»[134] Wie im

130 Vgl. Pantenburg: «Ansichtssache. Natur Landschaft Film», S. 23.

131 French, Philip: *Westerns. Aspects of a Movie Genre*, Manchester 2005, S. 65.

132 Vgl. Seeßlen: «Weites Land und großer Himmel», S. 161ff.; French: *Westerns*, S. 63f.

133 Bronfen: *Heimweh*, S. 332. «Die Landschaft des Westens ist die Erfüllung eines Traums; sie ist wirklich und sie ist es nicht. Es gibt sie, und man hat sie erfunden», Seeßlen: «Weites Land und großer Himmel», S. 159. Zum Fehlen der Auseinandersetzung mit der konkreten Landschaft, vgl. Glöde, Marc: «Filmische Topographien der USA. Zur Konstruktion von Landschaften in der experimentellen Filmgestaltung», in: Nils Plath: *Blicke auf Landschaften*, S. 25-45, S. 31f.

134 Seeßlen: «Weites Land und großer Himmel», S. 161. In seiner Analyse der Winnetoufilme stellt Tassilo Schneider fest, dass die beliebigen und zahmen Landschaften der May-Verfilmungen auf die Abwesenheit jedweder heterogener Kräfte verweisen, die die klare Struktur der Filme durcheinander bringen könnten. Das Fehlen eines ‹sence of place› in den Filmen verweist auf die Abwesenheit von sexuellen Gefährdungen, vgl. Schneider, Tassilo: «Finding a New Heimat in the Wild West. Karl May and the German Western of the 1960s», in: Edward Buscombe/Roberta E. Pearson (Hg.): *Back in the Saddle Again. New Essays on the Western*, London 1998, S. 141-159, S. 148ff. Zur Verknüpfung von

Heimatfilm bleibt auch im Western die Landschaft offen, sie bindet sich aber an den Westerner und dessen Sehnsucht an.

Die Vertikale und die Horizontale

«Landschaftbilder [sind] stets mehr als die Landschaft, die sie in Ausschnitten stellvertretend darzustellen behaupten.»[135] Sie transportieren Wahrnehmung-, Denk- und Handlungsschemata, das heißt als Sehfiguren sind sie verknüpft mit einer bestimmten Art von Wahrnehmung, von Vorstellungen und damit auch von Denken.[136]

Für Bilder des deutschen Waldes, überhöht in Gedichten, Märchen und mythischen Erzählungen, ist dies schnell ersichtlich. Im Nationalsozialismus wurde der Wald und die Bilder des Waldes nochmals ‹völkisch›-ideologisch aufgeladen.[137] Wenn nun der Heimatfilm der fünfziger Jahre, in seiner Suche nach einem Bild von Heimat, auf den Wald und damit verbunden auf die Figur des Försters zurückgreift, schließt er sich an die Tradition des deutschen Waldes als Sehnsuchtsort an.

Elias Canetti hat gezeigt, dass der deutsche Wald aber mehr ist als nur ein Sehnsuchtsort. Er ist ein Symbol der Masse, mit dem sich der Berührungsfurcht vor Unbekanntem begegnen lässt.[138] Für den Umgang mit dem Fremden stellt er bestimmte Kategorien zur Verfügung. Mit dem Wald, so Canetti, verbindet sich ein bestimmter Blick und eine bestimmte Haltung, die der Furcht vor dem Unbekannten entspringen.

> Der Wald ist *über* dem Menschen [...] das, was ihn wirklich ausmacht, sein Laub, ist *oben*. Es ist das Laub der einzelnen Stämme, das ineinandergreift und ein zusammenhängendes Dach bildet, es ist das Laub, das so viel vom Lichte abhält und den großen, gemeinsamen Waldschatten wirft. Der Mensch, der aufrecht ist, wie ein Baum, reiht sich den anderen Bäumen ein. Aber sie sind viel größer als er, und er

Landschaft, Männlichkeit und Sexualität, vgl. Kites: *Horizons West*, S. 18.

135 Plath: «Landschaft erblicken», S. 9.

136 Für Hegel beginnt die europäische Philosophie, das europäische Denken am Ozean mit dem Blick auf die weite See, vgl. Früchtl: *Das unverschämte Ich*, S. 33f.; für eine theoretische Unterfütterung, vgl. Bourdieu, Pierre: *Entwurf einer Theorie der Praxis auf der ethnologischen Grundlage der kabylischen Gesellschaft*, Frankfurt a.M. 1979, S. 164ff.

137 «Jeder Stamm wird hier zur kämpferischen Persönlichkeit, die emporstrebt zum Lichte, die sich behaupten muss im harten Wettbewerb mit den Nachbarn, die sich nicht beugen lassen darf unter den ständig sich erneuernden Angriffen von Wind und Wetter, [...] Und hier will uns der deutsche Wald mit seinen kühn in den Raum sich emporreckenden Säulen, mit seinen siegfriedhaften Heldengestalten erscheinen wie ein *Sinnbild für das Dritte Reich deutscher* Nation», Schoenichen, Walter: *Urwaldwildnis in deutschen Landen. Bilder vom Kampf des deutschen Menschen mit der Urlandschaft*, Neudamm 1934, S. 52 (Hervorhebung im Original).

138 Vgl. Canetti, Elias: *Masse und Macht*, Düsseldorf 1978, S. 12.

> muss zu ihnen aufschauen. [...] Die Richtung, in die er die Augen des Menschen zieht, ist die seiner eigenen Veränderung: Der Wald wächst stetig nach oben weiter. Die Gleichheit der Stämme ist eine ungefähre, auch sie ist eigentlich eine Gleichheit der Richtung. Wer einmal im Walde ist, fühlt sich geborgen; er ist nicht an seiner Spitze, wo er weiterwächst, auch nicht am Orte seiner größten Dichte. Eben diese Dichte ist sein Schutz, und der Schutz ist oben [...] Er zwingt den Menschen aufzuschauen, dankbar für seinen überlegenen Schutz.[139]

Mit dem Wald verbindet sich ein Blick nach oben. Der Wald bietet demjenigen Schutz und Geborgenheit, der sich einordnet, indem er sich unterordnet. Der Einzelne muss sich in eine Ordnung einpassen, in der er dann Schutz und Heimat findet. Damit verbindet sich mit dem Wald eine Vorstellung von Ordnung, Heimat und Autorität, die sich auch in den kulturellen Produkten und populären Mythen, die mit dem Wald arbeiten, widerspiegelt. Im Heimatfilm fungiert der Wald als der Ort der Heimat, geschützt und zu schützen vor den Wirren des Fremden.[140] Ähnlich wie der Bergfilm, der an mancher Stelle als Vorläufer des Heimatfilms bezeichnet wird, ist die Blickrichtung im Heimatfilm häufig ein Blick nach oben. Als These möchte ich vorschlagen, dass die Produktion von ‹Heimat› im Heimatfilm sich auch durch einen Blick nach oben konstituiert und somit bestimmte Wahrnehmungs-, Denk- und Handlungsschemata transportiert und (re-)produziert.

> Ein anderer und nicht weniger wichtiger Aspekt des Waldes ist seine vielfache Unverrückbarkeit. Jeder einzelne Stamm ist festgewurzelt und gibt keiner Drohung von außen nach. Sein Widerstand ist absolut, er weicht nicht von der Stelle. Er kann gefällt, aber nicht verrückt werden. So ist er zum Symbol des Heeres geworden: ein Heer in Aufstellung, ein Heer, das unter keinen Umständen flieht; das sich bis zum letzten Mann in Stücke hauen lässt, bevor es einen Fußbreit Boden aufgibt.[141]

Der Wald ist als Symbol mit einer soldatischen Männlichkeit verschränkt, jedenfalls aber ist er Symbol für eine natürliche, unverrückbare Ordnung, die sich dem Fremden widersetzt. Diese Funktion wird im Heimatfilm mit der Figur des Försters verknüpft. Der Förster, als Repräsentant einer natürlichen Ordnung des heimatlichen Kollektivs ist jene Figur des Heimatfilms, die am Engsten mit der Landschaft verbunden ist. Aber im Gegensatz zum Western ist die Landschaft nicht die Seine; sie ist der Ideenort einer Gemeinschaft, der sich der Förster unterordnet. Sein Eintreten für Ordnung und sein

139 Ebd., S. 92 (Hervorhebungen im Original).
140 Vgl. Trimborn: *Heimatfilm*, S. 41f.
141 Canetti: *Masse und Macht*, S. 93.

Abb. 21&22: Noch ist die Kirche in Tombstone nicht fertiggestellt, die Fahnen hängen zwar schon, und da ist die Musik. Aber noch ist man dem Wind der Prärie ausgesetzt. Wyatt Earp (Henry Fonda) zieht dennoch seinen Hut.

Sieg über den Wilderer ist im Grunde eine undemokratische und anti-individualistische Ordnungsutopie. In der Figur des Försters spiegelt sich eine Autoritätsgläubigkeit und «ein grundlegendes Mißtrauen gegenüber der Demokratie und der Verantwortung, die damit an das Kollektiv überantwortet ist»[142] wider. Zwar kann man Robert G. Moeller Recht geben, wenn er analysiert, dass in den westdeutschen Kinos den Zuschauern alternative Modelle von Männlichkeit vorgestellt wurden: «Heimatfilme präsentierten ihnen Bilder von Männern, die zwar ‹gedient› hatten, jetzt aber traditionelle Uniformen trugen – das Grün des Försters oder die farbenprächtige Volkstracht –, die den Nationalsozialismus und die Bomben der Alliierten überdauert hatten.»[143] In einer Schicht unter den Uniformen und in den Blickregimen ist aber die Fortschreibung von alten Mustern des soldatischen Gehorsams noch zu finden.

Die Landschaften des Western unterscheiden sich von den vertikalen Landschaften der deutschen Filmgenres. Der Western ist ein Genre der horizontalen Bilder: zwar gibt es Western, die im Gebirge und Wald spielen, dennoch ist die Horizontale prägendes Merkmal des Genres. Am Deutlichsten ist dies natürlich in den Prärie- und Wüstenlandschaften ausgearbeitet.

Da der Fokus der deutschen Westernrezeption der fünfziger Jahre auf der Figur des Westerner lag, kann man annehmen, dass auch die Wahrnehmung der Landschaft vor allem mit der individuellen Figur verknüpft wurde. Die ideologische Verknüpfung von

142 Trimborn: *Heimatfilm*, S. 113.
143 Moeller: «Heimkehr in Vaterland», S. 406.

Abb. 23&24: Er tanzt mit Clementine Carter (Cathy Downs). Der Zuschauer kann den Beiden beim Tanzen zusehen, oder er kann seinen Blick über die weite Landschaft des Monument Valley schweifen lassen.

‹Raum› und ‹Volk› scheint jedenfalls nicht in die Betrachtung von offenen, weiten Räumen – wie sie die Landschaften des Western darstellen – gewandert zu sein. Die Landschaften sind immer mit dem Westerner und dessen Identitätsprozessen verbunden, auch sie transportieren damit ein bestimmtes Identitätskonzept. Die Landschaft gehört nicht der Gemeinschaft, sie gehört auch nicht der Nation, sie ist Teil der Identität des Westerner.

> Der Westernheld verwandelt tote/fremde Gegend in lebendige/eigene Landschaft und zivilisiert so den Raum, dem er sich im ikonischen Schlussbild, im Ritt in die Sonne, symbolisch einfügt, ja, den er zum symbolischen Bild gestaltet.[144]

Das Motiv der Landschaft verbindet sich mit den Figuren, die in ihr wandeln. Landschaft symbolisiert, in Verknüpfung mit dem Westerner ein Wahrnehmungs-, Denk- und Handlungsmodell, dasjenige des Westerner.

Vielleicht, und hierüber kann man nur vorsichtig spekulieren, steckt hinter der Faszination der deutschen Zuschauer der fünfziger Jahre für die Landschaften des Western mehr als nur eine Faszination für die fremde, monumentale Landschaft. Vielleicht speist sich diese Faszination auch aus einem bestimmten Blick, dem Blick des Westerner, der sich eng mit der weiten Landschaft verbindet und andere, neue Wahrnehmungs-, Denk- und Handlungsangebote transportiert und produziert. Vielleicht ermöglicht auch die horizontale Landschaft eine Transformation. Vielleicht ermöglicht der Blick in die Weite das Aufbrechen einer alten Vorstellungswelt, die

144 Knörer, Ekkehard: «Der Zerfall des Rahmens. Zur Auflösung der Landschaft im Wüstenfilm», in: Nils Plath: *Blicke auf Landschaften*, S. 68-77, S. 72.

noch stark an Ordnung und Autoritäten gebunden ist. Vielleicht haben sich in der Übernahme des Blicks des Westerner, Landschaft und ein bestimmter Begriff von individueller Freiheit verbinden können.

John Ford inszeniert in FAUSTRECHT DER PRÄRIE die Szene, in der Wyatt Earp in Tomstone seine neue Heimat finden wird, mit einem Tanz (Abb. 21-24). Earp, der hier zunächst nur den Mord an seinem Bruder rächen wollte, wird sich in die Gemeinschaft eingliedern. Natürlich reitet auch er am Ende des Film davon, aber er wird wiederkommen, das verspricht er Clementine; ins Bild gesetzt wird aber das Davonreiten. Dieses harmonische Ende ist deshalb möglich, da Doc Holliday den Gegenpart zu Earp verkörpert.[145] Doc Holliday verliert alles, während Earp beim Tanz seine Heimat gewinnt. Der Blick des Zuschauers streift bei dieser Szene über die Prärielandschaft des Monument Valley im Hintergrund. Landschaft wird hier als «Rand von Heimat»[146] inszeniert; und in dieser Szene wird dies verbunden mit einem Optimismus. Der Blick in die Weite ist ein Blick nach vorne. Noch ist die Kirche nicht fertiggestellt, die Fahnen hängen zwar schon, und da ist die Musik. Aber noch ist man dem Wind der Prärie ausgesetzt. Wyatt Earp zieht dennoch seinen Hut aus und tanzt mit Clementine. Der Zuschauer kann den Beiden beim Tanzen zusehen, oder er kann seinen Blick über die weite Landschaft schweifen lassen. Das Monument Valley, jene berühmte und ikonische Landschaft des Western, in die Wyatt Earp am Ende des Films ziehen wird.

Vielleicht aber konnte der Blick in die Weite auch etwas von der Vergangenheit verbergen: «Der Blick nach vorn erlaubte das Nicht-mehr-Hinsehen.»[147] Schweigsam in eine Zukunft gehen, das Vergangene hinter sich lassen; neu anfangen, ohne neu anfangen zu müssen.

145 Vgl. dazu auch Bitomsky, Hartmut: «Gelbe Streifen Strenges Blau. Passage durch Filme von John Ford. Zweiter Teil», in: *filmkritik* 3 (1979), S. 93-139, S. 104.

146 Seeßlen: «Weites Land und großer Himmel», S. 164.

147 Doering-Manteuffel: «Kultur der 50er Jahre», S. 539. «Alle großen Western-Helden entwickelten eine bestimmte Art, ihre Augen halb geschlossen zu halten. Das war nützlich und richtig für die Gegend, in der sie unter anderem mit der Sonne und dem Wind zu kämpfen hatten», Seeßlen: «Weites Land und großer Himmel», S. 168.

SCHLUSS

Die Verortung des Sehens von Western in den frühen fünfziger Jahren der Bundesrepublik und die Fragen nach den Transformationen des Western durch den deutschen Zuschauer sowie nach den Transformationen des Zuschauers durch den Western gilt es an dieser Stelle zusammenzufassen.

Das Sehen des Western ist in einen Kontext eingebunden. Der Western war in den fünfziger Jahren ein Phänomen des Kinos, das bestimmte Voraussetzungen für die Rezeption stellte. Mit Rückgriff auf die Zeit des Zweiten Weltkrieges, in dem sich das Kino als Ort des Eskapismus für große Bevölkerungsteile etablierte, veränderte sich um 1948/1949 die Nutzung des Kinos. Fragen individueller und kollektiver Identitätsumbildung wurden dringlich und sie wurden auch im Kino verhandelt. In dieser Zeit hielt der Western, der 1940 in Deutschland verboten worden war und sich, für den deutschen Zuschauer unbemerkt, zwischenzeitlich weiterentwickelt und verändert hatte, wieder Einzug in die Kinos. Jede Woche lief ein neuer Western in den deutschen Kinos an. Die Zuschauer, die für die Western die Kinos besuchten, waren keinesfalls nur männliche Jugendliche aus den unteren Schichten. Ein vielfältiges, im nationalsozialistischen Deutschland sozialisiertes Publikum kann für die fünfziger Jahren angenommen werden.

Die Vorstellungen vom Western als Genre waren zu Beginn der fünfziger Jahre noch stark von der Vorgeschichte des Genres in Deutschland und des Verbots während der vierziger Jahre geprägt. Aus filmhistorischer Sicht lassen sich diese Vorstellungen als veraltet beschreiben. Die Verbindung der Begriffe ‹Genre› und ‹Diskurs› erlaubte es, einer rückblickenden Sichtweise zu entgehen und die entscheidenden zeitgenössischen Merkmale im diskursiven Umgang mit dem Western herauszuarbeiten. Die Unsicherheit und Unklarheit in Bezug auf den Western kontrastierte mit der von ihm erzeugten Faszination; es wurde zunächst übersehen, dass der Western für das Publikum in den frühen fünfziger Jahren etwas Neues darstellte. Das Beschreiben des Western dieser Zeit funktionierte über die Gegenüberstellung von

Genre und einzelnem Film. Dabei legitimierten die Rezensenten die Faszination für den einzelnen, besprochenen Film mithilfe der Absetzung dieses Films seinem Genre gegenüber. In dieser diffusen Art des Beschreibens und der Narration des Western in der Bundesrepublik spiegelte sich der Wandel wider, den das Genre vollzogen hatte. Aber dieses Beschreiben machte auch deutlich, dass eine Transformation stattgefunden hatte, dass der Western, seiner Vorgeschichte in deutschen Kinos gemäß, spezifisch gesehen wurde.

Die Figuren – der Westerner und sein Gegenüber, der Schurke – waren in Deutschland für die Faszination dem Western gegenüber maßgeblich. Über ihre bedeutende Position im Film, ihre Körper und ihre Stärke boten sie Anschlussmöglichkeiten für eine in die Krise geratene deutsche Männlichkeit. Im Gegensatz zu den vor Ort stationierten amerikanischen Soldaten präsentierte der Westerner – als der *nahe Fremde* – in der sicheren, distanzierten Welt der Leinwand ein Modell einer neuen, amerikanisch geprägten Männlichkeit. Dieses Modell der Männlichkeit entfaltete sich in einer spezifischen Konstellation, in der der Westerner mit einem ähnlichen Gegenüber konfrontiert wird. Der Westerner produziert seine Männlichkeit nicht über ein anderes Gegenüber, sondern über eine ihm ähnliche Figur. Mit dem verlorenen Krieg hatte die erschütterte deutsche hegemoniale Männlichkeit auch ihr anderes Gegenüber verloren, und musste ein neues Modell von Männlichkeit entwickeln. Das Kino als Ort der Suche nach Identität und der Westerner als vermittelnde Figur boten dem Zuschauer die Möglichkeit, ein solches komplexes Modell einzuüben. Die Landschaften des Western, ebenfalls Teil der Faszination, wirkten unterstützend auf diesen Prozess.

Der Western konnte den Zuschauer transformieren, ihn sanft mit einer komplexen Wirklichkeit der ‹Modernisierung› versöhnen. Unterstützt wurde diese Interaktion zwischen Zuschauer und Film durch die Produktion eines Mythos, der den einfachen Widerspruch zwischen Einzelnem und Gemeinschaft aufrechterhält. Der Westerner, der einsam dem Sonnenuntergang entgegengeht, erlaubt auch, den Glauben an die Einfachheit der Welt aufrechtzuerhalten. Wo die Einfachheit an anderer Stelle verloren geht (der andere Gegenüber wird durch die komplexere Struktur eines ähnlichen Gegenüber ersetzt), bleibt sie im Schlussbild des Western, wenn die Leinwand dann schwarz wird, erhalten.

Dies stellt die heimliche Leistung des Western dar, er bot den Raum für ein imaginäres Probehandeln im Umgang mit dem Neuen. Natürlich war dies nur ein kleiner

Baustein in einem großen, gesellschaftlichen Wandlungsprozess, der sich an vielen Orten der Gesellschaft vollzog. Einer dieser Orte war das Kino. Hier fand die Interaktion von Western und deutschem Zuschauer der fünfziger Jahre statt. Der Kinobesucher jener Zeit *fabrizierte* etwas mit diesen Bildern, etwas, das blieb, wenn er das Kino verließ, um dann schon bald wiederzukommen. Den Western als Teil des gesellschaftlich relevanten Phänomens Kino und den Zuschauer als Teil der gesellschaftlichen Prozesse, die auch im Kino verarbeitet werden, ernstzunehmen, war ein Ziel dieser Arbeit.

> Dieses Ziel wäre erreicht, wenn die Alltagspraktiken oder alltäglichen ‹Handlungsweisen› nicht mehr als sich im Dunkeln verlierende Grundlage der gesellschaftlichen Tätigkeit angesehen werden würden und wenn es in einem Zusammenspiel von theoretischen Fragen, Methoden, Kategorien und Sichtweisen, welche in diese Finsternis eindringen, gelingen würde, das Dunkel zu artikulieren.[1]

1 de Certeau: *Kunst des Handelns*, S. 11.

ANHANG

Tab. 1: Zwischen 1949 und 1960 in deutschen Kinos erstaufgeführte amerikanische Western*

Deutscher Verleihtitel	Datum der Erstaufführung	Originaltitel und Produktionsjahr
VERFOLGT	1947	PURSUED, 1946
DER GROßE BLUFF	1947	DESTRY RIDES AGAIN, 1939
DAS TEUFELSPFERD	15.12.48	THE DEVIL HORSE, 1932
DER SCHATZ DER SIERRA MADRE	1949	TREASURE OF SIERRA MADRE, 1947
ARIZONA	1949	ARIZONA, 1940
DER SCHWARZE REITER	1949	THE ANGEL AND THE BADMAN, 1947
FAUSTRECHT DER PRÄRIE	1949	MY DARLING CLEMENTINE, 1946
GESETZ DER WILDNIS	14.01.49	THE LAW OF THE WILD, 1934
IM HERZEN VON ARIZONA	11.02.49	THE HEART OF ARIZONA, 1938
DIE TODESREITER VON KANSAS	29.04.49	TRAIL STREET, 1946
TOM MIX, DER WUNDERREITER – 1. TEIL: DER FEUERVOGEL	03.06.49	THE MIRACLE RIDER, 1935
TOM MIX, DER WUNDERREITER – 2. TEIL: DIE VERGELTUNG	03.06.49	— (für das deutsche Kino zusammengestellte Episoden), 1935
IM ZEICHEN DES ZORRO	12.07.49	THE MARK OF ZORRO, 1940
ÜBERFALL DER OGALALLA	08.11.49	WESTERN UNION, 1941
MIT BÜCHSE UND LASSO	08.12.49	TALL IN THE SADDLE, 1944
DIE RAUHEN REITER	09.12.49	THE GALLANT LEGION, 1947

* Es existiert bisher keine Auflistung aller in deutschen Kinos aufgeführten Western. Das Western-Lexikon von Joe Hembus verzeichnet alle in Deutschland in Kino und Fernsehen gezeigten Western; jedoch ohne Nachweis der Aufführung. Für die folgende Liste wurden Western aus Hembus: *Western* entnommen und dann in Knoll: *Lexikon des internationalen Films* jeweils die deutschen Erstaufführungsdaten recherchiert. Im deutschen Kinosystem der fünfziger Jahre gab es, von einigen Ausnahmen abgesehen, keine bundesweiten Filmstarts, wie sie heute üblich sind. Die Filme wurden in der Regel erst in der Großstadt aufgeführt und wanderten dann durch die Provinz. Die Erstaufführungsdaten sind also in der Regel nur für einen bestimmten Ort gültig.

TROMMELN AM MOHAWK	09.12.49	DRUMS ALONG THE MOHAWK, 1939
EHE OHNE LIEBE	16.12.49	RACHEL AND THE STRANGER, 1948
DREI MÄNNER AUS TEXAS	23.12.49	THREE MEN FROM TEXAS, 1940
EIN TOLLER BURSCHE	30.12.49	HONKY TONK, 1941

RAUB AN DER GOLDKÜSTE	1950	THE INDIANS ARE COMING, 1930
DER RÄCHER VON TEXAS	1950	PANHANDLE, 1947
BUFFALO BILL GREIFT EIN	1950	BUFFALO BILL RIDES AGAIN, 1947
DAS LIED DES WILDEN WESTENS	1950	CAN'T HELP SINGING, 1944
DIE FREIBEUTERIN	31.01.50	THE SPOILERS, 1942
ABENTEUER IM WILDEN WESTEN	10.02.50	THE DUDE GOES WEST, 1948
DAS GESETZ DER PRÄRIE	14.02.50	THE LAW OF THE PAMPAS, 1939
HELDEN IM SATTEL	17.02.50	RIDE 'EM COWBOY, 1942
HERR DES WILDEN WESTENS	26.03.50	DODGE CITY, 1939
ROTE TEUFEL UM KIT CARSON	31.03.50	KIT CARSON, 1940
DER HELD DER PRÄRIE	15.04.50	THE PLAINSMAN, 1936
TEUFELSREITER VON TEXAS	20.05.50	RANGE WAR, 1939
DIE WÖLFE VON KANSAS	01.06.50	WIDE OPEN TOWN, 1941
VOGELFREI	22.06.50	COLORADO TERRITORY, 1949
TULSA	14.07.50	TULSA, 1949
DAS GIBT ES NUR IN TEXAS	01.08.50	TEXAS TROUBLE SHOOTERS, 1942
MEIN MANN, DER COWBOY	03.08.50	THE COWBOY AND THE LADY, 1938
TODESKARAWANE	11.08.50	DOOMED CARAVAN, 1942
STURM ÜBER ARIZONA	24.08.50	ARIZONA WHIRLWIND, 1944
DIE HÖLLE VON OKLAHOMA	25.08.50	IN OLD OKLAHOMA, 1945
DREI COWBOYS UND EIN MÄDEL	05.09.50	UNDERGROUND RUSTLERS, 1941
GOLDSCHMUGGEL NACH VIRGINIA	08.09.50	VIRGINIA CITY, 1940
SILBERKÖNIG	12.09.50	NORTHWEST STAMPEDE, 1949
GANGSTER DER PRÄRIE	26.09.50	STATIONS WEST, 1948
STURZ IN DEN ABGRUND	29.09.50	BRANDED MEN, 1931
RACHE OHNE GNADE	29.09.50	FURY AT FURNACE CREEK, 1948
SAN FRANCISCO IM GOLDFIEBER	29.09.50	BARBARY COAST, 1935
SEIN ENGEL MIT DEN ZWEI PISTOLEN	05.10.50	THE PALEFACE, 1948
COWBOYS – DER KAMPF UM DIE GOLDMINE	10.10.50	FRONTIER CRUSADER, 1940
HÖLLENFAHRT NACH SANTA FÉ	13.10.50	STAGECOACH, 1939
SAN FRANCISCO LILLY	17.10.50	FLAME OF THE BARBARY COAST, 1945
DER BANDIT VON SACRAMENTO	20.10.50	IN OLD SACRAMENTO, 1946
EIN MANN DER TAT	20.10.50	SAN ANTONIO, 1945
CALIFORNIA	24.10.50	CALIFORNIA, 1946
JESSE JAMES, MANN OHNE GESETZ	27.10.50	JESSE JAMES, 1939
DIE LETZTEN VON FORT GAMBLE	10.11.50	AMBUSH, 1949
IN LETZTER SEKUNDE	24.11.50	THE FIGHTING KENTUCKIAN, 1949
GENTLEMAN COWBOY	24.11.50	SUNSET TRAIL, 1938
SHERIFF UND STRÄFLING	24.11.50	THE POCATELLO KID, 1931
WILDWEST-BANDITEN	24.11.50	TRAIL DUST, 1936
DER BERG DES SCHRECKENS	01.12.50	LUST FOR GOLD, 1949

ÜBERFALL IN DER TEUFELSSCHLUCHT	01.12.50	TEXAS TRAIL, 1937
HYÄNEN DER PRÄRIE	03.12.50	WYOMING, 1947
DIE ROTE SCHLUCHT	08.12.50	RED CANYON, 1948
RACHE FÜR ALAMO	12.12.50	MAN OF CONQUEST, 1938
LIEBE IN DER WILDNIS	15.12.50	DAKOTA, 1945
BANDITEN AM SCHEIDEWEG	19.12.50	THE DOOLINS OF OKLAHOMA, 1949
DIE GOLDRÄUBER VON TOMBSTONE	22.12.50	BAD MEN OF TOMBSTONE, 1948
BUFFALO BILL, DER WEIßE INDIANER	29.12.50	BUFFALO BILL, 1944
BRENNENDE GRENZE	1951	FABULOUS TEXAN, 1948
BANDITENJAGD IN COLORADO	1951	IN OLD COLORADO, 1941
KARTEN, KUGELN UND BANDITEN	02.01.51	PLAINSMAN AND THE LADY, 1946
WEIßE BANDITEN	12.01.51	STEMPEDE, 1949
DIE FARM DER BESESSENEN	25.01.51	THE FURIES, 1950
IN DIE FALLE GELOCKT	26.01.51	THE WESTERNER, 1940
DER TODESVERÄCHTER	02.02.51	WHISPERING SMITH, 1948
KAMPF UM DIE PRÄRIE	06.02.51	THE FIGHTING TEXANS, 1933
PANIK AM ROTEN FLUß	09.02.51	RED RIVER, 1948
WINCHESTER '73	09.02.51	WINCHESTER '73, 1950
ICH KANN MEIN HERZ NUR EINMAL VERSCHENKEN	14.02.51	NORTHWEST OUTPOST, 1947
DESPERADOS – AUFRUHR DER GESETZLOSEN	16.02.51	THE DESPERADOES, 1943
HERRIN DER TOTEN STADT	20.02.51	YELLOW SKY, 1948
DIE DIAMANTEN-RANCH	23.02.51	ROCK RIVER RENEGADES, 1942
GEÄCHTET	16.03.51	THE OUTLAW, 1944
MONTANA	23.03.51	MONTANA, 1949
DER LETZTE BANDIT	31.03.51	BILLY THE KID, 1941
TAL DER LEIDENSCHAFTEN	06.04.51	TAP ROOTS, 1948
VERFEMT	19.04.51	THE KID FROM TEXAS, 1949
AUFRUHR IN MESA GRANDE	27.04.51	HOPALONG CASSIDY RETURNS, 1936
KONTERBANDE	19.05.51	SOUTH OF ST. LOUIS, 1949
GEHEIMNIS DER TOTEN STADT	01.06.51	THE TRAIL OF THE SILVER SPURS, 1941
DER RÄCHER VON LOS ANGELES	21.06.51	OLD LOS ANGELES, 1948
TEXASPOLIZEI RÄUMT AUF	22.06.51	DEPUTY MARSHAL, 1949
GEHAßT, GEJAGT, GEFÜRCHTET	28.06.51	RENEGADES, 1946
ZORROS GEISTERREITER	13.07.51	ZORRO'S FIGHTING LEGION, 1939
ZWEIKAMPF AM RED RIVER	20.07.51	MASSACRE RIVER, 1949
GAUNER, GOLD UND WILDER WESTEN	20.07.51	WEST OF PINTO BASIN, 1940
ZORROS RACHE (ZORROS GEISTERREITER TEIL 2)	20.07.51	ZORRO'S FIGHTING LEGION, 1939
DER RICHTER VON COLORADO	10.08.51	THE MAN FROM COLORADO, 1948
FLAMMENDES TAL	17.08.51	COPPER CANYON, 1950
DIE SCHARLACHROTEN REITER	21.08.51	NORT WEST MOUNTED POLICE, 1940
SCHWARZES KOMMANDO	31.08.51	DARK COMMAND, 1940
DER GEBROCHENE PFEIL	06.09.51	BROKEN ARROW, 1950
HERR DER RAUHEN BERGE	21.09.51	ROCKY MOUNTAIN, 1950
ZWEI IN DER FALLE	25.09.51	RAWHIDE, 1950

RIO GRANDE	28.09.51	RIO GRANDE, 1950
DER SCHRECKEN VON TEXAS	13.10.51	RETURN OF THE BAD MEN, 1948
BLUTRACHE IN MONTANA	16.10.51	THE SHOWDOWN, 1950
HERR DER SILBERMINEN	19.10.51	SILVER RIVER, 1948
DER KÖNIG VON TEXAS	22.10.51	AMERICAN EMPIRE, 1942
AUF WINNETOUS SPUREN	26.10.51	THE IROQUOIS TRAIL, 1950
FLUCHT NACH TEXAS	26.10.51	TEXAS, 1941
TODFEINDSCHAFT	09.11.51	DALLAS, 1950
DIE UNBESIEGTEN	16.11.51	UNCONQUERED, 1947
APACHEN, BLEICHGESICHTER UND BANDITEN	16.11.51	HILLS OF OLD WYOMING, 1937
IN DER HÖLLE VON MISSOURI	30.11.51	CALIFORNIA PASSAGE, 1950
ZORROS SOHN	07.12.51	—, 1947
DER LETZTE DER MOHIKANER	18.12.51	THE LAST OF THE MOHICANS, 1936
ARABER, BEDUINEN UND BETRÜGER	18.12.51	OUTLAWS OF THE DESERT, 1941
REBELLEN DER STEPPE	21.12.51	CALAMITY JANE AND SAM BASS, 1949
TOMAHAWK – AUFSTAND DER SIOUX	21.12.51	TOMAHAWK, 1950
DUELL IN DER MANEGE	28.12.51	ANNIE GET YOUR GUN, 1950
EIN COWBOY LEBT GEFÄHRLICH	1952	TRAILING DOUBLE TROUBLE, 1940
DER SCHRECKEN VON ARIZONA	08.02.52	ARIZONA TERROR, 1931
COWBOY RACHE	14.02.52	RANGER LAW, 1931
TERROR ÜBER COLORADO	15.02.52	THE SAVAGE HORDE, 1949
IM LANDE DER COMANCHEN	15.02.52	COMANCHE TERRITORY, 1950
ICH ERSCHOß JESSE JAMES	15.02.52	I SHOT JESSE JAMES, 1949
ÜBERFALL AUF SILVER CITY	29.02.52	TEXAS GUNFIGHTER, 1932
DAS BRANDMAL	14.03.52	BRANDED, 1950
DER RÄCHER	14.03.52	BEST OF THE BADMEN, 1951
SCHRECKENSNACHT AM BLACK RIVER	18.03.52	THE SUNSET TRAIL, 1931
GEFÄHRLICHE MISSION	21.03.52	WYOMING MAIL, 1950
RACHE FÜR JESSE JAMES	25.03.52	THE RETURN OF FRANK JAMES, 1940
GRENZBANDITEN	01.04.52	WHISTLIN' DAN, 1932
REVOLVERLADY	18.04.52	FRENCHIE, 1950
ZORRO IM WILDEN WESTEN	25.04.52	GHOST OF ZORRO, 1949
DER SHERIFF VON KANSAS	07.05.52	THE YOUNG IN HEART, 1943
DIE TODESRANCH	16.05.52	NORTH OF THE RIO GRANDE, 1937
TAL DER RACHE	20.05.52	VENGEANCE VALLEY, 1951
DER RÄCHER VON OLD MEXICO	29.05.52	IN OLD MEXICO, 1938
IN RACHE VEREINT	30.05.52	THE GREAT MISSOURI RAID, 1950
DER PLÜNDERER VON NEVADA	05.06.52	THE PLUNDERERS, 1948
REBELLEN DER SCHWARZEN BERGE	17.06.52	THE TORCH, 1950
ZWEIKAMPF BEI SONNENUNTERGANG	27.06.52	THE SUNDOWNERS, 1950
ZORROS TOCHTER	28.06.52	—, 1950
DER TIGER VON TEXAS	04.07.52	HIGH LONESOME, 1950
ALS DIE ROTHÄUTE RITTEN	11.07.52	WHEN THE REDSKINS RODE, 1951
BILLY, DER BANDIT	25.07.52	I SHOT BILLY THE KID, 1950
PHANTOMREITER	25.07.52	THE PHANTOM EMPIRE, 1935

BIS ZUM LETZTEN ATEMZUG	15.08.52	ONLY THE VALIANT, 1951
VIVA ZAPATA!	22.08.52	VIVA ZAPATA, 1951
RIVALEN AM REIßENDEN STROM	26.08.52	RIVERLADY, 1948
DIE TEUFELSBRIGADE	28.08.52	DISTANT DRUMS, 1951
DIE HÖLLE DER ROTEN BERGE	04.09.52	RED MOUNTAIN, 1951
DAS ZEICHEN DES VERRÄTERS	05.09.52	MARK OF THE RENEGADE, 1951
PFERDEDIEBE AM MISSOURI	05.09.52	LAST OF THE WILD HORSES, 1948
COLORADO	05.09.52	ACROSS THE WIDE MISSOURI, 1951
TROMMELN DES TODES	05.09.52	APACHE DRUMS, 1950
VORPOSTEN IN WILDWEST	12.09.52	TWO FLAGS WEST, 1950
DICK UND DOOF IM WILDEN WESTEN	12.09.52	WAY OUT WEST, 1937
DIE BANDE DER FÜNF	12.09.52	WHEN THE DALTONS RODE, 1940
NACHT IN DER PRÄRIE	16.09.52	BLOOD ON THE MOON, 1948
KARAWANE DER FRAUEN	16.09.52	WESTWARD THE WOMEN, 1951
MENSCHENJAGD IN SAN FRANCISCO	19.09.52	THE SAN FRANCISCO STORY, 1952
MANN GEGEN MANN	03.10.52	LONE STAR, 1952
RAUCHENDE PISTOLEN	07.10.52	SINGING GUNS, 1950
DIE SCHWARZE MASKE	10.10.52	BLACK BART, 1948
DER DRAUFGÄNGER VON BOSTEN	17.10.52	IN OLD CALIFORNIA, 1942
DUELL IN DER SONNE	17.10.52	DUEL IN THE SUN, 1946
DER TODESFELSEN VON COLORADO	31.10.52	NEW MEXICO, 1951
DIE FRAU DES BANDITEN	03.11.52	THE OUTCASTS OF POKER FLAT, 1952
BLUT UND GOLD	14.11.52	RELENTLESS, 1948
SEIN LETZTES KOMMANDO	14.11.52	THEY DIED WITH THEIR BOOTS ON, 1941
FLUCHT NACH NEVADA	18.11.52	FOUR FACES WEST, 1948
DER KÖNIG DER WILDNIS	21.11.52	THE LION AND THE HORSE, 1952
DER MARSCHALL VON SANTA FÉ	21.11.52	THE DALTON GANG, 1950
FLUCHT VOR DEM TODE	28.11.52	THE CIMARRON KID, 1951
DIE SCHLACHT AM APACHENPAß	05.12.52	BATTLE AT APACHE PASS, 1952
ENGEL DER GEJAGTEN	19.12.52	RANCHO NOTORIOUS, 1952
AUF DEM KRIEGSPFAD	19.12.52	DAVY CROCKETT INDIAN SCOUT, 1950
LOCKRUF DER WILDNIS	22.12.52	LURE OF THE WILDERNESS, 1951
MEUTEREI AM SCHLANGENFLUß	25.12.52	BEND OF THE RIVER, 1952
DIE HERBERGE ZUM ROTEN PFERD	25.12.52	FRONTIER GAL, 1945

GRENZPOLIZEI IN TEXAS	01.01.53	THE TEXAS RANGERS, 1951
ZWÖLF UHR MITTAGS	09.01.53	HIGH NOON, 1952
KALIFORNIEN IN FLAMMEN	12.01.53	CALIFORNIA CONQUEST, 1952
GEFÄHRTEN DES GRAUENS	23.01.53	THE WILD NORTH, 1952
DIE FARM DER GEHETZTEN	29.01.53	RAMROD, 1948
FEUER AM HORIZONT	06.02.53	CANYON PASSAGE, 1946
GESPENSTERREITER	13.02.53	RIDERS IN THE SKY, 1949
GELADENE PISTOLEN	18.02.53	LOADED PISTOLS, 1949
KOPFPREIS 5000 DOLLAR	20.02.53	HELLFIRE, 1949
DER WEIßE SOHN DER SIOUX	26.02.53	THE SAVAGE, 1952
SABOTAGE	27.02.53	CARSON CITY, 1952
ROSE VON CIMARRON	04.03.53	ROSE OF CIMARRON, 1952

VERWEGENE MÄNNER IM SATTEL	05.03.53	THE LAST ROUND-UP, 1947
BANDITEN OHNE MASKE	06.03.53	ABILENE TOWN, 1946
MÄNNER MIT EISERNEN NERVEN	10.03.53	RIDERS OF THE WHISTLING PINES, 1949
AN DER SPITZE DER APACHEN	27.03.53	THE HALF-BREED, 1952
TOCHTER DER PRÄRIE	03.04.53	BELLE STARR'S DAUGHTER, 1948
BLEICHGESICHT JUNIOR	10.04.53	SON OF PALEFACE, 1952
DIE TODESREITER VON LAREDO	15.04.53	STREETS OF LAREDO, 1948
DAS GEHEIMNIS DER SCHWARZEN BANDE	17.04.53	COLT .45, 1950
IM BANNE DES TEUFELS	22.04.53	THE IRON MISTRESS, 1952
DER WEITE HIMMEL	15.05.53	THE BIG SKY, 1952
SCHÜSSE IN NEU MEXIKO	21.05.53	THE DUEL AT SILVER CREEK, 1952
ARENA DER COWBOYS	29.05.53	THE LUSTY MAN, 1952
MICHAEL SCHAFFT ORDNUNG	12.06.53	HEAVEN ONLY KNOWS, 1947
DIE SCHÖNSTE VON MONTANA	03.07.53	MONTANA BELLE, 1952
DER SCHARFSCHÜTZE	03.07.53	THE GUNFIGHTER, 1950
GERONIMO, DIE GEIßEL DER PRÄRIE	17.07.53	GERONIMO, 1939
DER ROTE REITER	17.07.53	PONY SOLDIER, 1952
DAS LETZTE FORT	17.07.53	FORT WORTH, 1951
TEUFEL DER WEIßEN BERGE	22.05.53	INDIAN UPRISING, 1951
VERGELTUNG AM TEUFELS-PAß	07.08.53	THE SECRET OF CONVICT LAKE, 1951
ZORROS SCHWARZE PEITSCHE (1. ZORRO DER RÄCHER)	21.08.53	—, 1937
MIT PECH UND SCHWEFEL	25.08.53	BRIMSTONE, 1950
GEHEIMAGENT IN WILDWEST	27.08.53	DAKOTA LIL, 1950
DIE SILBERNE PEITSCHE	28.08.53	THE SILVER WHIP, 1952
ZORROS SCHWARZE PEITSCHE (2. ZORRO SCHLÄGT ZU)	28.08.53	—, 1937
GEFÄHRLICHES BLUT	10.09.53	THE LAWLESS BREED, 1953
APACHENSCHLACHT AM SCHWARZEN BERG	11.09.53	OH SUSANNA, 1951
KANSAS PAZIFIK	25.09.53	KANSAS PACIFIC, 1953
GEGENSPIONAGE	01.10.53	SPRINGFIELD RIFLE, 1952
BIS ZUM LETZTEN MANN	09.10.53	FORT APACHE, 1948
GOLDFIEBER IN ALASKA	09.10.53	CALL OF THE WILD, 1935
RÜCKKEHR VON JESSE JAMES?	13.10.53	THE RETURN OF JESSE JAMES, 1949
FORT DER RACHE	16.10.53	FORT VENEGEANCE, 1953
GEFÄHRTIN SEINES LEBENS	23.10.53	THE PRESIDENT'S LADY, 1953
MEIN GROßER FREUND SHANE	23.10.53	SHANE, 1953
KUGELN, GOLD UND FEUERWASSER	27.10.53	GUN FIRE, 1946
DER LETZTE TRUMPF	06.11.53	JACK MCCALL DESPERADO, 1953
DER NEUE SHERIFF	13.11.53	POWDER RIVER, 1953
ADLERAUGE, DER TAPFERE SIOUX	23.11.53	APACHE CHIEF, 1949
FORT TI	27.11.53	FORT TI, 1953
SEMINOLA	04.12.53	SEMINOLE, 1953
NACKTE GEWALT	08.12.53	THE NAKED SPUR, 1952
LAND DER BANDITEN	11.12.53	BAD MAN'S TERRITORY, 1946
DER MANN VOM ALAMO	26.12.53	THE MAN FROM THE ALAMO, 1953

DÜRSTENDE LIPPEN	02.01.54	THE SABRE AND THE ARROW, 1952
TÖDLICHE PFEILE	15.01.54	LITTLE BIG HORN, 1951
AUF VERLORENEM POSTEN	21.01.54	THE LONE HAND, 1953
COLONNE SÜD	29.01.54	COLUMN SOUTH, 1952
DER TEUFELSHAUPTMANN	05.02.54	SHE WORE A YELLOW RIBBON, 1949
DER BRENNENDE PFEIL	12.02.54	THE CHARGE AT FEATHER RIVER, 1953
ARENA	19.02.54	ARENA, 1953
DONNERNDE HUFE	16.03.54	THUNDER OVER THE PLAINS, 1953
DIE BANDITENJÄGER	19.03.54	CROOKED RIVER, 1950
ZORROS RÜCKKEHR (1. DER RÄCHER MIT DER MASKE)	26.03.54	—, 1944
ZORROS RÜCKKEHR (2. SEIN WAHRES GESICHT)	30.03.54	—, 1944
PONY-EXPREß	20.04.54	PONY EXPRESS, 1953
DER SCHWEIGSAME FREMDE	23.04.54	THE STRANGER WORE A GUN, 1953
DER VAGABUND VON TEXAS	30.04.54	ALONG CAME JONES, 1945
DIE SIEBENTE NACHT	18.05.54	THE COMMAND, 1954
DER GROßE AUFSTAND	21.05.54	THE GREAT SIOUX UPRISING, 1953
FLUCHT VOR DEM GESETZ	04.06.54	SHARK RIVER, 1953
HÖLLE DER GEFANGENEN	04.06.54	DEVIL'S CANYON, 1953
DREI WAREN VERRÄTER	25.06.54	TUMBLEWEED, 1953
VERSCHWÖRUNG AUF FORT CLARK	02.07.54	WAR ARROW, 1953
DER LANGE TEXANER	20.07.54	THE TALL TEXAN, 1953
DEN HALS IN DER SCHLINGE	23.07.54	ALONG THE GREAT DIVIDE, 1951
DER LETZTE REBELL	23.07.54	WINGS OF THE HAWK, 1953
DER COWBOY VON SAN ANTONE	27.07.54	SAN ANTONE, 1953
MAN NENNT MICH HONDO	29.07.54	HONDO, 1953
DER SUPERSPION	06.08.54	A SOUTHERN YANKEE, 1948
FLUCH DES BLUTES	06.08.54	DEVIL'S DOORWAY, 1950
DIE PIRATEN VON MONTEREY	13.08.54	PIRATES OF MONTEREY, 1947
WENN FRAUEN HASSEN	20.08.54	JOHNNY GUITAR, 1953
DIE TEUFELSPASSAGE	02.09.54	BORDER RIVER, 1954
VERRAT IM FORT BRAVO	03.09.54	ESCAPE FROM FORT BRAVO, 1953
FLUß OHNE WIEDERKEHR	10.09.54	RIVER OF NO RETURN, 1954
KALIFORNISCHE SINFONIE	01.10.54	JUBILEE TRAIL, 1954
SANSKATSCHEWAN	01.10.54	SASKATCHEWAN, 1954
DIE SCHWARZEN REITER VON DAKOTA	08.10.54	BUGLES IN THE AFTERNOON, 1952
DIE BESTIE DER WILDNIS	12.10.54	ARROWHEAD, 1953
SIE RITTEN IN DER NACHT	18.10.54	STAR OF TEXAS, 1953
RITT MIT DEM TEUFEL	20.10.54	RIDE CLEAR OF DIABLO, 1954
JACK SLADE – DER REVOLVERHELD VON COLORADO	22.10.54	JACK SLADE, 1953
FLUCH DER VERLORENEN	22.10.54	HORIZONS WEST, 1952
TAZA, DER SOHN DES COCHISE	17.11.54	TAZA, SON OF COCHISE, 1953
AUFRUHR IN LARAMIE	24.11.54	RAILS INTO LARAMIE, 1954
DER REBELL VON KALIFORNIEN	24.11.54	THE MAN BEHIND THE GUN, 1952
DREI AUS TEXAS	25.11.54	THREE YOUNG TEXANS, 1953
MÜNDUNGSFEUER	03.12.54	GUNSMOKE, 1952
TREUE	07.12.54	GYPSY COLT, 1954

DER GARTEN DES BÖSEN	16.12.54	GARDEN OF EVIL, 1954
ÜBER DEN TODESPAß	21.12.54	THE FAR COUNTRY, 1954
DER GROßE APACHE	23.12.54	APACHE, 1954
IM SATTEL GEBOREN	25.12.54	BORN TO THE SADDLE, 1953
ADLERSCHWINGE	07.01.55	DRUMS ACROSS THE RIVER, 1954
DIE STADT DER RAUHEN MÄNNER	07.01.55	FIGHTING MEN OF THE PLAINS, 1949
STEPPE IN FLAMMEN	14.01.55	BURNING ARROWS, 1953
STUNDE DER ABRECHNUNG	21.01.55	AMBUSH AT TOMAHAWK GAP, 1953
ÜBERFALL IN TEXAS	04.02.55	GUN BELT, 1953
DIE GEIER VON CARSON CITY	11.02.55	CITY OF BAD MEN, 1953
TOLLE TEXASGIRLS	11.02.55	OUTLAW WOMEN, 1952
DIE GEBROCHENE LANZE	15.02.55	BROKEN LANCE, 1954
DER BLAUE MUSTANG	18.02.55	BLACK HORSE CANYON, 1954
NORDWEST-PASSAGE	25.02.55	NORTHWEST PASSAGE, 1939
RÄCHER OHNE WAFFEN	25.02.55	GUNFIGHTERS, 1947
KARAWANE WESTWÄRTS	25.02.55	SOUTH WEST PASSAGE, 1953
RITTER DER PRÄRIE	01.03.55	THE BOUNTY HUNTER, 1954
STADT DER VERDAMMTEN	04.03.55	SILVER LODGE, 1954
LADY VON CALIFORNIEN	04.03.55	REBELLION, 1936
REITER GEGEN SITTING BULL	11.03.55	CAVALRY SCOUT, 1951
DUELL IN SOCORRO	18.03.55	DAWN AT SOCORRO, 1954
FUZZY DER REVOLVERHELD	29.03.55	—, 1944
DREI STUNDEN ZEIT	08.04.55	THREE HOURS TO KILL, 1954
DER EINSAME ADLER	08.04.55	DRUMBEAT, 1954
DER LÖWE VON ARIZONA	15.04.55	TOUGHEST MAN IN ARIZONA, 1952
RAUHE GESELLEN	22.04.55	THE VIOLENT MEN, 1954
EL PASO, DIE STADT DER RECHTLOSEN	26.04.55	EL PASO, 1949
GOLD AUS NEVADA	29.04.55	THE YELLOW MOUNTAIN, 1954
FUZZY DER SHERIFF	06.05.55	—, 1944
VERA CRUZ	13.05.55	VERA CRUZ, 1954
WO DER WIND STIRBT	13.05.55	PASSION, 1954
ZORROS SCHATTEN – EL LATIGO	27.05.55	—, 1954
FUZZY DER BANDITENSCHRECK	28.05.55	—, 1943
ROSE MARIE	31.05.55	ROSE MARIE, 1954
AM TODE VORBEI	03.06.55	THE WOMAN THEY ALMOST LYNCHED, 1953
BRANDMAL DER RACHE	10.06.55	THE OUTCAST, 1954
SMOKY, KÖNIG DER PRÄRIE	10.06.55	SMOKY, 1946
TERROR AM RIO GRANDE	10.06.55	DENVER AND RIO GRANDE, 1952
DIE WEIßE FEDER	17.06.55	WHITE FEATHER, 1954
ENDLOS IST DIE PRÄRIE	18.06.55	THE SEA OF GRASS, 1947
KÖNIGIN DER BERGE	24.06.55	CATTLE QUEEN OF MONTANA, 1954
SIERRA	01.07.55	SIERRA, 1950
AM MARTERPFAHL DER SIOUX	08.07.55	WARPATH, 1951
OVERLAND PACIFIC	15.07.55	OVERLAND PACIFIC, 1954
KAMPF AM ROTEN FLUß	15.07.55	SIEGE AT RED RIVER, 1954

AUS DEM LEBEN EINER ÄRZTIN	19.07.55	STRANGE LADY IN TOWN, 1955
DER TIGER VON UTAH	29.07.55	RIDE THE MAN DOWN, 1952
DER SPEER DER RACHE	05.08.55	CHIEF CRAZY HORSE, 1955
FEUERKOPF VON WYOMING	19.08.55	THE REDHEAD FROM WYOMING, 1952
DAS LETZTE GEFECHT	19.08.55	SITTING BULL, 1954
EINE BRAUT FÜR SIEBEN BRÜDER	26.08.55	SEVEN BRIDES FOR SEVEN BROTHERS, 1954
UNSICHTBARE GEGNER	02.09.55	SANTA FÉ, 1951
RAUCHSIGNALE	20.09.55	SMOKE SIGNALS, 1955
GEKNECHTET	23.09.55	THE VANQUISHED, 1953
DER MANN AUS LARAMIE	23.09.55	THE MAN FROM LARAMIE, 1955
DIE HAND AM ABZUG	30.09.55	THE YELLOW TOMAHAWK, 1954
DIESER MANN WEIß ZUVIEL	30.09.55	RIDING SHOTGUN, 1954
IM SCHATTEN DES GALGENS	30.09.55	RUN FOR COVER, 1954
AMERICANO	07.10.55	THE AMERICANO, 1954
STADT IN ANGST	18.10.55	BAD DAY AT BLACK ROCK, 1954
DESTRY RÄUMT AUF	21.10.55	DESTRY, 1954
GANGSTER, SPIELER UND EIN SHERIFF	21.10.55	MASTERSON OF KANSAS, 1953
DER REBELL VON MEXIKO	28.10.55	THE EAGLE AND THE HAWK, 1950
DIE STADT DER TOTEN SEELEN	04.11.55	RAGE AT DAWN, 1955
DER RÄCHER VON MONTANA	11.11.55	BITTER CREEK, 1954
GOLDRÄUBER VON OKLAHOMA	18.11.55	THE FORTY NINERS, 1954
TOPEKA	21.11.55	TOPEKA, 1953
TEUFEL IM SATTEL	24.11.55	TALL MAN RIDING, 1955
MIT STAHLHARTER FAUST	25.11.55	MAN WITHOUT A STAR, 1954
DER RÄCHER DER TODESSCHLUCHT	29.11.55	ALBUQUERQUE, 1948
COWBOYRACHE IN OKLAHOMA	09.12.55	SIERRA PASSAGE, 1951
EIN MANN LIEBT GEFÄHRLICH	09.12.55	MANY RIVERS TO CROSS, 1955
DIE HÖLLE VON SILVER ROCK	16.12.55	HELL'S OUTPOST, 1954
SEIN FREUND, DER LEDERSTRUMPF	16.12.55	THE PATHFINDER, 1948
DREI RIVALEN	20.12.55	THE TALL MEN, 1955
EL TIGRE	23.12.55	KISS OF FIRE, 1955
PFEILE IN DER DÄMMERUNG	30.12.55	ARROW IN THE DUST, 1954
DUELL MIT DEM TEUFEL	30.12.55	THE MAN FROM BITTER RIDGE, 1955
GEGEN WILLKÜR UND GEWALT	1956	OUTLAWS OF THE PLAINS / SMOKING GUNS, 1946
GEGEN TERROR UND BANDITEN	13.01.56	THE LONE GUN, 1954
CISCO, DER BANDITENSCHRECK	13.01.56	SATAN'S CRADDLE & THE GAY AMIGO, 1949
SANTIAGO – DER VERDAMMTE	20.01.56	NAKED DAWN, 1954
AM FERNEN HORIZONT	24.01.56	THE FAR HORIZONS, 1955
OHNE GESETZ	11.02.56	SADDLE TRAMP, 1950
DER MANN AUS KENTUCKY	14.02.56	THE KENTUCKIAN, 1955
SEIN LETZTER VERRAT	16.02.56	THE LAST OUTPOST, 1951
DIE ROTEN TEUFEL VON ARIZONA	28.02.56	FLAMING FEATHER, 1952
DIE SIEBEN GOLDENEN STÄDTE	05.03.56	SEVEN CITIES OF GOLD, 1955
DRAUßEN WARTET DER TOD	09.03.56	THE LAST FRONTIER, 1955

MIT ROHER GEWALT	09.03.56	THE SPOILERS, 1955
EIN MANN WIE DER TEUFEL	15.03.56	A LAWLESS STREET, 1955
MIT DER WAFFE IN DER HAND	16.03.56	GUN FURY, 1953
DIE FAUST DER VERGELTUNG	30.03.56	HIGH VENTURE, 1951
EIN MANN ALLEIN	10.04.56	A MAN ALONE, 1955
DER LETZTE INDIANER	10.04.56	THE VANISHING AMERICAN, 1955
DER RÄCHER VOM SILBERSEE	10.04.56	TIMBER JACK, 1955
VOM TEUFEL VERFÜHRT	13.04.56	THE RAWHIDE YEARS, 1955
POSTRAUB IN CENTRAL CITY	20.04.56	THE ROAD TO DENVER, 1955
SPUREN IM SAND	20.04.56	THREE GODFATHERS, 1948
ZWISCHEN ZWEI FEUERN	20.04.56	THE INDIAN FIGHTER, 1955
CISCO RÄUMT AUF	27.04.56	THE VALIANT HOMBRE & THE DARLING CABALLERO, 1949
UMZINGELT	18.05.56	THE MARAUDERS, 1955
DER EINZELGÄNGER	22.05.56	THE MAN WITH THE GUN, 1955
HEIßER ATEM	25.05.56	THE TREAUSURE OF PANCHO VILLA, 1955
GELBE ROSE VON TEXAS	25.05.56	THE RETURN OF JACK SLADE, 1955
DER GRAUE REITER	01.06.56	THE DESPERADO, 1954
TAL OHNE GESETZ	08.06.56	TREASURE OF RUBY HILLS, 1954
RITT IN DIE HÖLLE	15.06.56	SHOTGUN, 1954
DAS GIBT ES NUR IN KANSAS	15.06.56	THE SECOND GREATEST SEX, 1955
DESPERADOS	22.06.56	ROBBER'S ROOST, 1955
TODESFAUST	29.06.56	TENNESSEE'S PARTNER, 1955
WICHITA	29.06.56	WICHITA, 1955
DER TEUFEL VON COLORADO	12.07.56	THE MAVERICK QUEEN, 1956
DIE MESTIZIN VON SANTA FÉ	17.07.56	SANTE FÉ PASSAGE, 1955
DIE FURCHTLOSEN	20.07.56	THE PROUD ONES, 1955
UM JEDEN PREIS	27.07.56	COMANCHE, 1956
DAVY CROCKETT, KÖNIG DER TRAPPER	03.08.56	DAVY CROCKETT, KING OF THE WILD FRONTIER, 1955
DER MANN OHNE FURCHT	17.08.56	JUBAL, 1955
DAS GEHEIMNIS DER FÜNF GRÄBER	24.08.56	BACKLASH, 1956
DES TEUFELS RECHTE HAND	24.08.56	TEXAS LADY, 1955
AUF DER SPUR DES TODES	24.08.56	RED SUNDOWN, 1955
DIE LETZTE JAGD	31.08.56	THE LAST HUNT, 1955
DIE BARRIKADEN VON SAN ANTONE	07.09.56	THE LAST COMMAND, 1956
DER WEIßE REITER	14.09.56	THE LONE RANGER, 1956
DER KÖNIG VON WILDWEST – 1. TEIL: DER GEISTERREITER	28.09.56	HIS BROTHER'S GHOST / STAGECOACH OUTLAWS, 1945
DER SCHWARZE FALKE	05.10.56	THE SEARCHERS, 1956
EINER GEGEN ALLE	12.10.56	STRANGER ON HORSEBACK, 1955
NOCH HEUTE SOLLST DU HÄNGEN	12.10.56	STAR IN THE DUST, 1956
DER KÖNIG VON WILDWEST – 2. TEIL: DER TEXAS-SHERIFF	12.10.56	SHADOW OF DEATH / WILD HORSE PHANTOM, 1945
DER SIEBENTE IST DRAN	19.10.56	SEVEN MEN FROM NOW, 1956
DEM TODE ENTRONNEN	19.10.56	PILLARS OF THE SKY, 1956
JOHNNY CONCHO	19.10.56	JOHNNY CONCHO, 1956
SCHÜSSE PEITSCHEN DURCH DIE NACHT	06.11.56	SHOWDOWN AT ABILENE, 1956

DIE MEUTE LAUERT ÜBERALL	10.11.56	RAW EDGE, 1956
DER LETZTE WAGEN	16.11.56	THE LAST WAGON, 1956
JEREMY RODACK – MEIN WILLE IST GESETZ	23.11.56	TRIBUTE TO A BAD MAN, 1955
UNBESIEGT	30.11.56	TOP GUN, 1955
STUNDEN DES TERRORS	30.11.56	A DAY OF FURY, 1956
DAVY CROCKETT UND DIE FLUßPIRATEN	04.12.56	DAVY CROCKETT AND THE RIVER PIRATES, 1956
DER KÖNIG VON WILDWEST – 3. TEIL: DER GANGSTERSCHRECK	06.12.56	FIGHTING BILL CARSON / PRAIRIE BADMEN, 1946
IN ACHT UND BANN	07.12.56	AT GUNPOINT, 1955
DIE SIEBTE KAVALLERIE	07.12.56	7TH CAVALRY, 1956
GEHEIME FRACHT	07.12.56	SANTIAGO, 1956
SKRUPELLOS	11.12.56	GREAT DAY IN THE MORNING, 1956
REITER OHNE GNADE	13.12.56	KANSAS RAIDERS, 1950
DER KÖNIG VON WILDWEST – 4. TEIL: DER BANDITENFEIND	13.12.56	BORDER BADMEN / OVERLAND RIDERS, 1946

BLUT AN MEINEN HÄNDEN	1957	TENSION AT TABLE ROCK, 1956
FUZZY JAGT SICH SELBST	18.01.57	—, 1942
HORIZONT IN FLAMMEN	18.01.57	THE BURNING HILLS, 1956
RITT IN DEN TOD	22.01.57	WALK THE PROUD LAND, 1956
PRÄRIEBANDITEN	25.01.57	REPRISAL, 1956
PULVERDAMPF UND HEIßE LIEDER	01.02.57	LOVE ME TENDER, 1956
MIT WINCHESTER UND PEITSCHE	22.02.57	COW COUNTRY, 1953
DER HELD VON TEXAS	01.03.57	THE FIRST TEXAN, 1956
FUZZY DER MEISTERCOWBOY	01.03.57	—, 1941
FORT YUMA	12.03.57	FORT YUMA, 1955
SCHIEß ODER STIRB!	26.03.57	A GUN FOR A COWARD, 1956
DER FLUCH VON MONTE BRAVO	01.04.57	BEAST OF HOLLOW MOUNTAIN, 1956
WO MÄNNER NOCH MÄNNER SIND	05.04.57	PARDNERS, 1956
SIEBEN REITER DER RACHE	05.04.57	SEVEN ANGRY MEN, 1955
DER SHERIFF VON LINCOLN CITY	05.04.57	LAST OF THE DESPERADOS, 1955
RÄCHER DER ENTERBTEN	09.04.57	THE TRUE STORY OF JESSE JAMES, 1956
DIE SCHWARZE PEITSCHE	26.04.57	THE BLACK WHIP, 1956
DIE ERSTE KUGEL TRIFFT	26.04.57	THE FASTEST GUN ALIVE, 1956
GALGENVÖGEL	30.04.57	WYOMING RENEGADES, 1955
VERRATEN UND VERKAUFT	10.05.57	QUINCANNON, FRONTIER SCOUT, 1956
GOLDRAUB AM HÖLLENPAß	17.05.57	BROTHERS OF THE WEST, 1932
DER REBELL VON ARIZONA	24.05.57	REBEL IN TOWN, 1956
FUZZY DER BANDITENKILLER	24.05.57	—, 1947
OKLAHOMA	31.05.57	OKLAHOMA, 1955
DIE SCHLUCHT DES GRAUENS	07.06.57	CANYON RIVER, 1956
FLIEGENDE HUFE	07.06.57	THE OUTLAW STALLION, 1954
DIE TODESSCHLUCHT VON LARAMIE	14.06.57	DAKOTA INCIDENT, 1956
DIE TODESPEITSCHE	21.06.57	KING OF THE BULL WHIP / FRONTIER PHANTOM, 1948
RIVALEN OHNE GNADE	21.06.57	THREE VIOLENT PEOPLE, 1956

GANGSTERBRUT	28.06.57	THE YOUNG GUNS, 1956
REVOLVERMÄNNER	02.07.57	GUN BROTHERS, 1956
HERRSCHER ÜBER WEITES LAND	04.07.57	STEMPEDED / THE BIG LAND, 1956
DAS FORT DER MUTIGEN FRAUEN	05.07.57	THE GUNS OF FORT PETTICOAT, 1956
KAMPF UM DIE SILBERMINE	05.07.57	THE BLACK LASH / THE THUNDERING TRAIL, 1952
DER STURMREITER	16.07.57	THE STORM RIDER, 1957
MIT PEITSCHE UND PISTOLE	19.07.57	THE BLACK LASH / THE VANISHING OUTPOST, 1952
FUZZY, RÄUBER UND BANDITEN	26.07.57	—, 1947
AMIGO MIO – DER BANDIT VON VERA CRUZ	02.08.57	YAQUI DRUMS, 1956
DAKOTA	09.08.57	THE OKLAHOMAN, 1956
UM KOPF UND KRAGEN	16.08.57	THE TALL T, 1957
DER EINSAME	16.08.57	THE LONELY MAN, 1956
BANDIDO	03.09.57	BANDIDO, 1956
DUELL AM APACHENPAß	06.09.57	THUNDER OVER ARIZONA, 1956
GALGENFRIST	06.09.57	HIDDEN GUNS, 1956
ZÄHL BIS DREI UND BETE	13.09.57	3:10 TO YUMA, 1957
DER TAG DER VERGELTUNG	19.09.57	UNTAMED FRONTIER, 1952
GEGEN DAS GESETZ	20.09.57	THE BROKEN STAR, 1956
SCHUßBEREIT	01.10.57	SHOOT-OUT AT MEDICINE BEND, 1957
ZWEI RECHNEN AB	03.10.57	GUNFIGHT AT THE OK CORRAL, 1957
QUANTEZ – DIE TOTE STADT	10.10.57	QUANTEZ, 1957
SCHREI DER GEHETZTEN	18.10.57	VIVA VILLA!, 1934
SHERIFF BROWN RÄUMT AUF	25.10.57	THE BADGE OF MASHAL BRENNAN, 1957
ZUG DER FURCHTLOSEN	15.11.57	WESTWARD HO THE WAGONS, 1956
DIE NACHT DER RACHE	15.11.57	FOUR GUNS TO THE BORDER, 1954
LEDERSTRUMPF	19.11.57	THE DEERSLAYER, 1957
DER RÄCHER VON MEXICO CITY	22.11.57	THE FIGHTING LAWMAN, 1953
FORT LARAMIE	22.11.57	REVOLT AT FORT LARAMIE, 1956
DER MANN VON DEL RIO	06.12.57	THE MAN FROM DEL RIO, 1956
FUZZY RÄUMT AUF	13.12.57	—, 1947
FAHR ZUR HÖLLE	13.12.57	RETURN OF THE FRONTIERSMAN, 1950
POKER MIT VIER DAMEN	20.12.57	THE KING AND FOUR QUEENS, 1956
GIER NACH GOLD	20.12.57	THE RAIDERS, 1952
WEINT UM DIE VERDAMMTEN	20.12.57	BAND OF ANGELS, 1957
DIE UHR IST ABGELAUFEN	20.12.57	NIGHT PASSAGE, 1957

GAUNER, GANGSTER, SCHÖNE MÄDCHEN	1958	THE DALTON'S WOMEN, 1950
BLINDER HAß	1958	RIDE OUT FOR REVENGE, 1950
TOT ODER LEBENDIG	03.01.58	LAST OF THE BADMEN, 1957
DUELL IM SATTEL	17.01.58	THE BRASS LEGEND, 1957
DER EINSAME REITER – TERROR IN TEXAS	28.01.58	DEATH RIDES THE PLAINS / WOLVES OF THE RANGE, 1943
EIN TOTER KOMMT ZURÜCK	31.01.58	JOE DAKOTA, 1957
VON RACHE GETRIEBEN	14.02.58	THE HALLIDAY BRAND, 1956
MASSAKER	28.02.58	DRAGOON WELLS MASSACRE, 1957

DER STERN DES GESETZES	28.02.58	THE TIN STAR, 1957
DER EINSAME REITER – ARIZONA-BANDE	07.03.58	OVERLAND STAGE COACH / LAW OF THE SADDLE, 1943
DRANGO	21.03.58	DRANGO, 1956
IN GEHEIMER MISSION	21.03.58	THE GREAT LOCOMOTIVE CHASE, 1956
SCHLUCHT DES VERDERBENS	27.03.58	GUN GLORY, 1957
EINER GEGEN FÜNF	28.03.58	DOMINO KID, 1957
REBELL DER ROTEN BERGE	04.04.58	WAR DRUMS, 1957
REIF FÜR DEN GALGEN	11.04.58	THE HARD MAN, 1957
FÜNF REVOLVER GEHEN NACH WESTEN	06.05.58	FIVE GUNS WEST, 1955
SCHIEß ZURÜCK, COWBOY	23.05.58	FROM HELL TO TEXAS (MAN HUNT), 1958
DIE GEIER VON ARIZONA	29.05.58	BARRICADE, 1950
HARTE MÄNNER – HARTE FÄUSTE	06.06.58	RETURN TO WARBOW, 1958
DIE LETZTE KUGEL	13.06.58	DAY OF THE BADMAN, 1957
HÖLLE DER TAUSEND MARTERN	20.06.58	RUN OF THE ARROW, 1957
HARTE MÄNNER AUS WILDWEST	24.06.58	HOSTILE COUNTRY, 1950
MÄNNER GEGEN TOD UND TEUFEL	27.06.58	FORT BOWIE, 1957
COWBOY	18.07.58	COWBOY, 1957
DER RITT ZURÜCK	25.07.58	THE RIDE BACK, 1957
RAUCHENDE PISTOLEN	25.07.58	TWO GUNS AND A BADGE, 1955
DIE RACHE DES TEXANERS	25.07.58	CATTLE EMPIRE, 1957
BRAVADOS	01.08.58	THE BRAVADOS, 1958
IM HÖLLENTEMPO NACH FORT DOBBS	01.08.58	FORT DOBBS, 1957
DER EINÄUGIGE	01.08.58	BLACK PATCH, 1957
DER KÖNIG VON WILDWEST – 5. TEIL: TÖDLICHES GOLD	08.08.58	MYSTEROIUS RIDER / GANGSTER'S DEN, 1946
FAHRKARTE INS JENSEITS	08.08.58	DECISION AT SUNDOWN, 1957
ICH RITT FÜR JESSE JAMES	08.08.58	HELL'S CROSSROADS, 1957
FÜR RECHT UND GESETZ	14.08.58	SHERIFF OF SAGE VALLEY / CATTLE STAMPEDE, 1943
DER EINSAME REITER – TEUFEL DER PRÄRIE	21.08.58	RAIDERS OF RED GAP / WILD HORSE RUSTLERS, 1943
DER SIERRA-BARON	22.08.58	SIERRA-BARON, 1958
DIE HÖHLE DER GESETZLOSEN	29.08.58	CAVE OF THE OUTLAWS, 1951
BIS ZUR LETZTEN PATRONE	05.09.58	THE SAGA OF HEMP BROWN, 1957
NACKEND IN DER SONNE	05.09.58	NAKED IN THE SUN, 1957
VOM TEUFEL GERITTEN	12.09.58	SADDLE THE WIND, 1957
DUELL IM MORGENGRAUEN	12.09.58	GUNMAN'S WALK, 1958
DIE ATTACKE AM RIO MORTE	12.09.58	PAWNEE, 1957
IN COLORADO IST DER TEUFEL LOS	07.10.58	THE SHEEPMAN, 1958
KÖNIG DER BANDITEN	10.10.58	VILLA!, 1958
MOHAWK	17.10.58	MOHAWK, 1956
DIE FAUST DES SATANS	17.10.58	GUN FEVER, 1958
BANKRAUB IN MEXIKO	17.10.58	THE THREE OUTLAWS, 1956
FLAMMEN ÜBER DEM SILBERSEE	21.10.58	SPOILERS OF THE FOREST, 1957
OREGON-PASSAGE	24.10.58	OREGON PASSAGE, 1958
FUZZY RECHNET AB	28.10.58	—, 1947
DER KILLER MIT DER SANFTEN STIMME	07.11.58	THE FIEND WHO WALKED THE WEST, 1958

ZORRO – FLAMMEN DER RACHE	07.11.58	DON DAREDEVIL RIDES AGAIN, 1951
DER STOLZE REBELL	14.11.58	PROUD REBEL, 1958
TAL DER VERGELTUNG	20.11.58	FUGITIVE OF THE PLAINS / FUZZY SETTLES DOWN, 1944
HEIßE COLTS UND SCHNELLE PFERDE	28.11.58	APACHE WOMAN, 1955
DIE LETZTEN DER 2. SCHWADRON	28.11.58	FORT MASSACRE, 1958
KAMPF UM LEBEN UND TOD	05.12.58	LAST OF THE FAST GUNS, 1958
VIERZIG GEWEHRE	05.12.58	FORTY GUNS, 1957
EINER MUß DRAN GLAUBEN	05.12.58	THE LEFT HANDED GUN, 1958
DER GROßE FREMDE	05.12.58	THE TALL STRANGER, 1957
FLUCHT VOR DEM GALGEN	05.12.58	THE HIRED GUN, 1957
FLINTENWEIBER	05.12.58	THE DALTON GIRLS, 1957
DER TEUFEL HOLT SIE ALLE	05.12.58	BADMAN'S COUNTRY, 1958
GERAUBTES GOLD	18.12.58	THE BADLANDERS, 1958
DER SCHWARZE MUSTANG	19.12.58	STRANGER AT MY DOOR, 1956
DER WEIßE TEUFEL VON ARKANSAS	23.12.58	RIDE A CROOKED TRAIL, 1958
DEM HENKER AUSGELIEFERT	24.12.58	GUN BATTLE AT MONTEREY, 1957
VON ALLEN HUNDEN GEHETZT	16.01.59	GUNSIGHT RIDGE, 1957
PATROUILLE DES TODES	30.01.59	MASSACRE, 1956
FUZZYS KAMPF OHNE GNADE	30.01.59	—, 1947
FUZZY LENT GEFÄHRLICH	06.02.59	—, 1944
FUZZY GEGEN TOD UND TEUFEL	13.02.59	—, 1947
MESSER AN DER KEHLE	13.02.59	WESTBOUND, 1959
DER GROßE ZUG NACH SANTA FÉ	19.02.59	CATTLE DRIVE, 1951
FUZZY. DER HELD DES WESTENS	20.02.59	—, 1944
DER MANN AUS DEM WESTEN	24.02.59	MAN OF THE WEST, 1958
FUZZY DER TEUFELSKERL	27.02.59	—, 1947
FLUCH DER GEWALT	13.03.59	TROOPER HOOK, 1957
FUZZYS ABENTEUER	13.03.59	—, 1947
EIN KERL WIE DYNAMIT	13.03.59	THE RESTLESS BREED, 1957
SHERIFF WIDER WILLEN	13.03.59	THE SHERIFF OF FRACTURED JAW, 1958
TAUSEND BERGE	20.03.59	THESE THOUSAND HILLS, 1959
DER TOD REITET MIT	24.03.59	WILD HERITAGE, 1958
WEITES LAND	26.03.59	THE BIG COUNTRY, 1958
DER SCHATZ DES GEHENKTEN	28.03.59	THE LAW AND JAKE WADE, 1957
VERRÄTER UNTER UNS	02.04.59	MONEY, WOMEN AND GUNS, 1958
FUZZY SCHRECKT VOR NICHTS ZURÜCK	25.04.59	—, 1944
FUZZY DER DRAUFGÄNGER	05.05.59	—, 1944
DER HELD MIT DER MASKE	15.05.59	THE LONE RANGER AND THE LOST CITY OF GOLD, 1958
WARLOCK	15.05.59	WARLOCK, 1959
DIE KANAILLE VON KANSAS	22.05.59	QUANTRILL'S RAIDERS, 1958
PATROUILLE WESTWÄRTS	04.06.59	ESCORT WEST, 1958
SEIN COLT WAR SCHNELLER	12.06.59	BUCHANAN RIDES ALONE, 1958
DIE RÄCHER VON MISSOURI	12.06.59	BAD MEN OF MISSOURI, 1941
RIN-TIN-TIN GREIFT EIN	19.06.59	THE CHALLENGE OF RIN-TIN-TIN, 1957

DER WILDE BILL	03.07.59	WILD BILL HICKOCK RIDES, 1941
IN TOMBSTONE IST DER TEUFEL LOS	09.07.59	TOUGHEST GUN IN TOMBSTONE, 1958
LAND DER GOTTLOSEN	17.07.59	SANTA FÉ TRAIL, 1940
DER HENKER WARTET SCHON	24.07.59	GOOD DAY FOR A HANGING, 1958
JEDE KUGEL TRIFFT	31.07.59	MAN OR GUN, 1958
JONNY SCHIEßT NUR LINKS	31.07.59	GUNSMOKE IN TUCSON, 1958
MÄNNER, DIE IN STIEFELN STERBEN	31.07.59	MAN FROM GOOD'S COUNTRY, 1958
AUF HEIßER FÄHRTE	07.08.59	FACE OF A FUGITIVE, 1959
ARIZONA-EXPREß	07.08.59	GUNFIRE AT INDIAN GAP, 1957
DURANGO KID – DER RÄCHER	07.08.59	DUEL AT APACHE WELLS, 1956
KEINE GNADE FÜR TOM DOOLEY	21.08.59	THE LEGEND OF TOM DOOLEY, 1959
DAS TEUFELSWEIB VON MONTANA	21.08.59	BULLWHIP, 1958
RIO BRAVO	25.08.59	RIO BRAVO, 1958
EIN SCHUß UND 50 TOTE	25.08.59	ALIAS JESSE JAMES, 1959
AUF DER KUGEL STAND KEIN NAME	28.08.59	NO NAME ON THE BULLET, 1958
SIE KAMEN NACH CORDURA	04.09.59	THEY CAME TO CORDURA, 1959
RÄCHER IN SCHWARZ	11.09.59	TEN WANTED MEN, 1955
AUF EIGENE FAUST	14.09.59	RIDE LONESOME, 1959
DER GALGENBAUM	18.09.59	THE HANGING TREE, 1958
DRAUF UND DRAN	24.09.59	THE GUNFIGHT AT DODGE CITY, 1958
ZORRO RÄUMT AUF	25.09.59	THE SIGN OF ZORRO, 1958
TAG DER GESETZLOSEN	02.10.59	DAY OF THE OUTLAW, 1959
DRAUFGÄNGER NACH VORN	16.10.59	FRONTIER RANGERS, 1958
MIT BÜCHSE UND COLT	16.10.59	THE OREGON TRAIL, 1959
DIE DRAUFGÄNGER VON SAN FERNANDO	23.10.59	COLE YOUNGER, GUNFIGHTER, 1958
DIE PLÜNDERER VON TEXAS	30.10.59	RAIDERS OF OLD CALIFORNIA, 1957
DONNER IN DER SONNE	05.11.59	THUNDER IN THE SUN, 1959
VON COWBOYS GEHETZT	13.11.59	SNOWFIRE, 1958
KAMPF OHNE GNADE	25.11.59	CAST A LONG SHADOW, 1959
MORGEN BIST DU DRAN	27.11.59	THE WILD AND THE INNOCENT, 1959
DER LETZTE BEFEHL	25.12.59	THE HORSE SOLDIERS, 1959

DER HENKER	08.01.60	THE HANGMAN, 1959
DER COLT SITZT LOCKER	29.01.60	THUNDER MOUNTAIN & INDIAN AGENT, 1947
DER LETZTE ZUG VON GUN HILL	19.02.60	LAST TRAIN FROM GUN HILL, 1958
HEIßE GRENZE	11.03.60	THE WONDERFUL COUNTRY, 1959
ICH BIN CHEYENNE	15.03.60	BORN BAD (DECISION), 1958
ER KAM, SAH UND SIEGTE	06.05.60	GUNS OF THE TIMBERLAND, 1959
FUZZY GREIFT EIN	20.05.60	—, 1942
MAN NANNTE IHN KELLY	10.06.60	YELLOWSTONE KELLY, 1959
FUZZY WIRD ENERGISCH	17.06.60	—, 1942
FÜR EINE HANDVOLL GELD	24.06.60	THE BIG TREES, 1952
DER HERRSCHER VON KANSAS	24.06.60	THE JAYHAWKERS, 1959
CHEYENNE KENNT KEINE GNADE & AM ENDE DER GALGEN	01.07.60	JOHNNY BRAVO & THE TRAVELLERS, 1959
LAND OHNE GESETZ	01.07.60	THE YOUNG LAND, 1959

SIE RITTEN NACH WESTEN	15.07.60	THEY RODE WEST, 1954
FUZZYS GROßER TRICK	19.07.60	—, 1941
LEGT IHN NICHT UM	22.07.60	JESSE JAMES VS. THE DALTONS, 1953
FEST IM SATTEL	05.08.60	KING OF THE WILD STALLIONS, 1958
AUFRUHR IN ARIZONA	25.08.60	THE STAND AT APACHE RIVER, 1953
DIE HAND AM COLT	26.08.60	LAW AND ORDER, 1953
ÜBERFALL AUF EXPREß 44	06.09.60	THE LAST BANDIT, 1949
DER RÄCHER WARTET SCHON	09.09.60	FURY AT SHOWDOWN, 1956
DENEN MAN NICHT VERGIBT	30.09.60	THE UNFORGIVEN, 1960
VERGELTUNG OHNE GNADE	14.10.60	ONE FOOT IN HELL, 1960
DIE KILLER VON DAKOTA	27.10.60	PLUNDERERS OF PLAINTED FLATS, 1958
DIE DAME UND DER KILLER	25.11.60	HELLER IN PINK TIGHTS, 1960
TEXAS JOHN	25.11.60	TEXAS JOHN SLAUGHTER, 1958
MICHIGAN KID	25.11.60	MICHIGAN KID, 1946
LAND DER TAUSEND ABENTEUER	16.12.60	NORTH TO ALASKA, 1960
EINER GIBT NICHT AUF	30.12.60	COMANCHE STATION, 1959
FEIND IM RÜCKEN	30.12.60	MISSION OF DANGER, 1959

Tab. 2: Zwischen 1933 und 1940 in deutschen Kinos erstaufgeführte amerikanische Western*

Deutscher Verleihtitel	Datum der Erstaufführung	Originaltitel und Produktionsjahr
MEIN FREUND, DER KÖNIG	17.03.33	MY PAL, THE KING, 1932
DER WEIßE ADLER	04.08.33	WHITE EAGLE, 1932
DER KÖNIG DER WILDEN PFERDE	14.06.34	KING OF THE WILD HORSES, 1933
CIMARRON	22.06.34	CIMARRON, 1931
TOM MIX RÄUMT AUF	09.08.35	TEXAS BAD MAN, 1932
DER PAMPASREITER	16.12.35	UNDER THE PAMPAS MOON, 1935
NEVADA	25.03.36	NEVADA, 1935
VIVA VILLA	13.10.36	VIVA VILLA, 1934
DER RÄCHER	16.02.37	ROBIN HOOD OF EL DORADO, 1936
GOLDFIEBER	07.05.37	CALL OF THE WILD, 1935
GRENZPOLIZEI TEXAS	14.05.37	THE TEXAS RANGERS, 1936
FRISCO-EXPRESS	07.04.38	WELLS FARGO, 1937
IM HINTERHALT	09.06.38	RUSTLER'S VALLEY, 1937
DIE SPIELHÖLLE VON WYOMING	06.12.38	BORN TO THE WEST, 1937
SCHÜSSE IN DER PRÄRIE	31.01.39	IN OLD MEXICO, 1938
IM GOLDENEN WESTEN	21.04.39	THE GIRL OF THE GOLDEN WEST, 1938
ÜBER DIE GRENZE ENTKOMMEN	24.05.39	THE TEXANS, 1938
DER FRECHDACHS VON ARIZONA	11.08.39	THE ARIZONA WILDCAT, 1939
DIE FRAU GEHÖRT MIR	15.09.39	UNION OF PACIFIC, 1939
IN DER MASKE DES BRUDERS	07.06.40	SILVER ON THE SAGE, 1939

* Die Filme wurden dem Anhang von Spieker: *Hollywood unterm Hakenkreuz* entnommen; die Daten der Erstaufführung folgen Knoll: *Lexikon des internationalen Films.*

Tab. 3: Zwischen 1939 und 1941 produzierte wichtige Western und ihre deutschen Erstaufführungsdaten*

Originaltitel	Datum der Erstaufführung	Deutscher Verleihtitel
1939		
JESSE JAMES	27.10.50	JESSE JAMES, MANN OHNE GESETZ
STAGECOACH	13.10.50	HÖLLENFAHRT NACH SANTA FÉ
THE OKLAHOMA KID	—	— *nicht nachgewiesen bis 1960*
DODGE CITY	26.03.50	HERR DES WILDEN WESTENS
MAN OF CONQUEST	12.12.50	RACHE FÜR ALAMO
UNION PACIFIC	1939	DIE FRAU GEHÖRT MIR
FRONTIER MARSHAL	—	— *nicht nachgewiesen bis 1960*
DRUMS ALONG THE MOHAWK	09.12.49	TROMMELN AM MOHAWK
ALLEGHENY UPRISING	—	— *nicht nachgewiesen bis 1960*
DESTRY RIDES AGAIN	1947	DER GROßE BLUFF
1940		
GERONIMO	17.07.53	GERONIMO, DIE GEISEL DER PRÄRIE
NORTHWEST PASSAGE	25.02.55	NORDWEST-PASSAGE
VIRGINIA CITY	08.09.50	GOLDSCHMUGGEL NACH VIRGINA
DARK COMMAND	31.08.51	SCHWARZES KOMMANDO
THE RETURN OF FRANK JAMES....	23.03.52	RACHE FÜR JESSE JAMES
WHEN THE DALTONS RODE	12.09.52	DIE BANDE DER FÜNF
BRIGHAM YOUNG	—	— *nicht nachgewiesen bis 1960*
THE WESTERNER	26.01.51	IN DIE FALLE GELOCKT
NORTH WEST MOUNTED POLICE	—	— *nicht nachgewiesen bis 1960*
KIT CARSON	31.03.50	ROTE TEUFEL UM KIT CARSON
SANTA FE TRAIL	17.07.59	LAND DER GOTTLOSEN

* Die Auswahl der Western folgt Coyne: *Crowded Prairie*; die Daten der Erstaufführung wurden Knoll: *Lexikon des internationalen Films* entnommen.

1941

WESTERN UNION	08.11.49	ÜBERFALL DER OGALALLA
ARIZONA	1949	ARIZONA
BILLY THE KID	31.03.51	DER LETZTE BANDIT
SHEPHERD OF THE HILLS	—	— *nicht nachgewiesen bis 1960*
BAD MEN OF MISSOURI	12.06.59	DIE RÄCHER VON MISSOURI
HONKY TONK	30.12.49	EIN TOLLER BURSCHE
TEXAS	26.10.51	FLUCHT NACH TEXAS
BELLE STARR	—	— *nicht nachgewiesen bis 1960*
THEY DIED WITH THEIR BOOTS ON	14.11.52	SEIN LETZTES KOMMANDO

FILMOGRAFIE

DER HELD DER PRÄRIE (THE PLAINSMAN) USA 1936. Cecil B. DeMille

HÖLLENFAHRT NACH SANTA FÉ (STAGECOACH) USA 1939. John Ford

IN DIE FALLE GELOCKT (THE WESTERNER) USA 1940. William Wyler

FAUSTRECHT DER PRÄRIE (MY DARLING CLEMENTINE) USA 1946. John Ford

HERRIN DER TOTEN STADT (YELLOW SKY) USA 1948. William A. Wellman

PANIK AM ROTEN FLUß (RED RIVER) USA 1948. Howard Hawks

DER RICHTER VON COLORADO (THE MAN FROM COLORADO) USA 1948. Henry Levin

WINCHESTER '73 (WINCHESTER '73) USA 1950. Anthony Mann

BIS ZUM LETZTEN ATEMZUG (ONLY THE VALIANT) USA 1951. Gordon Douglas

FLUCHT VOR DEM TODE (THE CIMARRON KID) USA 1951. Budd Boetticher

KARAWANE DER FRAUEN (WESTWARD THE WOMEN) USA 1951. William A. Wellman

MEUTEREI AM SCHLANGENFLUß (BEND OF THE RIVER) USA 1952. Anthony Mann

ZWÖLF UHR MITTAGS (HIGH NOON) USA 1952. Fred Zinnemann

NACKTE GEWALT (THE NAKED SPUR) USA 1953. Anthony Mann

DER SCHWEIGSAME FREMDE (THE STRANGER WORE A GUN) USA 1953. Andre De Toth

DIE GEBROCHENE LANZE (BROKEN LANCE) USA 1954. Edward Dmytryk

DAS GEHEIMNIS DER FÜNF GRÄBER (BACKLASH) USA 1956. John Sturges

DER SIEBENTE IST DRAN (SEVEN MEN FROM NOW) USA 1956. Budd Boetticher

DER SCHWARZE FALKE (THE SEARCHERS) USA 1956. John Ford

DER STERN DES GESETZES (THE TIN STAR) USA 1957. Anthony Mann

VIERZIG GEWEHRE (FORTY GUNS) USA 1957. Samuel Fuller

DER MANN AUS DEM WESTEN (MAN OF THE WEST) USA 1958. Anthony Mann

DER SCHATZ DES GEHENKTEN (THE LAW AND JAKE WADE) USA 1958. John Sturges

DER LETZTE ZUG VON GUN HILL (LAST TRAIN FROM GUN HILL) USA 1958. John Sturges

(erweiterte Filmografie, zusätzlich gesichtete Filme)

TROMMELN AM MOHAWK (DRUMS ALONG THE MOHAWK) USA 1939. John Ford

HERR DES WILDEN WESTENS (DODGE CITY) USA 1939. Michael Curtiz

RACHE FÜR JESSE JAMES (THE RETURN OF FRANK JAMES) USA 1940. Fritz Lang

GEÄCHTET (THE OUTLAW) USA 1944. Howard Hughes

VERFOLGT (PURSUED) USA 1946. Raoul Walsh

DUELL IN DER SONNE (DUEL IN THE SUN) USA 1946. King Vido

BANDITEN OHNE MASKE (ABILENE TOWN) USA 1946. Edwin L. Marin

DER SCHATZ DER SIERRA MADRE (TREASURE OF SIERRA MADRE) USA 1947. John Huston

DIE FARM DER GEHETZTEN (RAMROD) USA 1948. André de Toth

BIS ZUM LETZTEN MANN (FORT APACHE) USA 1948. John Ford

DER TEUFELSHAUPTMANN (SHE WORE A YELLOW RIBBON) USA 1949. John Ford

DIE FARM DER BESESSENEN (THE FURIES) USA 1950. Anthony Mann

DER GEBROCHENE PFEIL (BROKEN ARROW) USA 1950. Delmer Faves

RIO GRANDE (RIO GRANDE) USA 1950. John Ford

TOMAHAWK – AUFSTAND DER SIOUX (TOMAHAWK) USA 1950. George Sherman

DAS GEHEIMNIS DER SCHWARZEN BANDE (COLT .45) USA 1950. Edwin L. Marin

DER SCHARFSCHÜTZE (THE GUNFIGHTER) USA 1950. Henry King

COLORADO (ACROSS THE WIDE MISSOURI) USA 1951. William A. Wellman

ENGEL DER GEJAGTEN (RANCHO NOTORIOUS) USA 1952. Fritz Lang

DER WEITE HIMMEL (THE BIG SKY) USA 1952. Howard Hawks

MEIN GROßER FREUND SHANE (SHANE) USA 1953. George Stevens

VERRAT IM FORT BRAVO (ESCAPE FROM FORT BRAVO) USA 1953. John Sturges

MÜNDUNGSFEUER (GUNSMOKE) USA 1953. Nathan Juran

WENN FRAUEN HASSEN (JOHNNY GUITAR) USA 1954 Nicholas Ray

DER GARTEN DES BÖSEN (GARDEN OF EVIL) USA 1954. Henry Hathaway

VERA CRUZ (VERA CRUZ) USA 1954. Robert Aldrich

MIT STAHLHARTER FAUST (MAN WITHOUT A STAR) USA 1954. King Vidor

DIE LETZTE JAGD (THE LAST HUNT) USA 1956. Richard Brooks

ZÄHL BIS DREI UND BETE (3:10 TO YUMA) USA 1957. Delmer Daves

WEITES LAND (THE BIG COUNTRY) USA 1958. William Wyler

RIO BRAVO (RIO BRAVO) USA 1958. Howard Hawks

AUF DER KUGEL STAND KEIN NAME (NO NAME ON THE BULLET) USA 1958. Jack Arnold

VERZEICHNIS DER REZENSIONEN

(Geordnet nach Filmen und deutscher Erstaufführung.)

DREI MÄNNER AUS TEXAS, Lesley Selander, 1940 (THREE MEN FROM TEXAS)

Der neue Film, 9.1.50; Die Film-Woche, 21.1.50; Film Dienst, 27.1.50; Lübecker Nachrichten, Januar 1950; Film Blätter, 10.2.50; Berliner Zeitung, 15.2.50.

DER HELD DER PRÄRIE, Cecil B. DeMille, 1936 (THE PLAINSMAN)

Nacht-Expreß, 2.5.50; Hamburger Echo, 14.7.50; Haller Kreisblatt, 26.7.51.

VOGELFREI, Raoul Walsh, 1949 (COLORADO TERRITORY)

Erlanger Nachrichten, 24.6.50; Telegraf, 9.7.50; Der Kurier, 10.7.50; Rhein-Neckar-Zeitung, 7.8.50; Film Dienst, 11.8.50; Allgemeine Zeitung Uelzen, 15.1.51; Pforzheimer Zeitung, 30.5.51.

IN DIE FALLE GELOCKT, William Wyler, 1940 (THE WESTERNER)

Lüdenscheider Nachrichten, 2.6.51; Frankfurter Allgemeine, 12.6.51; Neckar-Echo, 27.2.52.

PANIK AM ROTEN FLUSS, Howard Hawks, 1948 (RED RIVER)

Filmwoche, 24.3.51; Bremer Nachrichten, 4.4.51; Kieler Nachrichten, 29.5.51; [ohne Angabe], 9.6.51; Westfälische Zeitung, Bielefeld, 4.8.51; Der neue Film, 28.8.51; General Anzeiger Bonn, 9.2.52; Bonner Rundschau, 9.2.52; Hessische Nachrichten, 16.2.52; Allgemeine Zeitung Kreuznach, 9.11.52; Memminger Zeitung, 11.3.52; Hanauer Anzeiger, 28.2.53.

WINCHESTER '73, Anthony Mann, 1950 (WINCHESTER '73)

Die Filmwoche, Februar 51; Aachener Nachrichten, 12.5.51; [ohne Angabe], 2.6.51; Hamburger Echo, 6.6.51; Main Spitze Rüsselsheim, 19.6.51; Ludwigsburger Kreiszeitung, 20.6.51; Alzeyer Beobachter, 29.6.51; Bonner Rundschau, 30.1.52; Hanauer Anzeiger, 6.2.52; ohne Angabe], Februar 52; Esslinger Allgemeine, 16.2.52; Tagesanzeiger Regensburg, 18.2.52; Salzgitter Kurier, 4.3.52; Stader Tagblatt, 12.3.52; Evangelischer Filmbeobachter, 24.3.55; Rheinische Post, 23.4.57.

HERRIN DER TOTEN STADT, William A. Wellman, 1948 (YELLOW SKY)

Filmillustrierte, 19.12.50; Filmdienst, 23.2.51; Der Tag, Berlin, 31.5.51; Berliner Anzeiger, 27.5.51; Die Neue Zeitung, Berlin, 27.5.51; Darmstädter Tagblatt, 11.8.51; Westfalen-Blatt, 8.1.52; Wiesbadener Kurier, Februar 52; Der neue Tag, Weiden, 15.3.52.

GEÄCHTET, Howard Hughes, 1944 (THE OUTLAW)

Film Woche, 3.3.51; Filmecho, 3.3.51; Film-Blätter, April 1951; Schwäbische Landeszeitung, Augsburg, 16.06.51; Miesbacher Merkur, 20.6.51; Wiesbadener Tageblatt, 1.8.51; Wiesbadener Kurier, 1.8.51; Badische Neueste Nachrichten, 26.4.52; Fuldaer Zeitung, 3.5.52; Nürnberger Zeitung, 5.5.54.

DER GEBROCHENE PFEIL, Delmer Daves, 1950 (BROKEN ARROW)

Die Film Woche, 29.9.51; Der neue Film, 11.10.51; Dortmunder Nord-West-Zeitung, 26.1.52; Norddeutsche Zeitung, Hannover, 11.3.52; Hannoversche Presse, 12.3.52; Hünfelder Volkszeitung, 29.4.52; Südkurier, Konstanz, 30.4.52; Der neue Tag, Weiden, 24.5.52; Landshuter Zeitung, 1.6.52; Südhessische Post, Heppenheim, 1.8.53; Westfälische Rundschau, Dortmund, 2.2.54.

BIS ZUM LETZTEN ATEMZUG, Gordon Douglas, 1951 (ONLY THE VALIANT)

Filmdienst, 28.8.52; Die Filmwoche, 4.10.52; Nürnberger Zeitung, 11.10.52; Neckar-Echo Heilbronn, 14.1.53; Lüneburger Landeszeitung, 14.1.53; Darmstädter Echo, 17.1.53; Göttinger Tageblatt, 17.1.53; Göttinger Presse, 17.1.53; Deister- und Weserzeitung, Hameln, 24.1.53; Fürther Nachrichten, 31.1.53; Rhein-Neckar Zeitung, Heidelberg, 31.1.53; Der neue Film, 9.2.53; Gelsenkirchener Morgenpost, 20.2.53; Lürrener Nachrichten, Aachen, 21.2.53; Westfälische Rundschau, 28.2.53; Stuttgarter Zeitung, 12.3.53; Allgemeine Zeitung Mainz, 25.3.53; General-Anzeiger Wuppertal, 13.6.53.

DUELL IN DER SONNE, King Vidor, 1946 (DUEL IN THE SUN)

Der Tag, 11.1.53; Telegraf, 11.1.53; Berliner Morgenpost, 11.1.53; Iserlener Zeitung, 21.2.53; Badische Neueste Nachrichten, 1.8.53.

FLUCHT VOR DEM TODE, Budd Boetticher, 1951 (THE CIMARRON KID)

Frankfurter Neue Presse, 27.12.52; Film Echo, 3.1.53; Die Film Woche, 17.1.53; Neue Presse, Coburg, 14.2.53; Westdeutsche Neue Presse, 28.2.53; Mannheimer Morgen, 28.2.53; Hannoversche Allgemeine, 28.10.53.

ZWÖLF UHR MITTAGS, Fred Zinnemann, 1952 (HIGH NOON)

Die Zeit, 22.1.53; Der Spiegel, 28.1.53; Aktuelle Bilder Zeitung, Düsseldorf, 1.2.53; Süddeutsche Zeitung, 13.2.53; Die Neue Zeitung, 13.2.53; Mainpost, Würzburg, 21.2.53; Frankfurter Allgemeine Zeitung, 23.3.53; Die Rheinpfalz, Ludwigshafen, 9.5.53.

DIE FARM DER GEHETZTEN, André de Toth, 1948 (RAMROD)

Gelsenkirchener Nachrichten, 13.1.53; Film Echo, 31.1.53; Der neue Film, 2.2.53; Kölner Rundschau, 7.2.53; Stadter Tageblatt, 1.4.53; Film-Dienst, 3.4.53.

NACKTE GEWALT, Anthony Mann, 1952 (THE NAKED SPUR)

Westfalenzeitung, 19.12.53; Der Kurier, 9.1.54; Die neue Zeitung, Berlin, 10.1.54; Telegraf, 10.1.54; Film-Echo, 16.1.54; Göttinger Tagblatt, 23.1.54; Badisches Tagblatt, 19.1.54; Kölnische Rundschau, 23.1.54; Der neue Film, 1.2.54; Geislinger Zeitung, 13.2.54; Darmstädter Echo, 20.3.54; Frankfurter Allgemeine Zeitung, 20.5.54.

WENN FRAUEN HASSEN, Nicholas Ray, 1953 (JOHNNY GUITAR)

Hamburger Echo, 13.10.54; Hamburger Anzeiger, 13.10.54; Der neue Film, 28.10.54; Frankfurter Abendzeitung, 2.11.54; Wesseraner Zeitung, 8.12.54; Kölner Stadtanzeiger, 27.1.55.

VERRAT IN FORT BRAVO, John Sturges, 1953 (ESCAPE FROM FORT BRAVO)

Der Tagesspiegel, 4.12.54; Norddeutsche Rundschau, 14.12.55; 8 Uhr Blatt, 18.12.54; Die Filmwoche, 18.12.54; Fuldaer Zeitung, 29.1.55.

STEPPE IN FLAMMEN, Lew Landers, 1953 (BURNING ARROWS)

Saarbrücker Zeitung, 24.2.55; Erlanger Volksblatt, 2.4.55; Erlanger Nachrichten, 2.4.55; Deisler- und Weser Zeitung 27.4.55.

DER TIGER VON UTAH, Joseph Kane, 1952 (RIDE THE MAN DOWN)

Film Echo, 8.10.53; Fränkische Tageszeitung, 8.10.53; Neue Presse, 18.5.57.

GOLDRÄUBER VON OKLAHOMA, Thomas Carr, 1954 (THE FORTY NINERS)

Film Echo 28.1.56; Nürnberger Nachrichten, 11.2.56.

MIT ROHER GEWALT, Jesse Hibbs, 1955 (THE SPOILERS)

Fürther Nachrichten, 1.9.56.

DER SCHWARZE FALKE, John Ford, 1956 (THE SEARCHERS)

Film Dienst, 11.10.56; Der Neue Film, 15.10.56; Film Echo 98, 1956; Evangelischer Filmbeobachter, 19.10.56; Münchner Merkur, 23.11.56; Südkurier, 5.1.57; Südwest Rundschau, 21.1.57; Badische Zeitung, 22.1.57; Saarbrückener Zeitung, 8.4.58.

DER SIEBENTE IST DRAN, Budd Boetticher, 1956 (SEVEN MEN FROM NOW)

Film Echo, 10.11.56; Filmblätter, 16.11.56; Evangelischer Filmbeobachter, 8.11.56; Rheinische Post, 19.1.57; Hamburger Abendblatt, 2.3.57; Westdeutsche Rundschau, Wuppertal, 16.3.57; Hannoversche Presse, 10.4.57.

SCHIEẞ ODER STIRB!, Abner Biberman, 1956 (A GUN FOR A COWARD)

Film-Dienst, [ohne Datum]; Stuttgarter Nachrichten, 3.4.57; Abendpost, 9.5.57; Nürnberger Nachrichten, 6.4.57; Die Welt, 6.4.57; Evangelischer Filmbeobachter, 11.4.57; Der neue Film, 20.4.57.

ZÄHL BIS DREI UND BETE, Delmer Daves, 1956 (3:10 TO YUMA)

Film Echo, 4.10.57; Der neue Film, 17.10.57; Christ und Welt, 17.10.57; Fränkische Tagespost, 19.10.57; Kölner Stadtanzeiger, 26.10.57; Darmstädter Echo, 16.11.57.

DER STERN DES GESETZES, Anthony Mann, 1958 (THE TIN STAR)

Tagesspiegel, 22.3.58; Film Dienst, 27.3.58; Münchner Katholische Kirchenzeitung, 30.3.58; Stuttgarter Zeitung, 14.4.58; Schwäbische Landeszeitung, 3.5.58; Lübecker Nachrichten, 27.9.58.

VIERZIG GEWEHRE, Samuel Fuller, 1957 (FORTY GUNS)

Kölner Stadtanzeiger, 6.12.58; Der Tagesspiegel, 17.3.59; NWZ, Göppingen, 18.2.59.

DER SCHATZ DER GEHENKTEN, John Sturges, 1957 (THE LAW AND JAKE WADE)

Süddeutsche Zeitung, 31.3.59; Der Kurier, 17.6.59; Frankfurter Rundschau, 20.6.59; Der Tag, 20.6.59.

RIO BRAVO, Howard Hawks, 1958 (RIO BRAVO)

Der Tagesspiegel, 8.12.59.

DIVERSE

Münchner Neueste Nachrichten, 4.5.20; Völkischer Beobachter, 21.8.35; Völkischer Beobachter, 19.5.37; Westdeutsche Allgemeine Zeitung, 17.11.49.

BIBLIOGRAFIE

«OMGUS Survey no. 20, Preliminary Studies of Motion Picture Attendance and Attitudes (27. August 1946)», in: Michael Hoenisch/Klaus Kämpfe/Karl-Heinz Pütz (Hg.): *USA und Deutschland. Amerikanische Kulturpolitik 1942-1949. Bibliographie – Materialien – Dokumente*, Berlin 1980, S. 275-299.

Adorno, Theodor W./Max Horkheimer: *Dialektik der Aufklärung*, Frankfurt a.M. 1981.

Albersmeier, Franz-Josef (Hg.): *Texte zur Theorie des Films*, Stuttgart [3]1998.

Angerer, Marie-Luise (Hg.): *The Body of Gender. Geschlechter und Identitäten*, Wien 1995.

Anonyma: *Eine Frau in Berlin*, München [8]2008.

Bathrick, David: «Kino in Ruinen. Gegenwarts- und Vergangenheitsbewältigung im Berliner Kino 1945-48», in: Irmbert Schenk (Hg.): *Erlebnisort Kino*, Marburg 2000, S. 81-94.

Baudry, Jean-Louis: «The Apparatus. Metapsychological Approaches to the Impression of Reality in Cinema», in: Philip Rosen (Hg.): *Narrative, Apparatus, Ideology. A Film Theory Reader*, New York 1986, S. 299-318.

Bayertz, Kurt: «Zur Ästhetik des Western», in: Ders./Margrit Fröhlich/Kurt W. Schmidt (Hg.): *I'm the Law! Recht, Ethik und Ästhetik im Western*, Frankfurt a.M. 2004, S. 9-26.

—/Margrit Fröhlich/Kurt W. Schmidt (Hg.): *I'm the Law! Recht, Ethik und Ästhetik im Western*, Frankfurt a.M. 2004.

Bazin, André: «Der Western oder: Das amerikanische Kino par excellence», in: Bert Rebhandl (Hg.): *Western. Genre und Geschichte*, Wien 2007, S. 40-50.

Becker, Wolfgang/Norbert Schöll: *In jenen Tagen... Wie der deutsche Nachkriegsfilm die Vergangenheit bewältigte*, Opladen 1995.

Bednarik, Karl: *Der junge Arbeiter von heute. Ein neuer Typ*, Stuttgart 1953.

Belting, Hans: *Bild-Anthropologie. Entwürfe für eine Bildwissenschaft*, München 2001.

Benhabib, Seyla (Hg.): *Der Streit um Differenz. Feminismus und Postmoderne in der Gegenwart*, Frankfurt a.M. 1993.

Benjamin, Walter: «Über das mimetische Vermögen», in: Ders.: *Medienästhetische Schriften*, Frankfurt a.M. 2002, S. 123-126.

—: *Medienästhetische Schriften*, Frankfurt a.M. 2002.

Benz, Wolfgang (Hg.): *Die Bundesrepublik Deutschland. Geschichte in drei Bänden*, Band 3: *Kultur*, Frankfurt a.M. 1983.

Bessel, Richard: «The war to end all wars. The shock of violence in 1945 and its aftermath in Germany», in: Alf Lüdtke/Bernd Weisbrod (Hg.): *No Man's Land of Violence. Extreme Wars in the 20th Century*, Göttingen 2006, S. 69-99.

Bessen, Ursula: *Trümmer und Träume. Nachkriegszeit und fünfziger Jahre auf Zelluloid. Deutsche Spielfilme als Zeugnisse ihrer Zeit. Eine Dokumentation*, Bochum 1989.

Bielefeld, Uli: «Das Konzept des Fremden und die Wirklichkeit des Imaginären», in: Ders. (Hg.): *Das Eigene und das Fremde. Neuer Rassismus in der Alten Welt?*, Hamburg 1991, S. 97-128.

— (Hg.): *Das Eigene und das Fremde. Neuer Rassismus in der Alten Welt?*, Hamburg 1991.

Bitomsky, Hartmut: «Gelbe Streifen Strenges Blau. Passage durch Filme von John Ford. Einleitung und erster Teil», in: *filmkritik* 6 (1978), S. 281-335.

—: «Gelbe Streifen Strenges Blau. Passage durch Filme von John Ford. Zweiter Teil», in: *filmkritik* 3 (1979), S. 93-139.

Blanchot, Maurice: *Die wesentliche Einsamkeit*, Berlin 1959.

Bloch, Ernst: *Erbschaft dieser* Zeit, Frankfurt a.M. 1962.

Böhme, Gernot: *Theorie des Bildes*, München 1999.

Böhringer, Hannes: *Auf dem Rücken Amerikas. Eine Mythologie der neuen Welt im Western und Gangsterfilm*, Berlin 1998.

Bourdieu, Pierre: *Satz und Gegensatz. Über die Verantwortung des Intellektuellen*, Berlin 1989.

—: *Entwurf einer Theorie der Praxis auf der ethnologischen Grundlage der kabylischen Gesellschaft*, Frankfurt a.M. 1979.

Brauerhoch, Annette: *Fräuleins und GIs. Geschichte und Filmgeschichte*, Frankfurt a.M. 2006.

von Bredow, Wilfried/Rolf Zurek (Hg.): *Film und Gesellschaft in Deutschland. Dokumente und Materialien*, Hamburg 1975.

Brinckmann, Christine Noll: «Somatische Empathie bei Hitchcock. Eine Skizze», in: Heinz. B. Heller/Karl Prümm/Birgit Peulings (Hg.): *Der Körper im Bild. Schauspielen – Darstellen – Erscheinen*, Marburg 1999, S. 111-120.

Brink, Cornelia: «Bildeffekte. Überlegungen zum Zusammenhang von Fotografie und Emotionen», in: *Geschichte und Gesellschaft* 1 (2011), S. 104-129.

Bronfen, Elisabeth: *Heimweh. Illusionsspiele in Hollywood*, Berlin 1999.

Buscombe, Edward/Roberta E. Pearson (Hg.): *Back in the Saddle Again. New Essays on the Western*, London 1998.

Butler, Judith: «Für ein sorgfältiges Lesen», in: Seyla Benhabib (Hg.): *Der Streit um Differenz. Feminismus und Postmoderne in der Gegenwart*, Frankfurt a.M. 1993, S. 122-132.

Canetti, Elias: *Masse und Macht*, Düsseldorf 1978.

de Certeau, Michel: *Kunst des Handelns*, Berlin 1988.

Christ, Manfred (Hg.): *Filmstars im Schaukasten – Schaukasten der Filmstars*, Erkrath 2002.

Clemens, Gabriele: «Umerziehung durch Film. Britische und amerikanische Filmpolitik in Deutschland 1945-49», in: Harro Segeberg (Hg.): *Mediale Mobilmachung* II. *Hollywood, Exil und Nachkrieg*, München 2006, S. 243-271.

Connell, Robert W.: *Der gemachte Mann. Konstruktion und Krise von Männlichkeiten*, Opladen 1999.

Cook, Pam: «Frauen und der Western», in: Bert Rebhandl (Hg.): *Western. Genre und Geschichte*, Wien 2007, S. 82-92.

Coyne, Michael: *The Crowded Prairie. American National Identity in the Hollywood Western*, New York 1997.

Daniel, Ute (Hg.): *Augenzeugen. Kriegsberichterstattung vom 18. zum 21. Jahrhundert*, Göttingen 2006.

Davids, Jens-Ulrich: *Das Wildwest-Romanheft in der Bundesrepublik. Ursprünge und Strukturen*, Tübingen 1969.

Deleuze, Gilles: *Das Bewegungs-Bild. Kino* I, Frankfurt a.M. 1989.

Diederichs, Helmut H.: «Filmkritik und Filmtheorie. Analyse, Urteil und utopischer Entwurf», in: Wolfgang Jacobsen/Anton Kaes/Hans Helmut Prinzler (Hg.): *Geschichte des deutschen Films*, Stuttgart 1993, S. 497-510.

Diehl, Paula: «Körperbilder und Körperpraxen im Nationalsozialismus», in: Paula Diehl (Hg.): *Körper im Nationalsozialismus. Bilder und Praxen*, München 2006, S. 9-30.

— (Hg.): *Körper im Nationalsozialismus. Bilder und Praxen*, München 2006.

Doering-Manteuffel, Anselm: «Westernisierung. Politisch-ideeller und gesellschaftlicher Wandel in der Bundesrepublik bis zum Ende der 60er Jahre», in: Axel Schildt/Detlef Siegfried/Karl Christian Lammers (Hg.): *Dynamische Zeiten. Die 60er Jahre in den beiden deutschen Gesellschaften*, Hamburg 2000, S. 311-341.

—: «Die Kultur der 50er Jahre im Spannungsfeld von ‹Wiederaufbau› und ‹Modernisierung›», in: Axel Schildt/Arnold Sywottek (Hg.): *Modernisierung im Wiederaufbau. Die Westdeutsche Gesellschaft der 50er Jahre*, Bonn 1998, S. 533-540.

Eckstein, Arthur M.: «Introduction. Main Critical Issues in The Searchers», in: Ders./Peter Lehman (Hg.): *The Searchers. Essays ans Reflections on John Ford's Classic Western*, Detroit 2004, S. 1-46.

—/Peter Lehman (Hg.): *The Searchers. Essays ans Reflections on John Ford's Classic Western*, Detroit 2004.

Eder, Jens: *Die Figur im Film. Grundlagen der Figurenanalyse*, Marburg 2008.

Ellerbrock, Dagmar: «Zur Übersterblichkeit ‹arischer› Männerkörper. Körperkonzepte in Transition», in: Paula Diehl (Hg.): *Körper im Nationalsozialismus. Bilder und Praxen*, München 2006, S. 281-305.

Ellis, John: *Visible Fictions. Cinema, Television, Video*, London 1992.

Elsaesser, Thomas/Malte Hagener: *Filmtheorie zur Einführung*, Hamburg 2007.

Erhart, Walter: «Männlichkeit, Mythos, Gemeinschaft. Nachruf auf den Western-Heldern», in: Christian Hißnauer/Thomas Klein (Hg.): *Männer – Machos – Memmen. Männlichkeit im Film*, Mainz 2002, S. 75-110.

Ernst, Gustav/Georg Haberl/Gottfried Schlemmer (Hg.): *Film Kritik Schreiben*, Wien 1993.

Esders, Karin: «Attraktion, Doku-Drama, Western-Romanze. Zur Entstehung eines amerikanischen Genres», in: Corinna Müller/Harro Segeberg (Hg.): *Die Modellierung des Kinofilms. Zur Geschichte des Kinoprogramms zwischen Kurzfilm und Langfilm (1905/6-1918)*, München 1998, S. 97-124.

Esders-Angermund, Karin: *Weiblichkeit und sexuelle Differenz im amerikanischen Genrekino. Funktionen der Frau im frühen Westernfilm*, Trier 1997.

Faulstich, Werner (Hg.): *Die Kultur der fünfziger Jahre*, München 2002.

Fay, Jennifer: *Theaters of Occupation. Hollywood and the Reeducation of Postwar Germany*, Minnesota 2008.

Fehrenbach, Heide: «‹Ami-Liebchen› und ‹Mischlingskinder›. Rasse, Geschlecht und Kultur in der deutsch-amerikanischen Begegnung», in: Klaus Neumann (Hg.): *Nachkrieg in Deutschland*, Hamburg 2001, S. 178-205.

—: *Cinema in Democratizing Germany. Reconstructing National Identity after Hitler*, Chapel Hill 1995.

Foucault, Michel: *Archäologie des Wissens*, Frankfurt a.M. 2007.

French, Philip: *Westerns. Aspects of a Movie Genre*, Manchester 2005.

Frevert, Ute: *Die kasernierte Nation. Militärdienst und Zivilgesellschaft in Deutschland*, München 2001.

Früchtl, Josef: *Das unverschämte Ich. Eine Heldengeschichte der Moderne*, Frankfurt a.M. 2004.

Gallagher, Tag: *John Ford. The Man and his Films*, Berkeley 1986.

Gandert, Gero (Hg.): *Der Film der Weimarer Republik 1929. Ein Handbuch der zeitgenössischen Kritik*, Berlin 1997.

Garncarz, Joseph: «Hollywood in Germany. Die Rolle des amerikanischen Films in Deutschland: 1925-1990», in: Uli Jung (Hg.): *Der deutsche Film. Aspekte seiner Geschichte von den Anfängen bis zur Gegenwart*, Trier 1993, S. 167-214.

Gassert, Philipp: «Amerikanismus, Antiamerikanismus, Amerikanisierung. Neue Literatur zur Sozial-, Wirtschafts- und Kulturgeschichte des amerikanischen Einflusses in Deutschland und Europa», in: *Archiv für Sozialgeschichte* 39 (1999), S. 531-561.

Gleber, Peter: «Kino als Überlebensmittel. Anfänge und Bedeutung dieses Mediums in der französischen Zone unter besonderer Berücksichtigung der Großstadt Ludwigshafen am Rhein 1945-1949», in: *Zeitschrift für die Geschichte des Oberrheins* 145 (1997), S. 403-429.

Glöde, Marc: «Filmische Topographien der USA. Zur Konstruktion von Landschaften in der experimentellen Filmgestaltung», in: Nils Plath (Hg.): *Blicke auf Landschaften (=Augen-Blick 37)*, Marburg 2005, S. 25-45.

Glucksmann, André: «Das Abenteuer der Tragödie», in: Bert Rebhandl (Hg.): *Western. Genre und Geschichte*, Wien 2007, S. 226-243.

Goebbels, Joseph: *Die Tagebücher.* Band 2: *1.1.1931-31.12.1936*, München 1987.

Göktürk, Deniz: *Künstler, Cowboys, Ingenieure. Kultur- und mediengeschichtliche Studien zu deutschen Amerika-Texten 1912-1920*, München 1998.

Goltermann, Svenja: «Die Beherrschung der Männlichkeit. Zur Deutung psychischer Leiden bei den Heimkehrern des Zweiten Weltkrieges 1945-1956», in: *Feministische Studien* 2 (2000), S. 7-19.

de Grazia, Victoria: «Mass Culture and Sovereignity. The American Challenge to European Cinemas, 1920-1960», in: *Journal of Modern History* 1 (1989), S. 53-87.

Greffrath, Bettina: *Gesellschaftsbilder der Nachkriegszeit. Deutsche Spielfilme 1945-49*, Pfaffenweiler 1995.

Gregor, Ulrich/Enno Patalas: *Geschichte des Films*, München 1973.

Grob, Norbert/Karl Prümm (Hg.): *Die Macht der Filmkritik. Positionen und Kontroversen*, München 1990.

Groll, Gunter: *Magie des Films. Kritische Notizen über Film, Zeit und Welt, 77 Filmkritiken*, München 1953.

Grosz, George: *Ein kleines Ja und ein großes Nein*, Hamburg 1955.

Hagemann, Karen: «Venus und Mars. Reflexionen zu einer Geschlechtergeschichte von Militär und Krieg», in: Karen Hagemann/Ralf Pröve (Hg.): *Landsknechte, Soldatenfrauen und Nationalkrieger: Militär, Krieg und Geschlechterordnung im historische Wandel*, Frankfurt a. M. 1998, S. 13-48.

—/Ralf Pröve (Hg.): *Landsknechte, Soldatenfrauen und Nationalkrieger: Militär, Krieg und Geschlechterordnung im historische Wandel*, Frankfurt a. M. 1998.

Hake, Sabine: *Film in Deutschland. Geschichte und Geschichten seit 1985*, Reinbeck 2004.

—: *Popular Cinema of the Third Reich*, Austin 2001.

Hanisch, Michael: *Western. Die Entwicklung eines Filmgenres*, Berlin 1984.

Hardy, Phil: *The Western*, London 1983.

Hasse, Jürgen: *Heimat und Landschaft. Über Gartenzwerge, Center Parcs und andere Ästhetisierungen*, Wien 1993.

Hauser, Johannes: «US-amerikanische Filmpolitik im Nachkriegsdeutschland 1945-1955», in: Knut Hickethier (Hg.): *Filmgeschichte schreiben, Ansätze, Entwürfe und Methoden*, Berlin 1989, S. 103-122.

Heller, Heinz B.: «Geschichte und Filmkritik - Filmkritik und Geschichte», in: Gustav Ernst/Georg Haberl/Gottfried Schlemmer (Hg.): *Film Kritik Schreiben*, Wien 1993, S. 9-22.

—/Karl Prümm/Birgit Peulings (Hg.): *Der Körper im Bild. Schauspielen – Darstellen – Erscheinen*, Marburg 1999.

Hembus, Joe: «Fronting It», in: Ders.: *Western Lexikon. 1324 Filme von 1894 bis 1978*, München 1978, S. 8-26.

—: *Western Lexikon. 1324 Filme von 1894 bis 1978*, München 1978.

Henke, Klaus-Dietmar: *Die amerikanische Besetzung Deutschlands*, München 1995.

Hickethier, Knut: «Genretheorie und Genreanalyse», in: Jürgen Felix (Hg.): *Moderne Film Theorie*, Mainz 2003, S. 62-96.

— (Hg.): *Filmgeschichte schreiben. Ansätze, Entwürfe und Methoden*, Berlin 1989.

—/Eggo Müller/Rainer Rother (Hg.): *Der Film in der Geschichte. Dokumentation der GFF-Tagung*, Berlin 1997.

Hippler, Fritz: «Fragen und Probleme der deutschen Wochenschau im Kriege»[1943], in: Wilfried von Bredow/Rolf Zurek (Hg.): *Film und Gesellschaft in Deutschland. Dokumente und Materialien*, Hamburg 1975, S. 230-235.

Hißnauer, Christian/Thomas Klein (Hg.): *Männer – Machos – Memmen. Männlichkeit im Film*, Mainz 2002.

Hoenisch, Michael/Klaus Kämpfe/Karl-Heinz Pütz (Hg.): *USA und Deutschland. Amerikanische Kulturpolitik 1942-1949. Bibliographie – Materialien – Dokumente*, Berlin 1980.

Hoffmann, Hilmar/Walter Schobert (Hg.): *Zwischen gestern und morgen. Westdeutscher Nachkriegsfilm 1946-1962*, Frankfurt a.M. 1989.

Hoffmann, Kay: «Der Mythos der perfekten Propaganda. Zur Kriegsberichterstattung der ‹Deutschen Wochenschau› im Zweiten Weltkrieg», in: Ute Daniel (Hg.): *Augenzeugen. Kriegsberichterstattung vom 18. zum 21. Jahrhundert*, Göttingen 2006, S. 169-192.

von Horváth, Ödön: *Der ewige Spießer*, Frankfurt a.M. 1995.

Jacobsen, Wolfgang/Anton Kaes/Hans Helmut Prinzler (Hg.): *Geschichte des deutschen Films*, Stuttgart 1993.

Jancovich, Mark/Lucy Faire/Sarah Stubbings: *The Place of the Audience. Cultural Geographies of Film Consumption*, London 2003.

Jarausch, Konrad/Hannes Stiegrist (Hg.): *Amerikanisierung und Sowjetisierung in Deutschland 1945-1970*, Frankfurt a.M. 1997.

Jary, Micaela: *Traumfabriken made in Germany. Die Geschichte des deutschen Nachkriegsfilms 1945-1960*, Berlin 1993.

Jeffords, Susan: «The ‹remasculinization› of Germany in the 1950s: Discussion», in: *Signs* 24 (1998), S. 163-169.

Jung, Uli (Hg.): *Der deutsche Film. Aspekte seiner Geschichte von den Anfängen bis zur Gegenwart*, Trier 1993.

Kahlenberg, Friedrich P.: «Film», in: Wolfgang Benz (Hg.): *Die Bundesrepublik Deutschland. Geschichte in drei Bänden*, Band 3: *Kultur*, Frankfurt a.M. 1983, S. 358-396.

Kaltenecker, Siegfried: «Weil aber die vergessene Fremde unser Körper ist. Über Männer-Körper-Repräsentationen und Faschismus», in: Marie-Luise Angerer (Hg.): *The Body of Gender. Geschlechter und Identitäten*, Wien 1995, S. 91-109.

Kaufmann, Stefan: *Soziologie der Landschaft*, Wiesbaden 2005.

Kiefer, Bernd/Norbert Grob: «Einleitung», in: Dies. (Hg.): *Western*, Stuttgart 2003, S. 12-40.

— (Hg.): *Western*, Stuttgart 2003.

Kites, Jim: *Horizons West. Directing The Western from John Ford to Clint Eastwood*, London 2004.

Kleinhans, Bernd: *Ein Volk, ein Reich, ein Kino. Lichtspiel in der braunen Provinz*, Köln 2003.

Kniep, Jürgen: *‹Keine Jugendfreigabe!› Filmzensur in Westdeutschland 1949–1990*, Göttingen 2010.

Knoll, Horst Peter (Hg.): *Lexikon des internationalen Films. Kino, Fernsehen, Video, DVD*, Frankfurt a.M. 2002.

Knörer, Ekkehard: «Der Zerfall des Rahmens. Zur Auflösung der Landschaft im Wüstenfilm», in: Nils Plath (Hg.): *Blicke auf Landschaften (=Augen-Blick 37)*, Marburg 2005, S. 68-77.

Koch, Getrud/Karsten Witte (Hg.): *Seminar: Filmkritik. Protokolle einer Veranstaltung der Arbeitsgemeinschaft der Filmjournalisten in Frankfurt am Main 1978*, Frankfurt a.M. 1978.

Kochenrath, Hans-Peter: «Kontinuität im deutschen Film», in: Wilfried von Bredow/Rolf Zurek (Hg.): *Film und Gesellschaft in Deutschland. Dokumente und Materialien*, Hamburg 1975, S. 286-292.

Korte, Helmut: «Historische Wahrnehmung und Wirkung von Filmen. Ein Arbeitsmodell», in: Knut Hickethier/Eggo Müller/Rainer Rother (Hg.): *Der Film in der Geschichte. Dokumentation der GFF-Tagung*, Berlin 1997, S. 154-166.

Kracauer, Siegfried: *Von Caligari zu Hitler. Eine psychologische Geschichte des deutschen Films*, Frankfurt a.M. 1979.

Kreimeier, Klaus: «Die Ökonomie der Gefühle. Aspekte des westdeutschen Nachkriegsfilms», in: Hilmar Hoffmann/Walter Schobert (Hg.): *Zwischen gestern und morgen. Westdeutscher Nachkriegsfilm 1946-1962*, Frankfurt a.M. 1989, S. 8-32.

—: *Kino und Filmindustrie in der BRD. Ideologieproduktion und Klassenwirklichkeit nach 1946*, Kronberg/Ts. 1973.

Kroes, Rob: «Introduction. The Many Faces of the American West», in: Ders. (Hg.): *The American West: As seen by Europeans and Americans*, Amsterdam 1989, S. ix-x.

— (Hg.): *The American West: As seen by Europeans and Americans*, Amsterdam 1989.

Kronenbitter, Günther/Markus Pöhlmann/Dierk Walter (Hg.): *Besatzung. Funktion und Gestalt militärischer Fremdherrschaft von der Antike bis zum 20. Jahrhundert*, Paderborn 2006.

Kühberger, Christoph: «Gescheiterte Männer? Über den Bruch der idealtypischen nationalsozialistischen Männlichkeit unter amerikanischer Besatzung», in: Stefan Zahlmann/Sylka Scholz (Hg.): *Scheitern und Biografie. Die andere Seite moderner Lebensgeschichten*, Gießen 2005, S. 191-206.

Kühne, Thomas: *Kameradschaft. Die Soldaten des nationalsozialistischen Krieges und das 20. Jahrhundert*, Göttingen 2006.

Kurosawa, Akira: *So etwas wie eine Autobiographie*, Zürich 1991.

Leone, Sergio: «An den Grenzen des Irrealen: Der Western», in: Joe Hembus: *Western Lexikon. 1324 Filme von 1894 bis 1978*, München 1978, S. 6-7.

Linke, Angelika/Jakob Tanner (Hg.): *Attraktion und Abwehr. Die Amerikanisierung der Alltagskultur in Europa*, Köln 2006.

Loiperdinger, Martin: «Amerikanisierung im Kino? Hollywood und das westdeutsche Publikum der Fünfziger Jahre», in: *Theaterzeitschrift. Beiträge zu Theater, Medien, Kulturpolitik* 28 (1998), S. 50-60.

Lüdtke, Alf (Hg.): *Amerikanisierung. Traum und Alptraum im Deutschland des 20. Jahrhunderts*, Stuttgart 1996.

Lüdtke, Alf/Bernd Weisbrod (Hg.): *No Man's Land of Violence. Extreme Wars in the 20th Century*, Göttingen 2006.

Maase, Kaspar: «Happy Endings? Massenkultur und Demokratie in Deutschland im 20. Jahrhundert», in: Angelika Linke/Jakob Tanner (Hg.): *Attraktion und Abwehr. Die Amerikanisierung der Alltagskultur in Europa*, Köln 2006, S. 137-160.

—: «‹Amerikanisierung der Gesellschaft›. Nationalisierende Deutungen von Globalisierungsprozessen?», in: Konrad Jarausch/Hannes Stiegrist (Hg.): *Amerikanisierung und Sowjetisierung in Deutschland 1945-1970*, Frankfurt a.M. 1997, S. 219-242.

—: «Amerikanisierung von unten. Demonstrative Vulgarität und kulturelle Hegemonie in der Bundesrepublik der 50er Jahre», in: Alf Lüdtke (Hg.): *Amerikanisierung. Traum und Alptraum im Deutschland des 20. Jahrhunderts*, Stuttgart 1996, S. 291-313.

—: *Bravo Amerika. Erkundungen zur Jugendkultur der Bundesrepublik in den fünfziger Jahren*, Hamburg 1992.

Mai, Manfred/Rainer Winter: «Kino, Gesellschaft und soziale Wirklichkeit. Zum Verhältnis von Soziologie und Film», in: Dies. (Hg.): *Das Kino der Gesellschaft – die Gesellschaft des Kinos. Interdisziplinäre Positionen, Analysen und Zugänge*, Köln 2006, S. 7-23.

— (Hg.): *Das Kino der Gesellschaft – die Gesellschaft des Kinos. Interdisziplinäre Positionen, Analysen und Zugänge*, Köln 2006.

Maltby, Richard: «Introduction. ‹The Americanisation of the World›», in: Melvin Stokes/Richard Maltby (Hg.): *Hollywood Abroad. Audiences and Cultural Exchange*, London 2004, S. 1-20.

Mann, Klaus: «Cowboy-Mentor des Führers», in: Helmut Schmiedt (Hg.): *Karl May*, Frankfurt a.M. 1988, S. 32-34.

Martschukat, Jürgen/Olaf Stieglitz: *Geschichte der Männlichkeiten*, Frankfurt a.M. 2008.

—: *Es ist ein Junge! Einführung in die Geschichte der Männlichkeiten in der Neuzeit*, Tübingen 2005.

Mauss, Marcel: *Soziologie und Anthropologie 2. Gabentausch; Soziologie und Psychologie; Todesvorstellunge; Körpertechniken; Begriff der Person*, Frankfurt a.M. 1978.

Mayer, Alf: «Filmkritik in der Provinz», in: Getrud Koch/Karsten Witte (Hg.): *Seminar: Filmkritik. Protokolle einer Veranstaltung der Arbeitsgemeinschaft der Filmjournalisten in Frankfurt am Main 1978*, Frankfurt a.M. 1978, S. 45-72.

Mayne, Judith: *Cinema and Spectatorship*, London 1993.

McGee, Patrick: *From Shane to Kill Bill. Rethinking the Western*, Malden 2007.

Metz, Christian: *Sprache und Film*, Frankfurt a.M. 1973.

Mikos, Lothar: «Der erinnerte Film. Perspektiven einer Filmgeschichte als Rezeptionsgeschichte», in: Knut Hickethier/Eggo Müller/Rainer Rother (Hg.): *Der Film in der Geschichte. Dokumentation der GFF-Tagung*, Berlin 1997, S. 143-153.

Mitchell, Lee Clark: *Western. Making the Man in Fiction and Film*, Chicago 1996.

Moeller, Robert G.: «Heimkehr ins Vaterland. Die Remaskulinisierung Westdeutschlands in den fünfziger Jahren», in: *Militärgeschichtliche Zeitschrift* 2 (2001), S. 403-436.

Morin, Edgar: *Der Mensch und das Kino. Eine anthropologische Untersuchung*, Stuttgart 1958.

Morsch, Thomas: «Der Körper des Zuschauers. Elemente einer somatischen Theorie des Kinos», in: *Medienwissenschaft* 3 (1997), S. 271-289.

Mosse, George L.: *Das Bild des Mannes. Zur Konstruktion der modernen Männlichkeit*, Frankfurt a.M. 1997.

Müller, Corinna: «Variationen des Kinoprogramms. Filmform und Filmgeschichte», in: Dies./Harro Segeberg (Hg.): *Die Modellierung des Kinofilms. Zur Geschichte des Kinoprogramms zwischen Kurzfilm und Langfilm (1905/6-1918)*, München 1998, S. 43-76.

—/Harro Segeberg (Hg.): *Die Modellierung des Kinofilms. Zur Geschichte des Kinoprogramms zwischen Kurzfilm und Langfilm (1905/6-1918)*, München 1998.

Nessel, Sabine: «Kino und Ereignis. Konstruktionen des Kinematografischen vor und nach Christian Metz», in: Dies./Winfried Pauleit u.a. (Hg.): *Wort und Fleisch. Kino zwischen Text und Körper*, Berlin 2008, S. 27-37.

—/Winfried Pauleit u.a. (Hg.): *Wort und Fleisch. Kino zwischen Text und Körper*, Berlin 2008.

Neumann, Klaus (Hg.): *Nachkrieg in Deutschland*, Hamburg 2001.

Noiman, Bo'az: *Die Weltanschauung des Nazismus. Raum, Körper, Sprache*, Göttingen 2010.

Oberkrome, Willi: *‹Deutsche Heimat›. Nationale Konzeption und regionale Praxis von Naturschutz, Landschaftsgestaltung und Kulturpolitik in Westfalen-Lippe und Thüringen (1900-1960)*, Paderborn 2004.

Paech, Anne: «Von der Filmgeschichte vergessen. Die Geschichte des Kinos», in: Knut Hickethier (Hg.): *Filmgeschichte schreiben, Ansätze, Entwürfe und Methoden*, Berlin 1989, S. 41-49.

—/Joachim Paech: *Menschen im Kino. Film und Literatur erzählen*, Stuttgart 2000.

Paech, Joachim: «Die Anfänge der Filmwissenschaft in Westdeutschland nach 1945», in: Hilmar Hoffmann/Walter Schobert (Hg.): *Zwischen gestern und morgen. Westdeutscher Nachkriegsfilm 1946-1962*, Frankfurt a.M. 1989, S. 266-279.

Pantenburg, Volker: «Ansichtssache. Natur Landschaft Film», in: Nils Plath (Hg.): *Blicke auf Landschaften (=Augen-Blick 37)*, Marburg 2005, S. 15-24.

Patalas, Enno: «Der Western und seine Regisseure», in: *filmkritik* 2 (1965), S. 62-66.

—: *Sozialgeschichte der Stars*, Hamburg 1963.

Plath, Nils: «Landschaft erblicken. Nicht mehr als Vorbemerkungen zum Thema», in: Nils Plath (Hg.): *Blicke auf Landschaften (=Augen-Blick 37)*, Marburg 2005, S. 5-14.

— (Hg.): *Blicke auf Landschaften (=Augen-Blick 37)*, Marburg 2005.

Poiger, Uta G.: «Amerikanisierung oder Internationalisierung? Populärkultur in beiden deutschen Staaten», in: *Aus Politik und Zeitgeschichte* 45 (2003), S. 17-24.

—: «Krise der Männlichkeit. Remaskulinisierung in beiden deutschen Nachkriegsgesellschaften», in: Klaus Neumann (Hg.): *Nachkrieg in Deutschland*, Hamburg 2001, S. 227-263.

—: «A new ‹western› hero? Reconstructing German masculinity in the 1950s», in: *Signs* 24 (1998), S. 147-162.

Prinzler, Hans Helmut: «Faustrecht der Prärie / Tombstone», in: Bernd Kiefer/Norbert Grob (Hg.): *Western*, Stuttgart 2003, S. 109-115.

—: «Shadows of the Past. Die bundesdeutsche Filmkritik der fünfziger Jahre», in: Norbert Grob/Karl Prümm (Hg.): *Die Macht der Filmkritik. Positionen und Kontroversen*, München 1990, S. 46-62.

Prommer, Elizabeth: *Kinobesuch im Lebenslauf. Eine historische und medienbiographische Studie*, Konstanz 1999.

Quaas, Anne Kathrin: *Evangelische Filmpublizistik 1948-1968. Beispiel für das kulturpolitische Engagement der evangelischen Kirche in der Nachkriegszeit*, Erlangen 2007.

Rancière, Jacques: «Etwas zu erledigen haben. Die Poetik des Anthony Mann», in: Bert Rebhandl (Hg.): *Western. Genre und Geschichte*, Wien 2007, S. 200-225.

Rebhandl, Bert: «Alte Rassen. Der Western als kollektives Übergangsobjekt», in: Ders. (Hg.): *Western. Genre und Geschichte*, Wien 2007, S. 9-29.

— (Hg.): *Western. Genre und Geschichte*, Wien 2007.

Rieupeyrout, Jean-Louis: «Ein historisches Genre. Der Western», in: Bert Rebhandl (Hg.): *Western. Genre und Geschichte*, Wien 2007, S. 24-39.

Roelfs, Almuth: «‹Ami-Liebchen› und ‹Berufsbräute›. Prostitution, Geschlechtskrankheiten und Besatzungsverhältnisse in der Nachkriegszeit», in: Günther Kronenbitter/Markus Pöhlmann/Dierk Walter (Hg.): *Besatzung. Funktion und Gestalt militärischer Fremdherrschaft von der Antike bis zum 20. Jahrhundert*, Paderborn 2006, S. 201-210.

Rosen, Philip (Hg.): *Narrative, Apparatus, Ideology. A Film Theory Reader*, New York 1986.

Rossbacher, Karlheinz: *Lederstrumpf in Deutschland. Zur Rezeption James Fenimore Coopers beim Leser der Restaurationszeit*, München 1972.

Saunders, Thomas J.: *Hollywood in Berlin. American Cinema and Weimar Germany*, Berkeley 1994.

Schenk, Irmbert: «‹Derealisierung› oder ‹aufregende Modernisierung›? Film und Kino der 50er Jahre in der Bundesrepublik», in: Ders. (Hg.): *Erlebnisort Kino*, Marburg 2000, S. 112-129.

— (Hg.): *Erlebnisort Kino*, Marburg 2000.

Schildt, Axel: *Moderne Zeiten. Freizeit, Massenmedien und ‹Zeitgeist› in der Bundesrepublik der 50er Jahre*, Hamburg 1995.

—/Arnold Sywottek (Hg.): *Modernisierung im Wiederaufbau. Die Westdeutsche Gesellschaft der 50er Jahre*, Bonn 1998.

—/Detlef Siegfried/Karl Christian Lammers (Hg.): *Dynamische Zeiten. Die 60er Jahre in den beiden deutschen Gesellschaften*, Hamburg 2000.

Schlüpmann, Heide: *Unheimlichkeit des Blicks. Das Drama des frühen deutschen Kinos*, Frankfurt a.M. 1990.

Schmidt, Arno: *Sitara und der Weg dorthin. Eine Studie über Wesen, Werk & Wirkung Karl Mays*, Frankfurt a.M. 1976.

Schmidt, Kurt W./Ulrich Weisgerber: «Das Land, die Rache und der Tod: Zur religiösen Dimension im Western», in: Kurt Bayertz/Margrit Fröhlich/Kurt W. Schmidt (Hg.): *I'm the Law! Recht, Ethik und Ästhetik im Western*, Frankfurt a.M. 2004, S. 109-133.

Schmidtke, Adrian: *Körperformationen. Fotoanalysen zur Formierung und Disziplinierung des Körpers in der Erziehung des Nationalsozialismus*, Münster 2007.

Schmiedt, Helmut (Hg.): *Karl May*, Frankfurt a.M. 1988.

Schneider, Tassilo: «Finding a New Heimat in the Wild West. Karl May and the German Western of the 1960s», in: Edward Buscombe/Roberta E. Pearson (Hg.): *Back in the Saddle Again. New Essays on the Western*, London 1998, S. 141-159.

Schobert, Walter: «Vorwort», in: Hilmar Hoffmann/Walter Schobert (Hg.): *Zwischen gestern und morgen. Westdeutscher Nachkriegsfilm 1946-1962*, Frankfurt a.M. 1989, S. 5.

Schoenichen, Walter: *Urwaldwildnis in deutschen Landen. Bilder vom Kampf des deutschen Menschen mit der Urlandschaft*, Neudamm 1934.

Schürmann, Reiner: *Ursprünge*, Zürich 2008.

Sebald, W.G.: *Luftkrieg und Literatur*, München 1999.

Seeßlen, Georg: *Tanz den Adolf Hitler. Faschismus in der populären Kultur*, Berlin 1994.

—: «Chaos der Bilder – Ordnung des Textes?», in: Gustav Ernst/Georg Haberl/Gottfried Schlemmer (Hg.): *Film Kritik Schreiben*, Wien 1993, S. 119-142.

—: «Durch die Heimat und so weiter. Heimatfilme, Schlagerfilme und Ferienfilme der fünfziger Jahre», in: Hilmar Hoffmann/Walter Schobert (Hg.): *Zwischen gestern und morgen. Westdeutscher Nachkriegsfilm 1946-1962*, Frankfurt a.M. 1989, S. 136-161.

—: «Weites Land und großer Himmel. Traumlandschaften des Western», in: Ders.: *Liebe, Sehnsucht, Abenteuer. Essays*, Frankfurt a.M. 1988, S. 158-174.

—: *Liebe, Sehnsucht, Abenteuer. Essays*, Frankfurt a.M. 1988.

—: *Western Kino. Geschichte und Mythologie des Western-Films*, Reinbeck 1979.

Segeberg, Harro (Hg.): *Mediale Mobilmachung II. Hollywood, Exil und Nachkrieg*, München 2006.

Silverman, Kaja: *Male Subjectivity at the Margins*, New York 1992.

Simmon, Scott: *The Invention of the Western Film. A Cultural History of the Genre's First Half-Century*, Cambridge 2003.

Slotkin, Richard: *Gunfighter Nation. The Myth of the Frontier in Twentieth-Century America*, Norman 1992.

Spieker, Markus: *Hollywood unterm Hakenkreuz. Der amerikanische Spielfilm im Dritten Reich*, Trier 1999.

Stahr, Gerhard: *Volksgemeinschaft vor der Leinwand? Der nationalsozialistische Film und sein Publikum*, Berlin 2001.

Staiger, Janet: *Perverse Spectators. The Practices of Film Reception*, New York 2000.

Stokes, Melvin/Richard Maltby (Hg.): *Hollywood Abroad. Audiences and Cultural Exchange*, London 2004.

Suesser, Carl: «War Lederstrumpf ein Deutscher?» in: *Westermanns Monatshefte. Illustrierte Deutsche Zeitschrift* 5 (1934), S. 245-249.

Theweleit, Klaus: *Männerphantasien* 1. *Frauen, Fluten, Körper, Geschichte*, Reinbek 1980.

—: *Männerphantasien* 2. *Männerkörper. Zur Psychoanalyse des weißen Terrors*, Reinbek 1980.

Thompson, Kristin: «Neoformalistische Filmanalyse. Ein Ansatz, viele Methoden», in: Franz-Josef Albersmeier (Hg.): *Texte zur Theorie des Films*, Stuttgart [3]1998, S. 409-446.

von Thüna, Ulrich: «Filmzeitschriften der fünfziger Jahre», in: Hilmar Hoffmann/Walter Schobert (Hg.): *Zwischen gestern und morgen. Westdeutscher Nachkriegsfilm 1946-1962*, Frankfurt a.M. 1989, S. 248-265.

Tompkins, Jane: *West of Everything. The Inner Life of The Westerns*, New York 1992.

Trimborn, Jürgen: *Der deutsche Heimatfilm der fünfziger Jahre. Motive, Symbole und Handlungsmuster*, Köln 1998.

Tuska, Jon: *The American West in Film. Critical Approaches to the Western*, Lincoln 1985.

Uka, Walter: «Modernisierung im Wiederaufbau oder Restauration? Der bundesdeutsche Film der fünfziger Jahre», in: Werner Faulstich (Hg.): *Die Kultur der fünfziger Jahre*, München 2002, S. 71-90.

Waldenfels, Bernhard: *Grundmotive einer Phänomenologie des Fremden*, Frankfurt a.M. 2006.

Warshow, Robert: «Helden aus dem Goldenen Westen. Gangster und Cowboys auf der Leinwand», in: *Der Monat* 66 (1954), S. 639-647.

Weidinger, Martin: *Nationale Mythen, männliche Helden. Politik und Geschlecht im amerikanischen Western*, Frankfurt a.M. 2006.

Weingarten, Susanne: *Bodies of Evidence. Geschlechtsrepräsentationen von Hollywoodstars*, Marburg 2004.

Winter, Rainer: «Die Filmtheorie und die Herausforderung durch den ‹perversen Zuschauer›. Kontexte, Dekonstruktionen und Interpretationen», in: Manfred Mai/Rainer Winter (Hg.): *Das Kino der Gesellschaft – die Gesellschaft des Kinos. Interdisziplinäre Positionen, Analysen und Zugänge*, Köln 2006, S. 79-94.

—: *Der produktive Zuschauer. Medienaneignung als kultureller und ästhetischer Prozess*, München 1995.

Wulf, Joseph: *Theater und Film im Dritten Reich. Eine Dokumentation*, Frankfurt a.M. 1989.

Zahlmann, Stefan/Sylka Scholz (Hg.): *Scheitern und Biografie. Die andere Seite moderner Lebensgeschichten*, Gießen 2005.

Zimmermann, Clemens: «Landkino im Nationalsozialismus», in: *Archiv für Sozialgeschichte* 41 (2001), S. 231-244.

FILM- UND MEDIENWISSENSCHAFT

Herausgegeben von Irmbert Schenk und Hans Jürgen Wulff

ISSN 1866-3397

1 *Oliver Schmidt*
Leben in gestörten Welten
Der filmische Raum in David Lynchs *Eraserhead*, *Blue Velvet*, *Lost Highway* und *Inland Empire*
ISBN 978-3-89821-806-1

2 *Indra Runge*
Zeit im Rückwärtsschritt
Über das Stilmittel der chronologischen Inversion in *Memento*, *Irréversible* und *5 x 2*
ISBN 978-3-89821-840-5

3 *Alina Singer*
Wer bin ich? Personale Identität im Film
Eine philosophische Betrachtung von *Face/Off*, *Memento* und *Fight Club*
ISBN 978-3-89821-866-5

4 *Florian Scheibe*
Die Filme von Jean Vigo
Sphären des Spiels und des Spielerischen
ISBN 978-3-89821-916-7

5 *Anna Praßler*
Narration im neueren Hollywoodfilm
Die Entwürfe des Körperlichen, Räumlichen und Zeitlichen in *Magnolia*, *21 Grams* und *Solaris*
ISBN 978-3-89821-943-3

6 *Evelyn Echle*
Danse Macabre im Kino
Die Figur des personifizierten Todes als filmische Allegorie
ISBN 978-3-89821-939-6

7 *Miriam Grossmann*
Soziale Figurationen und Selbstentwürfe
Schauspieler und Figureninszenierung in Eric Rohmers *Pauline am Strand*, *Vollmondnächte* und *Das grüne Leuchten*
ISBN 978-3-89821-944-0

8 *Peter Klimczak*
40 Jahre ‚Planet der Affen'
Zeitgeist- und Reihenkompatibilität – über Erfolg und Misserfolg von Adaptionen
ISBN 978-3-89821-977-8

9 *Ingo Lehmann*
Ziellose Bewegungen und mediale Selbstauflösung
Das absurde «Genrefilm-Theater» Monte Hellmans
ISBN 978-3-89821-917-4

10 *Gerd Naumann*
Der Filmkomponist Peter Thomas
Von Edgar Wallace und Jerry Cotton zur Raumpatrouille Orion
ISBN 978-3-8382-0003-3

11 *Anja-Magali Bitter*
Die Inszenierung des Realen
Entwicklung und Perzeption des neueren französischen Dokumentarfilms
ISBN 978-3-8382-0066-8

12 *Martin Hennig*
Warum die Welt Superman nicht braucht
Die Konzeption des Superhelden und ihre Funktion für den Gesellschaftsentwurf in US-amerikanischen Filmproduktionen
ISBN 978-3-8382-0046-0

13 *Esther Lulaj*
Nimm (nicht) ab!
Zur Funktion des Telefons im Spielfilm – Von Metropolis bis Matrix
ISBN 978-3-8382-0125-2

14 *Boris Rozanski*
Das ungleiche Liebespaar in der 'Screwball Comedy'
Paarbildung und Selbstfindung von Frank Capras *It Happened One Night* bis zu Jonathan Demmes *Something Wild*
ISBN 978-3-8382-0145-0

15 *Carolin Lano*
Die Inszenierung des Verdachts
Überlegungen zu den Funktionen von TV-mockumentaries
ISBN 978-3-8382-0214-3

16 *Christine Piepiorka*
LOST in Narration
Narrativ komplexe Serienformate in einem transmedialen Umfeld
ISBN 978-3-8382-0181-8

17 *Daniela Olek*
LOST und die Zukunft des Fernsehens
Die Veränderung des seriellen Erzählens im Zeitalter von *Media Convergence*
ISBN 978-3-8382-0174-0

18 *Eleonóra Szemerey*
Die Botschaft der grauen Wand
Über die Vermittlung von Hoffnung und Hoffnungslosigkeit in Aki Kaurismäkis Verlierer-Filmen
ISBN 978-3-8382-0222-8

19 *Florian Plumeyer*
Sadismus und Ästhetisierung
Folter als kultureller und filmischer Exzess im Gegenwartskino
ISBN 978-3-8382-0188-7

20 *Jonas Wegerer*
Der nahe Fremde: Der amerikanische Western in den Kinos der Bundesrepublik Deutschland (1948-1960)
Eine rezeptionshistorische Analyse
ISBN 978-3-8382-0307-2

Abonnement

Hiermit abonniere ich die Reihe **Film- und Medienwissenschaft (ISSN 1866-3397),** herausgegeben von Irmbert Schenk und Hans Jürgen Wulff,

❐ ab Band # 1

❐ ab Band # ___

❐ Außerdem bestelle ich folgende der bereits erschienenen Bände:

#___, ___, ___, ___, ___, ___, ___, ___, ___, ___, ___, ___

❐ ab der nächsten Neuerscheinung

❐ Außerdem bestelle ich folgende der bereits erschienenen Bände:

#___, ___, ___, ___, ___, ___, ___, ___, ___, ___, ___, ___

❐ 1 Ausgabe pro Band ODER ❐ ___ Ausgaben pro Band

Bitte senden Sie meine Bücher zur versandkostenfreien Lieferung innerhalb Deutschlands an folgende Anschrift:

Vorname, Name: ______________________________

Straße, Hausnr.: ______________________________

PLZ, Ort: ______________________________

Tel. (für Rückfragen): ______________ *Datum, Unterschrift:* ______________

Zahlungsart

❐ *ich möchte per Rechnung zahlen*

❐ *ich möchte per Lastschrift zahlen*

bei Zahlung per Lastschrift bitte ausfüllen:

Kontoinhaber: ______________________________

Kreditinstitut: ______________________________

Kontonummer: ______________ Bankleitzahl: ______________

Hiermit ermächtige ich jederzeit widerruflich den *ibidem*-Verlag, die fälligen Zahlungen für mein Abonnement der Reihe **Film- und Medienwissenschaft** von meinem oben genannten Konto per Lastschrift abzubuchen.

Datum, Unterschrift: ______________________________

Abonnementformular entweder **per Fax** senden an: **0511 / 262 2201** oder 0711 / 800 1889
oder als **Brief** an: *ibidem*-Verlag, Julius-Leber Weg 11, 30457 Hannover oder
als **e-mail** an: **ibidem@ibidem-verlag.de**

ibidem-Verlag

Melchiorstr. 15

D-70439 Stuttgart

info@ibidem-verlag.de

www.ibidem-verlag.de
www.ibidem.eu
www.edition-noema.de
www.autorenbetreuung.de

Zeitfracht Medien GmbH
Ferdinand-Jühlke-Straße 7
99095 Erfurt, Deutschland
produktsicherheit@kolibri360.de